TEORÍA PSICOANALÍTICA DEL PADRE

LAS DOS VERSIONES DEL PADRE EN LA HISTORIA Y LO SOCIAL

TEORÍA PSICOANALÍTICA DEL PADRE

LAS DOS VERSIONES DEL PADRE EN LA HISTORIA Y LO SOCIAL

Marina Sueldo

ISBN: 9781096583455
Sello: Independently Published

Registrado en la dirección nacional del derecho de autor (DNDA) Gob. Argentina.

1ª edición- Mayo de 2019

CONTENTS

PARRICIDIO ORIGINAL Y FUNDANTE EN LA BIBLIA

Sabiduría 11, 10. ¨Pues a los tuyos como padre que amonesta, probaste; a los otros, como rey severo que condena, castigaste¨

Según Gerard Haddad, ante la ausencia de parricidios en la Biblia, Freud se cuestionará en secreto su teoría del padre. La ausencia de parricidios en la Biblia lo intranquilizará, considerando que allí se inscribe el origen de la religión y el lazo legal del pueblo judío. La Biblia es un libro fundante de una sociedad y esta ausencia chocaba con su teoría del padre. Pero Freud, que estaba muy convencido de su teoría, escribió Tótem y Tabú y el Moisés, buscando enmendar esta falta en la Biblia.

La Biblia parece carecer de parricidios, mucho menos aun presenta un parricidio fundante al estilo Tótem y tabú. Esto sería una contradicción demasiado grande a la teoría del padre de Freud. Se puede deducir a partir de Tótem y Tabú que el parricidio para Freud, es un paso previo a la fundación de lo social y de la neurosis, porque deriva en la experiencia de la ley.

G. Haddad concluye que los parricidios de los mitos griegos son inconducentes. Se puede decir que son parricidios imaginarios, así vemos que no todos los parricidios son fundantes, es más, por lo general no fundan sociedades. De aquí se puede pensar que para que un parricidio sea fundante de lo legal debe cumplir con ciertas condiciones, deben estar a nivel de lo simbólico o de alguna manera conducir a lo simbólico de la ley.

Así Freud en el Moisés, hizo su propia versión sobre el parricidio en la Biblia, plantea la hipótesis de que Moisés fue asesinado por los judíos. Esto estaría por fuera del relato Bíblico. Personalmente creo que al mito hay que respetarlo tal cual es. Por su parte Haddad escribe su versión, que habla de un parricidio simbólico. Si bien estoy de acuerdo con que hay un parricidio simbólico al romper Moisés las tablas de la ley, ya que las tablas representan al padre simbólico, creo que hay algo previo que tomar en cuenta y que me lleva a plantear una visión diferente sobre el parricidio en lo social.

No me detendré en narrar la salida del pueblo judío de Egipto, para quienes quieran leerla se encuentra en la Biblia, en el libro del Éxodo, allí se narran las peripecias que tuvo que sufrir el pueblo judío hasta lograr cruzar el Mar Rojo. Una vez que lo cruzan pasan 40 años vagando por el desierto, allí parece que el pueblo logra organizar su religión. No pondré en términos de verídico o falso el relato, ya que lo considero un mito de origen, si se lo pone en dudas, difícilmente se pueda analizar algo de lo que allí se narra y se pierden los sentidos originales. El desafío es entenderlo tal cual está narrado.

La Biblia cuenta que el faraón egipcio no daba libertad al pueblo judío, sino que cuando parecía que los dejaba partir, nuevamente actuaba en función de retenerlos en esclavitud. Los castigos divinos no lo amedrentaban y si lo hacían, pronto retomaba su actitud tiránica. Finalmente por ayuda milagrosa, el pueblo logra cruzar las aguas que se abren a su paso y se cierran matando a gran parte del ejército del faraón.

Cruzar el Mar Rojo les significará el fin de la tiranía, quien actúa para los judíos como el tirano, es en especial la figura poderosa del faraón. Aquel que los persigue por el desierto con el objetivo de asesinarlos o esclavizarlos, que no les da la libertad y que podía hacer de ellos lo que quisiera. Y finalmente es el Padre Yavé, así nos dice la Biblia, quien viene en su ayuda, que por un milagro podrán cruzar el Mar Rojo y dejar atrás al tiránico faraón, mientras su ejército muere ahogado. Y aquí hay una formula o una ley del psicoanálisis, porque el padre simbólico, el de la ley, es el que permite reprimir al padre tiránico.

Una vez que cruzan el mar rojo (cruzar el mar marca el antes y el después de la amenaza de castración) y se liberan del faraón, comienza una nueva etapa para el pueblo, una nueva construcción lógica de la cual nacerán las tablas de la ley. Una vez superada aquella etapa de sometimiento, surge la necesidad de establecer leyes entre ellos. Se termina el tiránico goce del faraón al atravesar la amenaza de castración (Mar Rojo) y gracias a ese Padre simbólico que asiste al pueblo brindando la ley, el pueblo se organizará bajo la legalidad.

Entendido de esta manera el mito de la liberación hebrea, la teoría freudiana del padre se realiza punto por punto. A la biblia no le faltaba nada, no hacía falta escribir el Moisés, la teoría freudiana estaba acertada, solo faltaba descifrar el libro antiguo. Pero, ¿es el mito de liberación lo mismo que la realidad histórica? Esto tratare de dilucidar a lo largo de todo este texto y se verá que la realidad crea mitos, la realidad se expresa a través de la ficción.

El pueblo judío logrará a través de la ley una paternidad simbólica. Siguiendo lo que dice Haddad sobre el simbolismo de las tablas de la ley, pasando de un tirano que los sometía, a las leyes que llevarían al pueblo a ser una nueva nación. Había hasta entonces una identidad de pueblo, pero no una organización social propia, ya que vivían bajo la esclavitud del faraón.

Dice Freud que el niño admira a ese padre que sabe imponer su ley y que una vez que cae de ese lugar, eleva a ese padre que imponía su voluntad. Si pasamos esta teoría del sujeto a lo social, el tirano muerto, en este caso el faraón, que si bien no muere físicamente si desaparece de escena, porque pierde todo su poder sobre los judíos, es en lo profundo de cada individuo aquel personaje que admirado o envidiado por su poder, será elevado a lo máximo. Siguiendo esta línea de pensamiento, Yavé debería tener las características del faraón, puesto que heredaría el lugar de poder que se impone sobre el pueblo. Y así es, cuando todo indicaba que comenzarían a ser un pueblo libre regido por sus leyes, el tirano retorna. Pasarán de pronto a estar bajo el dominio de un nuevo tirano, porque crearan un Padre divinizado con características tiránicas. Lograran imponer las leyes en el orden simbólico que organice a la sociedad, pero a cambio el sometimiento a ese Padre será absoluto. Al no poder reconocer como propias las leyes, como producidas por el pueblo para la organización social, como sucederá posteriormente en la historia de otros pueblos, donde la ley se reconoce como producto de la misma sociedad o de algún gobernante que actúa como legislador pero con un objetivo de organización, los judíos necesitaran adjudicársela a un dios llamado Yavé.

El temor a la divinidad vuelve sus leyes poderosas, el miedo como se sabe, es un método efectivo para someter. Pero no estará justamente en las leyes el rostro tiránico de ese Padre, sino que conservará la actitud tiránica del mandato absoluto. No es un dios que de libertad de acción, sino que rige todo en la vida del pueblo y de cada judío, los excesivos mandatos y rituales, la exigencia, la venganza y castigo propio por momentos de un déspota que busca imponer su persona por sobre todos. Al destruir Sodoma y Gomorra, al prometer castigos horrorosos a los pueblos idolatras, al hacer sufrir guerras y desgracias a su propio pueblo por desobedecer, su absolutismo y crueldad se vuelve quizás superior al de el faraón.

Según la Biblia, los judíos carecían de rey mientras vagaban por el desierto, si bien Moisés organizaba y legislaba, era la figura de un líder, no un rey, de hecho era continuamente cuestionado por sus decisiones. El mito deja en claro que solo Yavé hereda el lugar de poder absoluto, único Padre y único dios. Como se sabe, en el antiguo Egipto el faraón era considerado una divinidad, por supuesto con derecho a determinar sobre la vida de todos, exige, manda, castiga, condena y es vengativo. Yavé tendrá todas las características de un faraón o gobernante antiguo, pero con la misteriosa y temible situación de que se oculta, de que se trata de un espíritu y es omnipresente, lo que lo vuelve realmente ominoso y digno de obediencia, será el lado tenebroso de la divinidad hebrea.

El pueblo judío mas allá de la ley que organizará lo social, instaurará en Yavé la tiranía más absoluta, porque tiene la desventaja de que es un tirano al cual no se lo puede matar ni destituir, ni siquiera esconderse ante su mirada. Según el mito, sus venganzas pueden implicar pueblos enteros arrasados, hambrunas, invasiones inesperadas, terribles castigos eternos a quienes no le obedecen. Solo se tiene el alivio de que no está físicamente presente y solo puede hablar a través de los profetas. Este hecho será clave para que algunos se rebelen y cuestionen a los profetas.

No es de extrañar que Yavé haya tenido tantas dificultades para ser aceptado por los reyes y parte del pueblo durante mucho tiempo. Más allá de las leyes, sus mandatos hacen de Yavé un dios invasivo de lo subjetivo y además exigente, porque queda establecido como aquel que determina todo en el pueblo. Los kilómetros que se camina los sábados o como se debe limpiar una copa, se introduce hasta en lo más cotidiano de la vida diaria del judío. En los libros como el Levítico o el Deuteronomio se puede ver el grado de invasión que significó Yavé en la vida de los hebreos. Pese a eso muestra un costado moral que la idolatría desconoce al rechazar los sacrificios humanos. Prohíbe el incesto en toda consanguineidad, generando un nuevo estilo de relación familiar, en el Levítico 18 se enuncia al incesto como costumbre en la tierra de Egipto y Canán. Yavé es un dios que impone leyes que fundan una nueva forma social, diferente a la de los pueblos de la región. Pero se preserva despotismo a la hora de la venganza, donde él queda por fuera de la ley del ¨no mataras¨, clásico absolutismo, donde él es la ley y esta por sobre de su propia ley.

El pueblo judío también experimentará la otra cara del Padre, un Padre que ama y perdona, que establece como ley primera el ¨amarlo por sobre todas las cosas¨. El amor paterno de su dios se volverá una característica propia del judaísmo, dios ama a su pueblo, ama a los conversos que obedecen sus leyes. El lado tiránico y el lado amable del padre, se ven con claridad en la Biblia. Esta es la herencia que occidente tendrá de el judaísmo, esta particularidad del dios judío, las dos fases del padre que todo judeo cristiano carga como marca psíquica, está determinada desde la significación del padre realizada por el pueblo judío. Nuestra sociedad, nuestra cultura y nuestros psiquismos, tienen esta estructura del Padre.

Pero aunque en el mito está clara la teoría de Freud, la pregunta sobre qué pudo haber sucedido en la realidad de la historia hebrea, continúa sin respuesta. ¿Qué sucedió en la realidad histórica? La pregunta sobre la ausencia de parricidios, la Biblia no lo responde, ya que la bíblica nos cuenta sobre la historia mítica del pueblo. Tanto el faraón, como las tablas de la ley escritas en la montaña serian objetos míticos, entonces ¿Cómo pudo el pueblo judío acceder a su fundación? Aunque para los pueblos sus mitos son vivenciados como verdades absolutas, sabemos por la misma Biblia que imponer el yavismo no fue algo fácil. Si Freud, como dice Haddad, buscaba establecer el asesinato de Moisés como un parricidio fundante, ¿por qué no ver parricidios en los asesinatos de los profetas judíos? Los profetas antiguos son considerados por los judíos como patriarcas, aquellos padres que defendieron la ley ante el pueblo, que fueron asesinados por querer imponer la ley de Yavé. Actuando como padres simbólicos. Así que ¿son o no parricidios? Quizás en su momento esos crímenes contra los profetas fueron la forma histórica verídica de cómo se fue instaurando la ley y la religión en el pueblo. Más allá del mito de origen de Moisés, está en claro que los profetas y los sacerdotes buscaban someter a los reyes y al pueblo a la ley de Yavé. Entonces los ataques a los profetas pudieron tratarse de ataques a la ley de Yavé, durante el tiempo que se intentaba instaurarla.

Según la Biblia, Yavé no mando mas profetas a Israel. La realidad es que ya no hacían falta, al quedar impuesta la religión y la ley, se hizo innecesario el surgimiento de nuevos profetas. Parecería así que los profetas con sus presagios y amenazas divinas terminaban asesinados, pero esas muertes lejos de hacer desaparecer el yavismo, lo que lograron fue justamente lo contrario, instaurar la ley y el culto a Yavé.

Dice Elías: ¨*Ardo en celo por Yavé, Dios de los ejércitos, porque los Israelitas te han abandonado, han destruido tus altares, han pasado a espada a sus profetas, quedo yo solo y buscan mi vida para quitármela*¨ (1Re 19, 10-14)

La rebelión a Yavé y el asesinato de los profetas suceden simultáneamente, hasta se podría decir que significan lo mismo.

Para los profetas la ley de Yavé provenía de una paternidad simbólica, pero no era vivida así por los idólatras israelitas, quienes consideraban a ese dios como una imposición de los profetas, al cual no querían doblegarse. Visto así, podríamos pensar que una ley es tiránica o aceptada como precepto, dependiendo en parte de cómo se la vivencie subjetivamente. Si aceptamos o no la ley que se nos impone, si la consideramos o no legitima, si tiene o no sentido su existencia y esto nos hace pensar en el relativismo de la ley. Qué es aceptable y qué no para cada sociedad, para cada tiempo histórico.

Mientras que para los profetas las leyes de Yavé estaban a nivel de lo simbólico, porque ordenaban lo social y permitía hacer una sociedad más elevada moralmente. Para los idólatras de Israel esa ley que intentaban imponer lo profetas eran vivenciadas como tiránicas, no estaban dispuestos a someter sus creencias a la ley de un dios que no fuera su dios Baal.

Desde la teoría del psicoanálisis los mandamientos bíblicos están ubicados por Freud en lo simbólico, porque tienen la función de prohibir el incesto y el parricidio, así se fundó nuestra cultura judeo cristiana, en esas primeras leyes que aparecen escritas desde el mito, por el mismo Yavé. Se puede comprender así que la moral y la ley son relativas a cada pueblo. En una sociedad idolátrica donde el incesto y el parricidio estaban débilmente prohibidos, una ley como la de Yavé que era extremadamente rigurosa, generaba rechazo en el pueblo primitivo.

Se describe en la Biblia esta lucha entre los reyes que adoraban a los Baales y los profetas que buscan imponer la ley de Yavé. De allí sabemos que los reyes de Israel solían hacer rituales idolátricos, como el caso de Jeroboam, que hizo fabricar dos becerros de oro. Y el mismo Salomón fue idolatra "desviándose del camino de su padre David". En esto hay que ver, que tanto los profetas de Yavé, como los reyes idólatras, adjudicaban cada uno a su dios el haberlos sacado de la tierra de dominación. Para los idolatras de Baal, el becerro de oro era el autor de la liberación de Egipto, como lo expresa la Biblia, 1 Reyes 12, 28-30. "Y después de haber deliberado, construyo dos becerros de oro y dijo al pueblo: " ¡Basta ya de subir a Jerusalén! Aquí tienes a tu dios, oh Jerusalén, el que te saco de la tierra de Egipto".

Esto nos permite entender mejor por qué en el mito de Moisés, el pueblo recién escapado del faraón, hace un becerro de oro. El pueblo creía en el becerro, el dios cananeo Baal. No es que el pueblo cayera cada tanto en la idolatría, sino que una parte del pueblo era idólatra y el yavismo lo que proponía era un cambio de dios, un cambio de Otro. Lo que iba a implicar un cambio cultural, legal y religioso sin precedentes en el pueblo semita y con consecuencias mundiales.

Mientras que los profetas Yavístas buscaban que los reyes respeten la ley del dios Yavé, no todos los reyes hebreos creyeron, ni parte del pueblo creyó en Yavé como el único dios al cual debían rendir culto. Claramente la Biblia narra la lucha entre estas dos creencias, la idolatría de origen cananea, con su dios Baal y la severa religión de Yavé. Los profetas que se enfrentaban al poder político generalmente terminaban asesinados, lo mismo que más tarde sucedió con Jesús de Nazaret, al enfrentar el poder de los sacerdotes del Sanedrín. La idea de que los hebreos fueron monoteístas desde Abraham y que solo unos pocos herejes caían en la idolatría, parece producto de una revisión tendenciosa posterior. En Israel hubo una lucha religiosa que duró siglos hasta que se impuso la creencia en Yavé.

La Biblia cuenta la historia del pueblo hebreo con Yavé, no con Baal. La escritura de esa historia quizás determinó que la identidad hebrea se terminara de construir desde Yavé. Una paternidad divinizada que logro imponerse como religión de estado, surgiendo una teocracia, que con el tiempo generará cohesión social. Los sacerdotes yavístas al escribir la Biblia, crearon una historia y un pasado mítico para Israel, dejaron como herencia una mitología para el pueblo. Esta identidad de pueblo no la dieron los sacerdotes de Baal, quienes quizás tenían la idea de Israel como un pueblo más de la región, no como un pueblo elegido y especial para el dios Yavé, como lo planteaban los yavístas. El pueblo judío no era diferente a los de la región, su diferencia se produjo a nivel religioso y de la paternidad divinizada que construyeron, allí marcara la diferencia con otros pueblos.

La idolatría a Baal tenía sus sacerdotes y además mucha cabida en el poder político de Israel. Estaban organizados como una religión y ambas convivían entre los judíos, por lo que la idolatría y el yavismo tuvieron una lucha muy extensa y violenta, hasta que finalmente, se impuso el dios hebreo Yavé. Esta lucha fue producto de la intolerancia religiosa que caracterizará a los yavístas y que heredará el cristianismo, dando por resultado la imposición del único dios verdadero en todo occidente. Hay que recordar que los que ganan imponen sus libros, sus verdades y los yavístas fueron los que ganaron, pero aun así se puede leer en la Biblia que la idolatría a Baal tenía muchos adeptos en el pueblo.

El lugar vacio del tirano solo ocupado por la abstracta divinidad, lleva a que ya no hagan falta más parricidios o magnicidios castradores. La ley del Padre divino ha castrado a todos los humanos por igual. Los reyes ocupan un lugar de poder muy inferior al del Padre Yavé, ellos carecían de la omnipotencia de dios. Eran solo humanos y como tales solo podían cumplir la ley de Yavé, de aquí lo insoportable que se les volvía a los profetas tolerar un rey idolatra que no cumpliera la ley de Yavé. De igual modo, para los reyes idolatras las declaraciones castradoras de poder de los profetas. Aun sabiendo que el destino que les esperaba al enfrentar a un rey era la muerte, no podían dejar pasar la falta del rey. Sentían el deber de exponerla ante el pueblo, cómo un simple mortal como el rey, podía atreverse a desafiar las leyes del Padre. Por lo que el yavismo parte de la castración del rey, al dejar atrás al faraón considerado en Egipto como dios-humano y ser reemplazado por la abstracción de dios, para el judaísmo ningún humano puede atribuirse la naturaleza divina y en esto marcara otra gran diferencia con la idolatría de la región. Para el yavismo el rey esta castrado, es un hombre que debe someterse a la ley de Yavé. El hombre hecho de barro no podrá jamás pretender un lugar entre los dioses, ni siquiera semidiós, es un ser de naturaleza inferior y por lo cual solo le queda cumplir la ley divina. Esta castración de lo humano, que declara que ningún humano puede pretender ser un dios, es merito del judaísmo y terminará imponiéndose en toda la civilización de occidente a través del cristianismo.

Según Freud en Tótem y tabú, el parricidio sería un paso previo al momento en que se da origen a la imposición de la ley, como si la ley fuera el resultado de una determinada ecuación, esto en lo social sería la caída del tirano. En el niño el padre del mandato pasaría a ser el padre en la ley. Podemos pensar que en toda la estructura que dará como consecuencia la ley, hay etapas que se deben dar de determinada manera y no de otra y es por esto que no todas las estructuras en el sujeto o en lo social, generan ingresar en la ley. Ni todos los parricidios generan el acceso a la ley, los elementos deberán relacionarse de alguna manera determinada, no de cualquier manera, ni tampoco podrán ser cualquier elemento, sino algunos que deberán ser precisados. Sabemos que también la culpa es el paso previo anterior necesario para que se instaure la ley, la ley es ya el parricidio realizado y por lo tanto padre simbólico. Es decir desde Freud sería:

1) se parte de una tiranía, que debe derivar en la castración del tirano.

2) parricidio, que debe generar horror y temor derivando en:

3) el surgimiento del juicio moral y la culpa, esto lleva a crear y aceptar:

4) la ley, que ordena y pacifica las relaciones sociales y familiares.

5) y la necesidad de imposición, internalización o aceptación de la ley.

Cinco etapas o tiempos ineludibles. Estos elementos son los imprescindibles y deberán seguir este orden de aparición para que se genere una sociedad en la ley. Ley que no es lo mismo que el mandato, que genera un goce, que son imposiciones que provienen de los tiranos, sean faraones o dioses. Mientras que la ley busca ordenar la sociedad, limitando el goce, da una lógica a las relaciones humanas, sin otro beneficiario que la misma sociedad. Los mandatos buscan sostener el poder y el goce del tirano, lo mantienen activo y fuerte y el control social es en beneficio de sostener su poder. La ley es el resultado de un proceso social, de un crecimiento en base a la experiencia de una sociedad que busca organizarse en función de su beneficio y que pretende justamente limitar el goce de los tiranos.

El parricidio original debe presentarse como la muerte o destitución del tirano, se podría decir de manera física o simbólica pero no a nivel imaginario, como lo muestra Gerard Haddad en los mitos griegos, que "manifiestan parricidios ineficaces". Ineficaces porque no termina nunca de instaurarse la ley de prohibición del incesto y el parricidio. Los mitos griegos se repiten en esa temática demostrando que no era un tema superado ni reprimido por esa sociedad. La reiteración del parricidio imaginario deja en claro que no se logra acceder a la ley, al padre simbólico, propio de una cultura que no lograba imponer efectivamente la ley de prohibición del incesto y el parricidio.

Sabemos que la ley es un paso en lo simbólico porque ya no se trata de un jefe dictando y determinando su voluntad de acuerdo a su parecer a todos los demás, sino que tener ley implica una generalización, todos los individuos quedan a merced de la ley, incluyendo al gobernante. Por eso en las sociedades habrá que diferenciar entre la ley social y el mandato de un déspota. No se puede considerar de la misma forma por más que ambas sean imposiciones que todos deben cumplir, no implica la misma evolución social, ni política. El mandato impuesto por un déspota que no se somete a el, hace a un concepto de poder muy diferente al de la ley surgida o legitimada por el pueblo y al cual todos deben someterse sin excepciones.

Freud habla del padre de la ley para diferenciarlo del mandato tiránico, esta es una expresión poco clara a nivel de lo sociológico, porque sucede de otra manera, podría significar el padre de la ley como aquel gobernante que dicta la ley y que está por sobre ella o al gobernante que se atiene a la ley y que no le pertenece. Estas dos versiones diferentes del Padre que hace

Freud se pueden ver claramente en lo social, sin embargo, se podrían diferenciar tres modos de ejercicio del poder en lo social. El padre absolutista, que puede ser aquel despota o jefe primitivo que se imponía con sus mandatos a todos, donde no hay leyes sino tradiciones o costumbres. Por otra parte, aquel tirano que hace a una sociedad más avanzada y aunque ya haya leyes establecidas queda un margen desde donde impone su propia ley y una tercera forma, el gobernante sujeto a la ley, aquel que está en la ley y que no es quien la dicta, porque hay un sistema legislativo, entonces no es su ley y solo puede actuar dentro de ese marco legal.

A nivel subjetivo no se puede decir que el padre en la ley venga a sustituir completamente al tirano, sino que perviven de modo inconsciente conjuntamente en el individuo neurótico. Como todo en el psiquismo un significante se construye sobre otro y no lo recubre totalmente, de no ser así no se podría comprender por qué se tiende a regresar al tirano, aun en las sociedades democráticas y cuantos más problemas tenga una sociedad, sean sociales o económicos, con más facilidad se cae en estos sistemas de poder omnipotente. Parecería ser un intento de simplificar las soluciones, pero generalmente esas simplificaciones más que resolver, empeoran la situación.

A partir de aquí por una cuestión práctica de análisis, voy a hacer una diferencia en las sociedades, sobre lo que es vivenciado como tiránico y lo que es vivido desde el orden legal, aunque muchas veces esta diferencia en algunas sociedades no sea tan clara. Partiendo de esto que se observa en el mito de Moisés, como decía anteriormente hay una primera etapa hebrea donde se sufría el absolutismo del faraón, donde la ley egipcia no los incluía por tratarse de esclavos y una segunda etapa donde logran liberarse, no sin muertes, padeciendo las amenazas de castración. Pasando finalmente a otra etapa donde se legislan las nuevas leyes propias de ese pueblo. Sabemos que hasta ese momento habían carecido de leyes y aunque las leyes sean consideradas del Padre Yavé y no producidas por el pueblo, no deja de ser un gran avance simbólico para gente que no tenía ninguna organización social, sino que solo tenían un caudillo, Moisés, al cual seguían. Así se puede ver la primera etapa del faraón absolutista y sin más legislación que su capricho, y otro momento donde Yavé tiránicamente instaura su propia ley. Pese a que el pueblo no decide sus propias leyes, las leyes de Yavé generaron organización y regularon las relaciones sociales, pero también habían mandatos o mandamientos propios de las religiones, de una organización del culto, que no hacen a una lógica ni a una necesidad social sino a simbolismos o tabúes religiosos. Vuelve a verse aquí las dos caras de esa divinidad, por momentos tiránica y por momentos simbólica. Simbólica en tanto regulará leyes, tiránica en tanto establece mandatos, por lo que no se puede decir que el proceso parricida este completado en el judaísmo, porque hay un tirano que está exigiendo desde el más allá, lo que Freud llamo los restos vivos del padre muerto, que también recuerda a Hamlet. Los profetas están a ese nivel, dando mensajes de ese Padre del más allá, siempre con carácter de mandatos imperativos pero con el objetivo de imponer al dios Yavé y su ley. Quizás este proceso parricida se completará plenamente recién en la democracia y con la ley de los ¨hermanos¨, donde quizás, ese dios padre todo poderoso quede en el pasado o como una garantía que respalda la ley de los hijos. La ley al ya no ser del Padre sino de los hermanos, se vuelve modificable, adaptable a los cambios de la época, a las necesidades, todo se vuelve más flexible. La rigidez, las verdades eternas, la inmodificable palabra del Padre divino, dará paso a verdades relativas y temporales.

Es interesante que Freud en Tótem y Tabú dé por hecho que la teoría del padre significa una sociología, ya no solo una cuestión particular del sujeto, de su análisis, sino el origen y fundación de las sociedades. La teoría del padre debería dar respuestas al origen pero también el funcionamiento social, de hecho se trata de lo social en relación al poder político, ya que está en cuestión la ley y quien ejerce el poder una vez que el protopadre es asesinado. Y Freud infiere esto como algo social a partir del origen que le da a la ley en la horda, por lo tanto lo inconsciente si bien es algo del sujeto, tiene su parte en lo social, la cuestión del padre es en gran parte inconsciente y por eso es tan difícil de esclarecer.

Entonces si llevamos estas versiones del padre a nivel político social, que tomo desde la teoría del psicoanálisis, que por supuesto surge de el análisis de sujetos, tendríamos estas dos paternidades. Digo nivel social porque hago extensivo el mito judío a las sociedades para ver que resulta:

Padre tirano primitivo: el que amenaza, esclaviza, somete, abusa, asesina. La debilidad del esclavo ante el amo. De la mujer ante el sometimiento del machismo. Mas atenuado, la debilidad del niño ante los mandatos del adulto. Del tirano lo que se busca es liberación o incluso en su extremo, matar. El gran problema es cuando no se le puede dar muerte o destituirlo o peor aun el pueblo los sigue como líderes. La amenaza y el miedo que genera hace caer la represión que ha posibilitado la formación de la ley y por eso con las tiranías aparecen todo tipo de goces mortíferos que con la ley no suceden, el ejemplo más notable de estos tiempos es Alemania Nazi. Sociedades absolutamente legalizadas se transforman en maquinarias criminales dedicadas a transgredir todas las leyes de la civilización. Dentro de este padre tirano debemos hacer la distinción entre una versión más primitiva, la del absolutista terrible, quien lo puede todo sin ningún límite al goce y el tirano que si bien conserva cierta legalidad institucional, tiene margen para poder actuar tiránicamente. Luego me explayare sobre esta diferencia en las sociedades.

Padre sujeto a la ley: solo puede aparecer después de que se haya dado muerte al padre tirano primitivo. La muerte del protopadre no genera dolor, sino tranquilidad y alivio. Aparecen los derechos, los valores, la moral y la ley en oposición a las malas acciones del tirano, pero también el ¨mea culpa¨ si el pueblo fue parte de acciones violentas. No es el padre de la ley, porque si el padre estableciera la ley, entonces otra vez estaríamos ante la instauración de un tirano. Mayormente la historia humana ha transcurrido en este sistema de tiranía. Lo llamaré Padre sujeto a la ley, porque él está sometido a la letra de la ley, como el hijo y como todos. Genera represión, ya que se trata de la legalidad, la ley limita el goce, le pone un freno, la ley reprime. El gran avance de la ley en las sociedades es que ha puesto un límite a la pulsión. No todos los goces están permitidos y limitar las pulsiones destructivas es el gran objetivo de la ley. Mientras que los mandatos lo que buscan es sostener el poder de los tiranos.

SOCIOLOGÍA DEL PSICOANÁLISIS I

EL TIRANO

Es importante determinar las características del tirano a nivel social desde una mirada psicoanalítica. El tirano es en las sociedades de todos los tiempos un individuo claramente identificable, tiene identidad, un nombre que marca una historia generalmente violenta (Bussi, Pinochet, Videla, Hitler). Es una figura de imagen fuerte que en un primer momento de su gobierno suele ser considerado irremplazable, de quien se espera grandes soluciones, que imponga orden social, soluciones económicas, la ley ante el caos, solo que el tirano solo va a imponer ¨su ley¨.

También se les suele llamar lideres mesiánicos, porque prometen resolver ellos solos, todos los problemas de una sociedad, como verdaderos omnipotentes y que tienen todos los conocimientos de lo que hay que hacer. Cada ciudadano cree que su idea, es la idea que llevará a cabo el tirano, como si el tirano mágicamente fuera a resolver y a realizar las esperanzas de cada integrante del pueblo. Se proyecta en él la expectativa omnipotente de resoluciones simples y fáciles de todos los problemas que afectan al pueblo. Así el tirano queda por fuera de la castración, esta idealizado a tal punto que lograra lo que toda la sociedad no ha podido resolver. Esta situación de no castrado que asume el tirano, si bien genera expectativas de resolución de todos los problemas, a la vez, lo envuelve de un halo de poder casi mágico que impone un temor tan grande, que pensar en derrocarlo es considerado un objetivo suicida. El tirano sabe que no va a cumplir las expectativas de su pueblo y que lo que tiene en mente realizar a la larga solo podrá ser sostenido con la violencia.

El líder tiránico es un falso salvador que lleva el crimen como marca registrada. Cada día va tomando más confianza de su poder y se alimenta narcisisticamente con los aplausos de las multitudes, dándole fuerza de este modo, hasta llegar a realizar actos impensables de perversidad. Se le ha entregado todo el poder para que tome las decisiones que determinaran el destino de todo un pueblo.

Así los restos del padre terrible cobran vida. Los jefes militares, los soldados, las masas actúan a su favor, apoyan su surgimiento y le entregan todo el poder sin restricciones. La tiranía se ha instalado en toda la población, al principio por voluntad de un gran sector social, se impondrá sobre todos finalmente por la violencia. Las víctimas del régimen cargan con todo el desprecio y la culpa, ellos son duros y violentos, porque los otros se lo merecen. No hay ninguna culpa ni responsabilidad sobre la vida, de pronto el sentirse poderosos los ha liberado de la ley, todos los goces mortíferos quedan permitidos. Ellos por algún motivo tienen derecho a todo, derecho sostenido por algún ideal a lograr. El fin justifica los medios, por lo que está permitido hacer todo lo que se les ocurra y lo que se les ocurre es hacer todo lo que la ley les prohibía. La pulsión de muerte, al no haber ley, ni restricciones morales porque han quedado a merced del ideal, queda expuesta a toda su expresión.

Si el tirano o como lo llama Freud el protopadre, es un ser violento y abusivo es porque es el padre previo a la ley, donde no existe juicio moral ni ley que lo limite. Lo que daría a pensar como un principio del psicoanálisis, que la ley es siempre realizada con el objetivo de limitar al tirano, pero también a la tiranía de los pueblos, ya sea por identificación o por oposición, el pueblo retrocede al tiempo lógico del padre tiránico.

Así es como las sociedades que quieran salir de la tiranía, luego de haber atravesado lo peor y más mortífero de una dictadura, tienen que volver a hacer el paso opuesto nuevamente. Luchar contra el padre tirano y reencontrar el padre sujeto a la ley. Aplicarles la ley a los tiranos es volver a aquel padre que pisotearon, mientras destruían la cultura y abolían la ley.

Algo más difícil de entender es el por qué se llega al extremo donde las sociedades atacan al padre sujeto a la ley, que es en realidad atacar sus leyes, sus expresiones culturales, sus libros, su propia gente. ¿Por qué las sociedades se abocan a destruir su sistema legal?. Solo queda pensar que algo de ese sistema ya no los representa, que una gran desilusión recae sobre algo que ha quedado fuera de época, en desuso o sin respuestas. Que nuevas ideas cuestionen todo el sistema legal y social y que como la caída de un paradigma, no sucede sin que genere un retroceso para resignificar toda la estructura. Las revoluciones en definitiva son eso, una resignificación de la estructura desde sus bases mismas para rearmar algo con un sentido nuevo. Evidentemente a las sociedades a veces no les resulta posible avanzar sin la caída absoluta de aquel sistema viejo, un sistema legal que declina, que no permite el progreso a una nueva concepción de lo social. Cae todo y de una vez. Al caer todo, cae el sistema legal, que ha quedado obsoleto para los nuevos tiempos.

La historia nos muestra que hay hombres que han encarnado

ese lugar de terribles para los pueblos. Vlad Tepes, es el nombre real del novelesco conde Drácula. Se puede decir que personificó al padre terrible absolutista desde un lugar de poder social en Transilvania. Entre sus crueldades se cuenta que empalaba y bebía la sangre de sus víctimas, violaba mujeres y asesinaba niños recién nacidos o en el vientre materno. Más allá de las ficciones que seguramente existieron, se registra que llego a empalar miles de hombres en un solo día y que mojaba sus dedos con la sangre de sus víctimas y la bebía. El más perfecto tirano y padre terrible que carece de toda ley, dedicado al goce de la pulsión de muerte. La identificación al padre terrible genera la perversidad humana más extrema. Desaparece todo rasgo de humanidad para aflorar los actos diabólicos que el ser humano es capaz de realizar, el diablo es el ser humano desbordado por el goce de la pulsión de muerte, entregado a la crueldad en un afán de sostener el poder y evitar la castración. El poder del mal, del terror, de la ferocidad, que solo un pueblo decidido puede frenar creando e imponiendo la ley.

Algunos esquizofrénicos llegan al crimen identificados a la maldad sin ley del padre terrible, es ejecutar el pánico que se le tiene y volverse como él. La ausencia de ley puede llevar a los crímenes más terribles, lo podemos ver ampliamente en la historia en aquellos personajes tiránicos y violentos y en los pueblos que se dejaban conducir por ellos.

Esta identificación al padre terrible que se pueden observar en las patologías mentales más extremas, difiere a lo que sucede en el neurótico. El neurótico al incorporal la ley, en la castración, limita la crueldad que quedará como resabio en lo imaginario. La ley es para él una norma que le determina una forma de actuar, el niño puede imaginar grandes maldades, hacerlas simbólicas en sus juegos, pero por acción de la ley nunca pasaría a hacerlas. Lo que hace el neurótico con ese padre terrible es proyectarlo hacia el exterior, el demonio, el poseído, son expresiones imaginarias de esa proyección. Pero a la vez el tirano es en parte incorporarlo en el superyo y desde ese lugar interno aparece en forma de mandatos y de goce a través de la pulsión de muerte, pero el neurótico ha aceptado limitar la pulsión con la ley.

El psicoanálisis ha estudiado el superyo como una instancia que se vuelve contra el mismo yo, volviéndolo culposo o exigente, pero vemos en las tiranías y en los juicios sociales que también se puede volver con toda su severidad sobre otros, culpándolos de todo el mal que este padeciendo una sociedad, ejerciendo la máxima crueldad sobre ellos. Esto nos recuerda al nazismo culpando de todos los males de Alemania a los judíos, pero ha existido y existe en todas las sociedades, la tendencia de culpar a un sector y hostigarlo.

En las sociedades dependerá de cuanto de vivo este aun el padre terrible. De si logró o no superar el tiempo lógico de la tiranía. Superación que debe darse a nivel simbólico, habiendo instaurado las leyes sociales. Desde lo imaginario puede llevar a crear literatura o cine de terror, las historias del conde Drácula, donde aparece como un vampiro caníbal, manifiestan algo que permanece en el psiquismo humano, de un tiempo donde el histórico Vlad Tepes bebía la sangre de sus víctimas. Esta es la gran diferencia entre lo real y lo imaginario, entre la esquizofrenia y la literatura. De esta posibilidad de pasar lo real del goce por la letra de la ley depende que la humanidad se vuelva más o menos cruel, así el padre terrible, la tiranía más terrible solo podrá ser limitada por un cuerpo de leyes.

El padre terrible existe, siempre habría alguien dispuesto a personificarlo en lo social y solo la evolución que haya logrado la sociedad en la ley puede controlar que no vuelva al poder del estado. Lo que para el neurótico esta a nivel imaginario, como lo terrible o temible, sucede a nivel de la realidad y ha tenido su mayor actuación histórica en el poder político. De alguna manera cuando Freud escribe Tótem y Tabú, vemos que para él o mejor dicho, en nuestra subjetividad reprimida, el tirano es el jefe de la horda. Las sociedades pueden llegar a esos niveles primitivos cuando lo simbólico de la ley se pierde y deja de ser efectiva, solo que Freud lo analizo solamente a nivel de la ley de prohibición del incesto. Veremos más adelante como otras prohibiciones son fundamentales para generar nuestra cultura.

Por otro lado, también se observa que la tiranía y la legalidad son procesos reversibles, nada nos asegura que por algún motivo las sociedades democráticas puedan volver a caer en las tiranías. De hecho la Argentina es un claro ejemplo de haber estado en democracia, pasar a una tiranía y volver a la democracia. Otro ejemplo es Francia, luego de la revolución francesa con todos los ideales de libertad e igualdad y donde se buscaba imponer las leyes de la republica, se regreso para lo que muchos consideran, la tiranía de Napoleón Bonaparte. Que como un clásico tirano determinará todo en la política de Francia y que condujo a la guerra a gran parte de Europa. Si bien ayudo a terminar con las monarquías absolutistas de Europa, no fue en la práctica para imponer la republica, sino para ampliar el imperio del cual era emperador. Imponer su ley y llevar a el desencadenamiento de la pulsión de muerte, generalmente en guerras y persecuciones políticas o religiosas, son marcas de la tiranía.

Este proceso al ser reversible hacia ambas direcciones nos indica que las dos tendencias existen en el ser humano y por supuesto también en las sociedades. El poder controlar la pulsión de muerte pasara por la capacidad de las sociedades de darse leyes que respeten los derechos humanos. No puede haber un perverso o hasta un psicótico en el poder sino es porque la sociedad así lo permite y hasta lo coloca en ese lugar. Una vez más, como veíamos en las sociedades antiguas, es la ley la que permitirá un progreso y un avance simbólico, la falta de leyes o el no subjetivizarla generará la posibilidad de regresar a lo más primitivo de lo humano, la incapacidad de controlar la pulsión de muerte y su acción destructiva y asesina.

TIRANÍA Y LEGALIDAD
EN LA ARGENTINA

Intentare llevar estos conceptos teóricos a lo ocurrido en la historia del siglo XX de nuestro país. El objetivo es ver la utilidad de estos conceptos para poder comprender ciertos fenómenos sociales desde la teoría psicoanalítica y poder hacer una interpretación diferente de la historia. Más adelante pondré a prueba estos conceptos en otros pasajes de la historia, como la revolución francesa y las revoluciones americanas.

Lo que va a suceder en la argentina será la caída de el viejo sistema patriarcal. El peronismo comienza ese proceso desde lo legal, comienza a dar derechos legales a todos aquellos sectores sociales que estaban bajo el dominio del patrón patriarcal. Perón promueve la modificación de la constitución en 1949, en ella se reconocerá la igualdad jurídica entre hombres y mujeres, derechos de la niñez y derechos laborales y sociales.

El viejo sistema patriarcal representado por el partido conservador, era imposible de seguir sosteniéndose, la falta de derechos de las mujeres, de los niños y de las clases bajas, era incompatible con el ideal de libertad e igualdad que se profundizaba cada vez más en todo occidente. La continuidad de ese poder centralizado del patriarcado generaba problemas en distintos sectores sociales. Era el viejo sistema legal y constitucional, que podríamos llamar el padre sujeto a la ley envejecido, que ya no representaba a las necesidades del momento, que había que hacer morir para transformarlo todo. La antigua legalidad patriarcal, el poder ejercido por el padre de familia o la figura del patrón capitalista, dejaban en situación de dependencia y sometimiento al resto social, que estaba comenzando a exigir más derechos.

La figura del padre fuerte será la que irá deconstruyendose a medida que la ley reconozca nuevos derechos a otros sectores sociales. La idea de un padre fuerte y poderoso irá perdiendo el antiguo sentido, para comenzar a ser valorado el rol de las mujeres en lo social o el de las clases pobres en la lucha por el poder. La argentina pasara en algunas décadas de aquella autoridad que abarcaba todo el poder familiar, social y político, a la actualidad, una figura paterna debilitada y cuestionada en su autoridad.

Luego del golpe de estado de 1955, en 1956 el presidente de facto Pedro Eugenio Aramburu, realiza una proclama donde queda excluida la constitución de 1949 realizada por el peronismo, quedando vigente la vieja constitución de 1853. Así se retrocede a nivel legal a un siglo atrás. La igualdad de derechos entre hombres y mujeres, la patria potestad compartida, los derechos de trabajadores, niños y ancianos quedan revocados de la constitución. Los militares a través de la más extrema de las medidas, como es derogar una constitución realizada por un congreso constituyente, intentaron seguir imponiendo el viejo sistema del patrón patriarcal. Pero claro está que volver a una constitución de un siglo atrás era una medida extrema e imposible de realizar.

Durante décadas del siglo XX en nuestro país, la lucha fue entre la democracia y los militares, hasta que en la década de 1970 el gobierno democráticamente elegido de Isabel Martínez de Perón, encontró otra oposición que también buscaba imponerse tiránicamente, la guerrilla de izquierda, que buscaba llegar al poder para imponer el sistema comunista. Así es como la democracia perdió toda posibilidad de sobrevivir y se entro en una etapa oscura de violencia sin ley. Por un lado la derecha representada por los militares y por otro la guerrilla que expresaba el anhelo de la izquierda de hacer un país comunista. Si los militares luchaban por volver a imponer el sistema del patrón patriarcal capitalista, la guerrilla planteaba la muerte física y social de ese patrón, imponiendo a cambio un estado como amo absoluto de toda la sociedad. Al medio quedaba la gran masa social que solo aspiraba a volver a la democracia, a poder volver a elegir los representantes, sean peronistas o del partido radical, más allá de las diferencias, ambos pretendían llegar a través del voto popular.

En la década de los 80, el horror de los actos cometidos por los militares, los desaparecidos, las torturas, el aniquilamiento de la guerrilla y la guerra perdida en Malvinas, determina el regreso de la democracia y del orden constitucional. La ley se impone nuevamente a los tiranos, aunque el ejército aun conservaba un gran poder. En los 90, el cuestionamiento al viejo sistema patriarcal llegó hasta la misma existencia del ejército. El ejército terminara perdiendo poder y valor, quedó como la expresión máxima del viejo patriarcado que terminó mostrando a través de ellos su cara terrible para seguir existiendo. Viejos ideales de guerra, de nacionalismo, el poder centralizado en el hombre, todo esto comienza a caer con nuevos ideales democráticos y necesidades que van generando cambios bruscos y rápidos.

Algo de ese patriarcado que se imponía por sobre todos, incluso desde las armas, ha muerto. Su rostro tiránico, que los militares tomaron e hicieron su cara por un tiempo, es un rostro que ya los argentinos no querrán volver a ver. El rol de los militares fue el de intentar seguir sosteniendo el viejo orden patriarcal pero ya no dentro de la ley.

Vemos que el tirano es el peor enemigo del orden social simbólico o que es lo mismo decir, del sistema legal. El tirano que en el sujeto es superyoico, en lo social también acusa y sale a castigar a los que señala como culpables. Los militares en la década de los 70, paradójicamente para seguir sosteniendo a ese patriarcado debieron destruir todo el sistema legal que sostenía esa vieja paternidad, de hecho ellos fueron los que abolieron la constitución y los que impusieron sus estatutos y el poder de las armas, no de la ley. La ley se les presento como insuficiente para imponer su sistema y así preservar el orden, su orden.

Este es el papel tremendo que jugó el ejército para la sociedad argentina. Por un lado destruyeron el sistema legal, lo que es un ataque absoluto al padre simbólico y por otro ocuparon el lugar del padre terrible absolutista. En el extremo de querer imponer el viejo orden patriarcal, solo les quedó una posibilidad, destruir el viejo sistema e instaurar la tiranía. Esto sucedió porque el viejo sistema patriarcal ya no respondía a las necesidades sociales. Por su parte, la guerrilla lejos de generar un nuevo orden generaba más desorden.

El poder en una mujer era fuertemente cuestionado por los conservadores del viejo patriarcado, tanto en Eva Duarte, como más tarde en María Estela Martínez de Perón. Los militares derrocaron a Isabel Martínez, no para reinstalar al viejo patriarca conservador en el poder, sino al macho militar y el macho sin ley es el protopadre, el primitivo que actúa desde la pulsión y no desde la ley.

El caso de Francia está igualmente de claro, el asesinato de los reyes en 1793, fue la caída de una paternidad que ya no representaba ni cubría los intereses y necesidades del pueblo. Surgirá una nueva versión del patriarcado, otro concepto de autoridad tanto social como individual, otro sistema de ejercicio del poder y donde la igualdad entre los ciudadanos era la premisa. La ley es la que controla que no surjan las tiranías, sin embargo, para sobrepasar una paternidad legal que ya no es útil parece bastante común la caída en la tiranía, por lo menos la historia repite este hecho hasta el hartazgo.

En la historia argentina se puede observar cómo se produce esta caída del viejo patriarcado. El gran desencadenante fue el golpe de estado militar de 1976. El dictador Videla también va a establecer sus estatutos dejando nuevamente a la constitución sin efecto y cerrará el congreso nacional, por lo que la ley dejo de ser lo que regulaba a la sociedad. Los militares se impusieron por las armas y comienza así a vivirse tiempos donde impera el terror. En argentina y en otros países latinoamericanos de haberse vivido en democracia y bajo la ley de la constitución, se pasa a un golpe de estado que impone una tiranía.

En nuestro nuevo regreso a la democracia de 1983 los tiranos fueron destituidos y juzgados (1985), haciéndolos pasar por la ley. Este es el cambio abismal ocurrido con el regreso a la democracia de 1985 y que marco la diferencia con otros regresos a la democracia. Los tiranos son pasados por la ley y encarcelados. Tampoco se regresa al viejo patriarcado, sino a un nuevo modo de concepción del poder que profundiza más el cambio, al terminar con la amenaza, al encarcelar a los tiranos, es el fin del viejo sistema patriarcal y ya no quedan actores políticos que lo defiendan.

¿Qué hecho fue el que causó un antes y un después en la Argentina que generó un cambio, una nueva etapa social? Regresemos al mito, nuestro arquetipo cultural, en el pueblo judío después de tantas amenazas de castración por parte del faraón, fue el cruce del Mar Rojo el que generó la tan ansiada libertad. A partir de ese hecho hay un cambio definitivo en el pueblo, el faraón al quedar del otro lado pierde su poder sobre el pueblo. Esto sería un punto límite y sin retorno.

¿Cómo ocurrió en la historia argentina? Perder la guerra de Malvinas fue aquello insoportable que rebeló al pueblo y que finalmente derrocó al gobierno militar. Una guerra que no fue planeada ni surgió de una necesidad de defensa del pueblo. A eso se agregaba la muerte de jóvenes que no estaban preparados ni física ni psicológicamente para afrontar la guerra. A la acusación de criminalidad sobre los militares que recuerda a la realizada sobre el faraón, se agregaba la pérdida de un pedazo de nuestro territorio, nada más claro que una vivencia de castración, sufrido como una pérdida irremediable. Si hay vivencia de castración, sabemos que luego tiene que surgir la ley y así sucedió. Se destituyo a los militares, se los juzgó y se pasó a una nueva etapa lógica. Se retomó la constitución y se la reescribió de la misma manera que Moisés reescribió las tablas de la ley luego de haberlas roto. Una renovada constitución con leyes nuevas, pero que retomaba el reparto del poder y de los derechos de 1949. Había una nueva idea de poder que se había impuesto, esta etapa fue de mucha revuelta interna, peleas políticas, discusiones, hasta llegar a un acuerdo en la legalidad.

El parricidio es en si la castración del padre tirano, su definitiva pérdida de poder. El perder Malvinas puso en cuestión la verdadera fortaleza de los hombres argentinos y en especial del ejército y su plana mayor, que se presentaban como aquellos tiranos invencibles, muy completos en su poder e imposición. La perdida de Malvinas puso en evidencia la debilidad de aquellos que se presentaban como completos en su poder. La derrota en la guerra determino definitivamente el fin del viejo patriarcado y castró al macho primitivo representado por los militares. La omnipotencia de los militares argentinos se derrumbo y todos sus errores y horrores quedaron a la vista del mundo. La sociedad ya no fue cómplice ocultando sus faltas sino que fueron expuestos ante el mundo en su criminalidad. Los desaparecidos, fueron apareciendo en fosas comunes o devueltos por el mar, exponiendo en sus cuerpos lo terrible que puede llegar a ser el militar sin ley.

Por otra parte, las abuelas y madres de plaza de mayo comenzaron a exigir y reclamar por la vida de sus hijos desaparecidos. Esto será fundamentalmente importante para la protección de la vida de los hijos, sobre esto escribiré más adelante, cuando me refiera a los sacrificios humanos, de los hijos más exactamente, en las culturas antiguas y primitivas. El reclamo por la vida del hijo por parte de la madre es fundamental y hasta genera un cambio profundo, se ve claramente en el mito de Saturno donde su esposa Rea, le entregaba a sus hijos para que los devore, pero por algún motivo desea la vida de Júpiter y para salvar a su hijo, le termina dando una piedra a cambio de él, esa acto materno será la derrota de Saturno. Recordemos también que Moisés va a necesitar del deseo de dos madres para sobrevivir, la biológica que es de origen hebreo y la adoptiva, la hija del faraón. Las madres defendiendo la vida de sus hijos son otro elemento que aparece como esencial en la caída de los tiranos y es necesaria en la estructura para frenar la pulsión de muerte, y acceder a la ley. El deseo de la madre hace su aparición o se le permite aparecer, cuando el tirano es castrado en su poder y la ley asoma como su límite, como la nueva forma de poder. Esta es una fórmula lacaniana, el deseo de la madre se hace evidente con el surgimiento del Nombre del Padre y es una incógnita que se interpreta como deseo del hijo. A nivel social esta ecuación donde aparece el deseo de la madre por los hijos, revaloriza la vida humana. Los hijos cobran valor fálico y dejan de ser entregados a la devoración sacrificial del tirano.

La argentina logro recuperar la democracia. La reforma de la constitución de 1994 la actualiza al nuevo concepto de poder y de los derechos humanos. Quedo atrás en el tiempo la vieja disputa entre conservadores y peronistas, entre aquellos que querían mantener el poder patriarcal como estaba y aquellos que querían cambios sociales profundos.

Sin dudas, se observa una lucha de clases, desde la teoría de Marx, entre la aristocracia y el pueblo, por leyes y derechos. La aristocracia representaba el viejo sistema y el peronismo, el cambio que brindaba más derechos a los pobres y a las mujeres. La irrupción del ejército intentó contener un cambio social inevitable y aunque se prohibía hablar o pensar, la conciencia social ya no podría volver a ser la misma. Esta lucha de clases se profundizara y se expresará claramente en la lucha que hubo entre la guerrilla y los militares, donde los militares ganaron conservando el sistema capitalista.

Imponer la ley significa aceptar que nadie está por encima de la constitución. Imponer la ley no significa regular la ley, que es el trabajo de el sistema judicial, sino que todos acepten que no hay excepciones ante la ley, ni políticos, ni ricos, ni militares, etc. Como en el caso de los profetas judíos que buscaban imponer a los reyes la ley de dios, ni los reyes podían estar por sobre la ley de Yavé. Imponer la ley es que haya una conciencia legal donde no sucedan excepciones ante la ley, incluido el rey. Es una función lógica de aceptar la ley ya sea de Yavé o la constitución por encima de todos, para evitar así que uno busque quedar por fuera de la lógica, para dominar y someter a los demás a sus mandatos.

El hecho es que los militares con las armas atacaron el sistema legal, traducido a los conceptos psicoanalíticos, seria el protopadre atacando al padre simbólico, algo que suena raro. Lo que siempre se plantea es que la ley viene a castrar al protopadre o tirano. Por lo que a nivel social se ve que el parricidio se produce en las dos versiones del padre, ya que si se entiende a la castración también como limitar el poder, puede ser tanto sobre el tirano como sobre el sistema legal, lo que desde el psicoanálisis es el padre simbólico.

En la argentina actual, donde los militares han perdido todo el poder y la mayoría de los militares golpistas han muerto, la sociedad se ha quedado sin aquellos a los cuales podía acusar de tiranos y antidemocráticos. Curiosamente en el gobierno de Cristina Fernández aparece una acusación generalizada en la sociedad, de ser tiránicos, golpistas y antidemocráticos. El pueblo esta comprendiendo que en la democracia el opresor es el pueblo, el que impone su ley, su poder y su autoridad. Ya no lo une al pueblo la puja de poder contra el tirano y en este punto solo lo podrá unir la ley, una ley aceptada y acordada por todas las partes. La tiranía del pueblo deberá trasladarse a la tiranía de la ley.

La castración efectuada al padre tiránico, representado por el juicio y encarcelamiento de los militares, generó un fenómeno sociológico, una identificación, pero expresada de manera proyectiva. Acusarse mutuamente de tiránicos entre los integrantes de los distintos partidos políticos, al punto de generar un desconocimiento del otro, un otro que hasta hace poco tiempo era considerado opositor, pero democrático. Resultando una verdadera división social. Siguiendo a Freud, esto debería derivar en la completa aceptación de la ley, la tiranía de la ley, algo que aun no sucede en la argentina, donde la ley aun no se impone y el sistema judicial carece de el poder necesario.

Es interesante buscar en cada sociedad donde esta puesto el tirano y hacia donde es proyectado y de qué manera histórica ha sido posible ingresar el padre simbólico en cada sociedad, si es que han podido acceder a dicha etapa estructural. En nuestro país el proceso no está terminado, la aplicación de la ley aun presenta sus excepciones, claramente carecemos de profetas que promuevan la ley como sucedía en el antiguo Israel.

PARRICIDIO EN LAS DOS VERSIONES DEL PADRE

V eíamos en el mito de liberación de los hebreos como el faraón amenazaba a los hebreos, lo cual representaba la amenaza de castración para el pueblo. Pero en la secuencia siguiente el faraón, quedaba atrás, al otro lado del mar rojo, lo cual podíamos pensarlo como una representación de la castración que recaía sobre la figura de el faraón, quien perdía su poder sobre el pueblo. Entonces se puede resumir en una frase: al no poder ejecutar sus amenazas, el tirano queda castrado.

La castración de poder del padre tiránico generará un cambio en el pueblo, una nueva etapa que conducirá a la ley. El tirano no muere, solo desaparecerá de escena, lo que significa que podría volver en algún momento a la escena, esto es algo que las sociedades reviven en situaciones propicias, el resurgir de los tiranos. Y así ocurre en el pueblo judío, el mismo Padre Yavé que les da la ley, que los organiza socialmente, también tomara en parte un rostro tiránico y por momentos un rostro terrible. Exige la servidumbre incondicional del pueblo, la obediencia a sus mandatos y por momentos proclamando temibles amenazas de destrucción universal. Según los profetas Israel sufre guerras, hambrunas y situaciones dolorosas por causa de los castigos divinos.

En el mito el faraón es depuesto y reemplazado por Yavé, que mostrando más poder, ahoga a su ejército bajo el mar Rojo. Es la fórmula de la perpetuación de la tiranía, un tirano destituyendo y suplantando a otro tirano. Esta perpetuación de la tiranía, implica que una sociedad nunca termina de castrar por completo al tirano, pero en el caso de Israel, ya no personificado en un gobernante sino como algo abstracto. El tirano ya no es un ser humano, sino un dios, lo cual marca el grado de inmensidad que puede adquirir en la subjetividad y en lo social, volviéndose el responsable de todas las desgracias de la vida.

A partir de lo expuesto se pueden deducir a nivel social, no pretendo llevarlo a nivel del sujeto, porque implicaría una investigación diferente, que hay dos tipos de parricidios posibles efectuados sobre los que detentan el poder.

Cuando se trata de matar o destituir al tirano, es un límite al goce del otro pero también propio, para lo cual es necesario valentía y confrontación, estar dispuesto a todo, como estuvieron los hebreos ante el faraón. Salir de la tiranía significa necesariamente crear leyes que regulen lo social. Sabemos por el psicoanálisis que es un paso a la neurosis, a la castración y la ley. A nivel del sujeto es necesario que el padre este en la ley, ya que no se trata de matar, sino de castrar simbólicamente desde la ley. En lo social, muchos tiranos no terminarían muertos si no fuera porque no suelen aceptar el límite que el pueblo les exige.

Pero hay un parricidio que no se efectúa al padre tirano, sino al padre sujeto a la ley o simbólico. Y este es un acto tiránico, de un personaje que busca imponerse por sobre la ley y los demás. Al romper las tablas de la ley, Moisés estaría destituyendo al padre simbólico. La ley es un aspecto del padre simbólico porque protege al pueblo de la pulsión de muerte y porque se logra llegar a ella a través de la castración propia y del padre tiránico. Moisés cae en su propia tiranía, busca imponerse pero ya sin ley. Su tiranía fue imponer su poder personal a través de la matanza de aquellos que habían fabricado un becerro de oro. Así es como Moisés destruye las tablas de la ley del padre, allí donde estaban escritos los mandamientos, donde diría que estaba prohibido matar, ya que la Biblia dice que las reescribió fielmente. Impone su persona tiránicamente destruyendo las leyes y matando a aquellos que habían caído en la idolatría, es decir, que no se sujetaban a su poder.

En esta búsqueda de hacer sociología con la teoría psicoanalítica, donde el mito bíblico se presenta como un modelo que es analizable con la teoría, porque coincide en lo que la misma dice, se puede observar cómo se presenta en las sociedades. Trayendo esta teoría a lo sucedido en Argentina, lo que hizo Moisés de romper las tablas de la ley es comparable a lo que hicieron los militares en nuestro país al derogar la constitución. Moisés se justificará en un dios que buscaba imponer su ley, la justificación de los militares argentinos se basará en lo que llamaron "seguridad nacional", que era restablecer el viejo orden patriarcal. Mientras Moisés luchaba contra los idolatras, los militares argentinos luchaban contra la guerrilla, ambos eran grupos que se oponían al sistema que se buscaba imponer. La formula parece repetirse, tiene semejanza, por lo que el mito bíblico mantiene en nuestra sociedad total vigencia y quizás por eso sea uno de los pocos mitos antiguos que son parte de una religión en los cual aun creen muchos en occidente. Porque más allá de la descripción de hechos mágicos o milagrosos, se puede observar lo más básico de nuestra estructura social.

Las dos versiones del padre pueden ser atacadas, en palabras simples, el primer parricidio seria la destitución o muerte del tirano y el segundo tipo de parricidio se trataría de la derogación de la constitución o un golpe de estado a la autoridad legalmente establecida. El primero es un parricidio al tirano, al protopadre pre legal, el del mandato, el segundo es un ataque a la legalidad, al llamado padre simbólico desde el psicoanálisis, el padre en la ley o lo que se podría decir, lo simbólico de la ley. En este segundo caso se ataca la legalidad vigente, la cultura, la religión, se queman libros, se cierra el poder legislativo. Solo se puede producir si hubo constituida una legalidad previa, es un paso hacia atrás, un retroceso en la estructura, un regreso a la tiranía.

DISTINTAS ORGANIZACIONES SOCIALES DEL PODER DE ACUERDO A LAS FASES DEL PADRE

La intensión es realizar desde la teoría del psicoanálisis una delimitación de las formas de ejercer poder de acuerdo a las fases del padre. Sistemas de poder que no sería lo mismo que sistemas de gobierno.

Primero hay que distinguir que no es lo mismo tener derecho que tener poder, ni es lo mismo ley que poder, ya que el poder puede existir sin derecho y sin ley. Tampoco es lo mismo sistema de poder que sistema de gobierno, aunque todo gobierno más allá del sistema del cual se trate, supone poder.

Foucault nos abre los ojos con respecto al poder, se va a diferenciar del marxismo, porque no lo entiende como algo vertical. Lo conceptualizará como una trama que se presenta en toda la sociedad, como múltiples relaciones de autoridad apoyándose mutuamente y manifestándose de manera apenas perceptible. De esto se entende que el poder es un asunto de toda la sociedad y que por lo tanto, cada sociedad tiene un determinado estilo de ejercer poder.

Pero si convinamos un poco la teoria marxista sobre el poder y los aportes de Foucault, también tiene importancia el focalizar en el poder político, porque es la manifestación visible de una forma de ejercer el poder en una determinada sociedad.

Porque el poder atraviesa a todo lo social hasta manifestarse en la política, el poder político sería así un emergente, pero un emergente social que adquiere voluntad propia y que puede incluso volverse contra lo social y oprimirlo. Así entre la sociedad y el gobernante se produce un feedback, porque si bien el gobernante necesita del apoyo popular, a la vez tiene el dominio de los organismos del estado. Así una sociedad puede ser tiránica o democrática en su forma de ejercer el poder, pero a la vez su gobernante, que sería el emergente, también puede ser más o menos democrático que la sociedad. Todo esto sin incluír los poderes económicos, que están enquistados como un poder no siempre reconocido pero que influyen como determinantes de políticas. Es histórico el hecho de los poderes económicos asociados al poder político, la nobleza o las clases altas en el pasado, actualmente las transnacionales. Pero estos poderes económicos que son tiránicos o democráticos según les sea conveniente, no son emergentes sociales, sino que utilízan a la sociedad o al estado para su propio beneficio.

Volviendo a la relación sociedad-gobernante. Por ejemplo, en una sociedad que ejerce el poder de las autoridades de manera democrática no puede subsistir por mucho tiempo un dictador como gobernante, porque no tendría un pueblo que lo siga y apoye sus decisiones. Además, le exigiría el respeto de las leyes y sin el apoyo de las masas el dictador no podría seguir en pie, quedaría sin las masas que obedezcan sus directivas. Ni es pensable en una sociedad de formas de autoridad tiránica un gobernante democrático, ya que perdería el poder fácilmente y no tolerarían su falta de fuerza al imponerse, las masas necesitan en ese caso, alguien que ejerce el poder de manera autoritaria.

De aquí es que la forma de ejercer poder de un gobierno dependería de la posición y el ejercicio de toda la sociedad con respecto al poder. Un gobierno que ejerce el dominio a través de la violencia, solo es posible en una sociedad que en algún punto justifica la violencia como una forma aceptable de dominación. Que admite la violencia en determinadas situaciones como método de control social.

En nuestro país esto ha sido muy claro, la condena social a la represión violenta del estado ha cambiado la forma de ejercer el poder. Actualmente un gobierno que ejerciera violencia sobre los ciudadanos, no subsistiría por mucho tiempo. Pero para llegar a este punto, para salir del autoritarismo, la Argentina ha tenido que atravesar un largo proceso de cambio social. No alcanzó con cambiar el gobernante, fue necesario que la sociedad se democratizara. Un cambio en la sociedad con respecto a la forma de ejercer el poder, renunciando a la busqueda de imponer de manera autoritaria las ideologías. El autoritarismo social fue característico en ese tiempo, que se vio condenado al regreso de la democracia, conduciendo a una nueva forma de ejercer el poder social y político, llevando en la actualidad a un profundo cuestionamiento de la autoridad.

El poder en todo caso viene de abajo hacia arriba imponiendo un estilo, pero desde arriba también hay un ejercicio de poder hacia abajo, siendo el gobierno la punta visible del iceberg de como se entiende el poder en una sociedad. Desde el psicoanálisis no podemos restarle importancia a la máxima figura de poder en una sociedad, ya que sería un emergente proyectado, un reflejo en espejo de una sociedad y de la fase del padre en la cual se encuentra.

Tomando la forma de definir los poderes desde Foucault, como una trama que se encuentra presente en toda la sociedad, si lo relacionamos con lo que se viene planteando desde el psicoanálisis, esto significaría pensar que los pueblos tienen en su estructura social ya definida la forma de ejercer el poder, como padre tiránico o como padre simbólico en la ley. Esto significa que la construcción del padre simbólico es un proceso que debe realizar la sociedad en forma conjunta. Además, poder acceder a la ley como aquello que regule las relaciones sociales, adjudicando a la ley mayor poder que al mandato de un tirano.

El derecho político estudia las divisiones de los sistemas de gobierno de acuerdo a la forma en que se organiza el estado, las clasificaciones son muchas porque se presentan ciertas variables, como monarquía o republica, que a la vez pueden ser democráticas o no, presidencialista o parlamentaria. Pero hay grises, situaciones intermedias, por ejemplo Inglaterra, es una monarquía pero con sistema parlamentario, que es puesto a votación democrática. Pero, no es mi intensión entrar en estas clasificaciones del derecho político, porque lo que aquí planteo es otra cosa. Es quizás lo que está por debajo de esos sistemas de gobierno, atravesando a toda la sociedad de tal manera que determina los sistemas de gobierno. Pensemos en una sociedad como la inglesa, que ha accedido a un sistema democrático, donde se gobierna el pueblo a través de sus representantes, ¿Por qué necesita sostener la figura de un rey o reina? ¿Qué resabios quedan de aquellos tiempos donde la figura del rey era la de completud? ¿Por qué necesitan aun hoy esa figura idealizada con privilegios sobre el resto del pueblo? Algo no se ha logrado castrar en una sociedad que aun necesita figuras paternas ideal-izadas. Figuras que traen una historia de violencia cuestionable. ¿Qué admira la sociedad inglesa en sus reyes? Es algo que solo ellos podrían decirnos. Pero parecería que la nación está inten-samente identificada a sus reyes y beben de su completud, de esa perfección que la nobleza aparentaba tener para los pobres.

El psicoanálisis analiza lo inconsciente, aquello que está deter-minando la trama pero que no es reconocido, porque cuando una sociedad logra cierta conciencia sobre eso que determina su situación, produce cambios. Las sociedades, como los sujetos, cuando logran ser concientes de algo que los afecta, tienen la capacidad de cambiar. La sociedad argentina en su regreso a la democracia es un claro ejemplo de esto, hubo un cambio en la relación con el poder del padre, porque los que la tiranizaban fueron castrados por el pueblo al ser juzgados por la ley y ese cambio en la forma de entender el poder determino un cambio permanente en el sistema de gobierno, se paso de la tiranía a la democracia de forma definitiva. Por eso no voy a plantear sis-temas de gobiernos como hace el derecho político, que realizan clasificaciones generales, que es lo evidente y está a la vista a nivel conciente. Desde el psicoanálisis, lo que se puede aportar son los tiempos lógicos del poder del padre y su expresión en las sociedades. Tenemos así una forma de interpretar ciertas manifestaciones, lo que permitiría analizar cada sociedad en su situación particular con respecto al poder.

Entonces, la intensión es determinar la posición de una sociedad pero también podría ser de un grupo humano más pequeño o incluso una familia. Establecer las fases del padre, que no se trata de algo concientemente elegido, sino de la etapa del padre en que haya quedado fijada una sociedad, de acuerdo a eso será capaz de ejercer de distintas formas el poder. De aquí se puede deducir que el sistema político del estado, es lo observable, y lo que queda como desconocido es el tiempo lógico en que ha quedado la relación con el poder del padre, que determina la forma del poder en lo social o en el grupo.

Así la construcción del padre simbólico puede o no estar realizada o incluso estar en proceso de construcción, que en una sociedad puede llevar siglos. Es un proceso dinámico aunque también puede quedar fijado a una etapa, entonces puede estar en estructuración o desestructuración e incluso reestructuración. Una sociedad puede estar en una situación de avanzar hacia la democracia, como la ley del pueblo o los "hermanos", que implica una relación de poder diferente con el padre. Porque en la democracia el gobernante como punta de iceberg, es despojado de gran parte del poder autoritario que detenta el padre tiránico.

En una sociedad donde se repite como un ritual el asesinato político del tirano para instaurar a otro tirano, muy común en la antigüedad, podríamos hablar de una repetición del parricidio. Mientras exista el parricidio del padre tirano social, nos está indicando que no está aun instaurado el padre simbólico. Situaciones repetidas hasta el hartazgo en el pasado, donde el gobernante tiránico termina asesinado, quizás en un intento de limitar su goce, que a veces, sabemos por la historia, se volvía gigantesco e insoportable para el pueblo o para los mismos que lo rodeaban en la corte, generando gran malestar y revueltas. Una vez asesinado, alguien se apoderaba de su lugar, pero no en representación del pueblo, sino de sí mismo, instaurándose así un nuevo tirano. Es una etapa que perpetúa la tiranía, donde se podría pensar en un rechazo a los límites de la ley o en algunos casos, porque se está en un tiempo histórico donde la ley que limita la tiranía, aun no fue creada. El parricidio en este caso no lleva a acceder a la ley, porque la castración no esta a nivel simbólico, sino que se produce a nivel de lo real.

Qué diferencias se presentan entre la permanencia en la tiranía y un gobernante atravesado por la ley. Lo relacionare con esos cinco puntos que describí en el primer capítulo, donde se veía por qué no se asesinaban reyes en Israel y lo que se buscaba, por parte de los profetas era que se sometan a la ley de Yavé. Y ese es justamente el punto inicial, hay una ley de un Padre superior a la cual el rey debe someterse, esto significa que desde el inicio el rey no era la ley. Esos cinco puntos necesarios para que el parricidio produzca el acceso a la ley son:

1) Se parte de una tiranía, que debe derivar en la castración del tirano.

En la perpetuación de la tiranía el tirano como fase del padre, no es castrado. La muerte de un tirano instaura otro tirano. La estructura del padre tiránico sobrevive aun cuando un tirano muera. Este punto desencadena toda la diferencia posterior.

2) Parricidio, que debe generar horror y temor.

Este punto sí sucede, el crimen de un gobernante genera horror y temor. Pero no produce el tercer punto justamente porque no se ha producido la castración simbólica que permite humanizarlo.

3) El surgimiento del juicio moral y la culpa.

Este es un punto fundamental, porque no puede haber acceso a la ley si no hay conciencia moral, este hecho perpetúa el crimen parricida y por lo tanto no hay aceptación e internalización de la ley, ya que la misma no existe. Así el cuarto y quinto momento tampoco se produce.

De este modo en la estructura de la tiranía, asesinar a un tirano es para instaurar otro, que se espera que goce dentro de límites más tolerables para el pueblo. Pero de todas maneras, el nuevo tirano buscara imponer su propio mandato a todo el pueblo y está muy lejos de entrar en la generalidad de la ley, una ley que regule y limite su poder.

Un sujeto que aspira al poder y asesina a un rey para quedarse con su puesto, no hay para él una salida legal y por lo tanto tampoco para el pueblo. Vemos en la historia de las monarquías el crimen preventivo, el asesinar para evitar ser asesinado, ya sea de formas ocultas utilizando venenos o implantando causas falsas, valiendo todo en el juego, mientras se logre eliminar el obstáculo que impide llegar al poder. El poder es aquello codiciado, porque permite privilegios y porque pone al sujeto en una situación de absoluta superioridad con respecto a los otros, supone lograr la completud del padre ideal. Porque el tirano es dueño de todo, hasta de el sufrimiento y la vida de los demás, pero claro, tiene muchos enemigos, lo cual le facilita vivir en un estado persecutorio. Necesita fieles a muerte, que los adulen y adoren como a dioses, fieles que a cambio disfrutan de el poder que se les otorga, un buen siervo del rey debe demostrar que está dispuesto a todo por él. El objetivo es sostener su completud y eso solo se logra sosteniendo su poder.

Este sistema de poder unifica el poder político con la justicia, el sistema judicial característico de las tiranías donde el rey establece las leyes e imparte su propia justicia. El tirano que detenta el poder y a la vez establece las leyes es conveniente principalmente para él mismo, para poder seguir sosteniéndose en el poder. Todo el poder está en sus manos, ocupando un lugar fálico, designando jueces o imponiendo dictámenes.

Todo, incluso el pueblo es objeto de su propiedad y por lo tanto con derecho a todo sobre ellos. Puede ser parricida del padre tirano pero también del padre de la ley, no hace distinción porque su objetivo es quedar él como tirano dueño de la ley y del goce. De ese modo un tirano puede voltear a un déspota tanto como a un presidente democráticamente elegido. Es el sistema de poder más común en la historia política, propio de dictadores. Generalmente el sujeto logró el lugar imponiéndose por la fuerza a otro tirano o derogando leyes o incluso una constitución. Se impone desde las armas y busca generar el control a través de la amenaza o persiguiendo hasta hacer desaparecer a los grupos que se le oponen. Generalmente tiene grupos de seguidores que lo apoyan por temor y conveniencia, que se dedican a imponer el terror y de perseguir a los oponentes, el castigo físico es el mecanismo eficaz para doblegar al pueblo.

Allí donde el tirano se dejará castrar, en las neurosis, es el padre que Lacan definió como el del segundo tiempo del edipo y que instaura la prohibición del incesto y el parricidio. Si se observa bien, son leyes que protegen su poder y hacen a su conveniencia. Son leyes realizadas por el padre tirano, con el objetivo de proteger sus intereses, aunque con la castración del tirano adquieren valor de regulación social. Un sujeto que no se deja castrar, que vive en su completud, la historia nos dice que tiene dificultades para instaurar esas leyes, ante todo porque el mismo no se somete a ellas, solo basta rever la historia para comprobar cuantos tiranos de la antiguedad cometían incesto y parricidio. Asique solo un padre simbólico podrá instaurar esas leyes, aun cuando el niño lo perciba como una imposición tiránica.

En una sociedad donde se podría decir que el poder tiene estructura neurótica, se utiliza la ley para someter al tirano, es el modo en que se busca limitar su goce. Son sociedades que reclaman la aplicación de la ley ante el delito, ya no el castigo físico impuesto por algún personaje tiránico. Genera el sistema judicial que teóricamente debería ser de jueces imparciales, no dependientes de un rey o gobernante. Es la única estructura que organiza la sociedad buscando limitar el goce del otro y el propio. Presente en los sistemas republicanos y democráticos, con sistema de gobierno separado del poder judicial. Claro que pensar en esto como forma pura podría decirse que en la mayoría de los países democráticos aun es un ideal.

En la Roma antigua (509 a C al 27 a C) existió la republica, se inicia como forma de limitar la brutal tiranía del último rey, Lucio Tarquino el Soberbio. Aunque fuera una republica no democrática, significó un límite al poder tiránico y terrible del último rey romano, generando un sistema de poder que impidiera la posibilidad de que un tirano someta cruelmente a todos los demás. Aunque no es un sistema de poder de ¨hermanos¨ como el democrático, el republicano en sí es un limite legal al padre tiránico, es un sistema que establece un poder legislativo y una ley que impide el surgimiento de un tirano. La ley no solo controla a los ciudadanos sino también a los que tienen el poder político. La letra de la ley es quien domina y somete a todos. Así el gobernante de turno está sometido a la justicia, ya que nadie es dueño del poder ni es tampoco dueño de la ley. Es un representante pero nunca el propietario. En este sistema no se habla de enemigos políticos, sino de adversarios políticos ya que no se trata de matar o morir, sino de ganar consensos.

Luego veremos que se podría describir una etapa más primitiva aun, para lo cual tendré que recurrir a la teoría de Melanie Klein y a su teoría de las ansiedades, específicamente a la esquizo paranoide, que se produce a un primer tiempo de vida del niño. Esta etapa es tan primitiva que solo se puede ver en tribus como la guaraní, de la cual luego escribiré, o tribus muy primitivas, donde el objetivo es asesinar al enemigo representado por los integrantes de las tribus vecinas, pero nunca se llega a establecer un pacto, ni ese crimen alivia de algún modo, porque siempre aparecen más enemigos a los cuales hay que asesinar. Es un sistema de poder basado en un delirio persecutorio que carece de reglas o acuerdos que lleven a la paz, ya que la enemistad con las tribus vecinas jamás encuentra un acuerdo que límite el goce del enemigo ni el propio.

Cada estructura psíquica tiene una relación particular con las fases del padre y busca ya sea frenar al tirano o al goce terrible. Aun en las tribus primitivas el crimen al enemigo busca frenar su crueldad, sin leyes, ni acuerdos, pero buscando defenderse aunque sea atacando con la misma ferocidad. Así podríamos hablar de un sistema esquizo paranoie donde reina el caos, el desorden y se busca frenar el terror a través del crimen. En una etapa primigenia, no hay ley ni reglas claras, donde se asesina a quien se sobrepasa o abusa desmedidamente de los demás. También suele suceder en grupos donde se pierde el sistema de mando, donde están sometidos a la violencia de una guerra o al terror. Algún integrante busca establecerse como jefe abusador, que somete al grupo agresivamente, luego de un tiempo de terror es asesinado, buscando de ese modo el grupo deshacerse y aliviarse del pánico, logrando así una pacificación. También se presenta en las revueltas populares donde no hay dirigentes o los mismos perdieron todo control sobre el grupo, produciéndose ataques generalmente contra la policía que es vivenciada no como legalidad, sino como la fuerza tiránica que hay que asesinar. Allí donde haya caos, ausencia de líneas de autoridad, generalmente se producen ideas persecutorias que terminan en expresiones de violencia.

Si las relaciones con el padre se reflejan en los sistemas de poder y desde allí se proyectan a los sistemas de gobierno, entonces el psicoanálisis tiene mucho para decir sobre el poder en lo social y en lo político. No se trata de que los sistemas de gobierno sean claramente delimitables en las fases del padre, pero si se pueden establecer a grandes rasgos desde donde se está imponiendo el poder en una sociedad, o desde que fase del padre se pone en juego el poder en un grupo.

MITOS JUDEO CRISTIANOS

MOISÉS Y LAS DOS VERSIONES DEL ORIGEN DE LA LEY

El mito de Moisés es semejante en sus características a otros mitos de la antigüedad. Se trata de un héroe elegido y designado por un dios para liberar a su pueblo. Si bien el pueblo judío ha creído tradicionalmente en este mito de origen, hay hechos inverosímiles como la división milagrosa de las aguas del mar Rojo o las plagas que el dios Yavé envía al faraón, que hacen imposible considerarlo un hecho histórico. La gran diferencia con la mayoría de la mitología antigua es que aun hoy hay gente que cree en la mitología bíblica y por eso se mantiene viva como religión. Después de tantos miles de años, el mito de Moisés sigue resultando para algunos creíble y el judaísmo sigue festejando y rememorando el ¨pesaj¨ como un hecho real del pasado.

Una religión es más que el mito, porque implica rituales, ceremonias, rememoraciones y una organización sacerdotal, pero su existencia se sostiene en la mitología que cuenta una historia, que ubica al ser humano sobre el mundo de una determinada manera, dándole un sentido y un origen a la vida y a la existencia del universo. La religión judía tiene varios mitos, como tuvieron la religión egipcia o la griega, sin embargo, la religión judía a diferencia de las otras, permanece viva y esto debe responder a algún motivo muy profundo y que tiene que ver con lo que ha logrado significar y realizar el ser humano occidental con estos mitos bíblicos.

Los mitos fundamentales que contiene la biblia son:

La creación del mundo en 7 días.

Creación de la humanidad, Adán y Eva, la caída en el mal.

La elección de Abraham como origen del pueblo.

Moisés y la salida de la esclavitud de Egipto. Creación de las tablas de la ley.

El que tomare aquí es el último, el origen de las leyes hebreas antiguas, consideradas por el pueblo judío una revelación de Yavé a Moisés.

La Biblia al ser mítica nos deja sin la historia real sobre cómo se realizaron y establecieron las leyes para los judíos. Quizás tomaron la idea y la base del cuerpo de leyes Egipcio o de otro pueblo ya organizado para dar un orden al pueblo hebreo. Esas leyes le dieron al pueblo la posibilidad de entrar en una cultura y una forma social diferente, más evolucionada, dejando atrás un tiempo primitivo. Tampoco sabemos cómo se genero la escritura hebrea, simplemente Moisés aparece escribiendo en tablas de piedras. Posiblemente el origen de la ley estuvo relacionada con el inicio de la escritura, ya que las leyes para que no se modifiquen o produzcan ambigüedades deben estar escritas. De hecho el mito marca esto, Moisés escribe las leyes, ese es un momento muy importante en el mito porque debe transcribir textualmente la palabra del Padre Yavé. Esa escritura de las leyes generará con el tiempo el libro de un dios, las leyes tienen un origen sagrado y luego toda la historia de Israel pasa a ser considerada sagrada, en parte milagrosa y en parte hechos históricos humanos, lo que nos muestra como se narraba la historia en aquellos tiempos.

La historia de Israel es vivida como producto de una intervención sobrenatural y escrita en el libro como tal, porque era la forma antigua de interpretar los hechos históricos, entre milagrosos y humanos. Es el pueblo de Yavé y en su historia, Yavé es protagonista, es actor de acontecimientos para el pueblo. Los profetas entre lo mágico y lo verídico generaron un mito de origen en el cual se le daba una identidad y una história al pueblo. Era la mentalidad antigua, los dioses actuaban en el mundo, eran protagonistas, de ese modo nada era por casualidad, sino que se trataba de una causalidad mas allá de lo propiamente humano y a lo cual los humanos no siempre estaban en condiciones de entenderlo.

Es curioso que aun haya gente que crea en esas historias tan plagadas de interpretaciones milagrosas sobre hechos simplemente humanos, como ganar o perder una guerra, asunciones al poder, elecciones matrimoniales, etc. No podemos decir que la gente que cree en esas historias sea justamente inculta, deberemos adjudicárselo a otros motivos. Aparentemente el pensamiento mágico no se elimina solo con mucha ciencia, por ser infantil, está mucho más arraigado que el pensamiento lógico racional, que hubo que crearlo con mucho esfuerzo a lo largo de la historia de la filosofía y ciencia.

Transcribo una parte de la Biblia donde se puede leer otra versión del origen de las leyes de Moisés. Está escrita justo en la carilla anterior al comienzo de la narración de la revelación en la montaña, Moisés sigue siendo el protagonista. Curiosamente la misma Biblia nos está dando dos versiones del origen de la imposición de las leyes, no significa que una de las dos sea verdadera, sino que parecería probar que el mismo pueblo tenía más de una versión sobre cómo fueron impuestas sus leyes, pero que finalmente fue ganando consenso la versión de la montaña.

Éxodo, 18

1. Jetró, sacerdote de Madián y suegro de Moisés, se enteró de todo lo que Dios había hecho en favor de Moisés y de Israel, su pueblo, y cómo lo había sacado de Egipto.

(No sabemos sacerdote de que religión era ya que en ese momento aun no estaba organizado el yavismo ni los sacerdotes de leví).

2. Jetró, el suegro de Moisés, había acogido a Séfora, esposa de Moisés, después de que Moisés la había despedido,

3. y con ella sus dos hijos. Uno de esos hijos se llamaba Guersón, (pues su padre dijo: He estado peregrino en tierra extraña);

4. y el otro se llamaba Eliezer, (porque dijo: El Dios de mi padre vino en mi ayuda y me libró de la espada de Faraón).

5. Jetró, pues, el suegro de Moisés, le trajo sus hijos y su esposa mientras acampaba en el desierto, junto al monte de Dios.

6. Mandó decir a Moisés: «Yo, Jetró, suegro tuyo, vengo a ti con tu esposa y tus dos hijos.»

7. Moisés salió al encuentro de su suegro, le hizo una profunda reverencia y lo besó. Se preguntaron el uno al otro acerca de su salud y entraron en la tienda.

8. Moisés le contó a su suegro todo lo que Yavé había hecho a Faraón y a los egipcios para bien de Israel, todas las dificultades que encontraron en el camino y cómo Yavé los había librado.

9. Jetró se alegró mucho al oír todos los beneficios que Yavé había hecho a Israel cuando lo sacó del poder de los egipcios.

10. Y dijo: «¡Bendito sea Yavé, que los ha liberado a ustedes de los egipcios y de Faraón!

11. Ahora reconozco que Yavé es el más grande de los Dioses; lo demostró en el momento en que oprimían a su pueblo.»

12. Jetró, suegro de Moisés, ofreció un sacrificio y presentó a Dios ofrendas. Vinieron entonces Aarón y todos los jefes de Israel para compartir una comida con el suegro de Moisés en la presencia de Dios.

13. Al día siguiente, Moisés se sentó para hacer de juez y hubo gente en torno a él desde la mañana hasta la tarde.

14. El suegro de Moisés vio el trabajo que su yerno se imponía por el pueblo y le dijo: «¡Cómo te sacrificas por el pueblo! ¿Por qué estás ahí tú solo y todo este pueblo queda de pie a tu lado desde la mañana hasta la tarde?»

15. Moisés contestó a su suegro: «El pueblo viene a mí para consultar a Dios.

16. Cuando tienen un pleito vienen a mí, yo juzgo entre unos y otros, y les doy a conocer las decisiones de Dios y sus normas.»

17. Entonces su suegro le dijo: «No es lo mejor como tú lo estás haciendo.

18. Acabarás por agotarte tú y este pueblo que está contigo; pues la carga es demasiado pesada para ti y no puedes llevarla tú solo.

19. Ahora escúchame, te voy a dar un consejo, y Dios estará contigo. Tú serás para el pueblo el representante de Dios, y le llevarás sus problemas.

20. Les explicarás las normas y las instrucciones de Dios, les darás a conocer el camino que deben seguir y las obras que tienen que realizar.

21. Pero elige entre los hombres del pueblo algunos que sean valiosos y que teman a Dios, hombres íntegros y que no se dejen sobornar, y los pondrás al frente del pueblo como jefes de mil, de cien, de cincuenta o de diez.

22. Ellos harán de jueces para tu pueblo a cualquier hora; te presentarán los asuntos más graves, pero decidirán ellos mismos en los asuntos de menos importancia. Así se aliviará tu carga pues ellos la llevarán contigo.

23. Si procedes como te digo, Dios te comunicará sus decisiones y tú podrás hacerles frente, y toda esa gente llegará felizmente a su tierra.»

24. Moisés escuchó a su suegro e hizo todo lo que le había dicho.

25. Eligió hombres capaces de todo Israel y los puso al frente del pueblo como jefes de mil, de cien, de cincuenta y de diez.

26. Ellos atendían al pueblo a toda hora para arreglar los problemas de menor importancia, y llevaban a Moisés los asuntos más delicados.

27. Luego Moisés despidió a su suegro y lo encaminó hacia su tierra.

Aquí vemos que Moisés asumirá ante su pueblo el lugar de ¨representante de dios¨ en la tierra, esta representación que tiene que ver con la ley, desde Lacan sabemos que tiene que ver con la función paterna. Moisés era considerado por los judíos como un hombre sabio en las leyes de Dios, actuaba como juez del pueblo y fue sobrepasado por el trabajo, por lo que por consejo de su suegro instruyo a algunos judíos, ¨hombres íntegros¨ en las leyes de Yavé. El consejo de Jetró en el versículo 20: ¨Les explicarás las normas y las instrucciones de Dios, les darás a conocer el camino que deben seguir y las obras que tienen que realizar¨.

Moisés es considerado el legislador del judaísmo, si bien en el mito solo escribe en piedras, la tradición le adjudica los cinco primeros libros bíblicos llamados Pentateucos, que son el Génesis, Éxodo, Levíticos, Números y Deuteronomio, es decir, los fundamentos legales del judaísmo. Según el mito, Moisés muere antes de llegar a la tierra prometida, por lo que es difícil creer que pudo escribir todo eso en el desierto y sobre tablas de piedra. O Moisés se llamaba el que organizo todo el sistema legal y religioso del dios Yavé pero no en el desierto, sino mucho después y ya existiendo Jerusalén o se le adjudican leyes y libros que él no escribió. Bien se podría conjeturar que hubo una tradición oral que fue escrita mucho tiempo después. El hecho histórico lo desconocemos, pero tampoco es fundamental para este estudio. Cuestionar lo irreal del mito no es el objetivo del trabajo, de hecho es todo tan inverosímil que resultaría imposible de creer, si no hubiera sido impuesto desde los estratos del poder en las mentes de los niños, tan propensos a el pensamiento mágico. Así el objetivo no es mostrar los imposibles del relato, sino entender el significado profundo que tiene para nuestra cultura.

Luego de los consejos de Jetró, es que se narra el mito de Moisés, la salida de Egipto y la revelación en las montañas, donde es Yavé quien escribe las leyes para Moisés. Mientras que en el pasaje de Jetró la imposición de las normas es pacífica y se muestra como una necesidad del pueblo, en el mito de la montaña narra que no le fue sencillo a Moisés imponer la ley, hubieron rebeldías y hasta luchas armadas en el pueblo y hasta Yavé tuvo que reescribir las leyes destruidas por Moisés.

El consejo de Jetró de instruir en leyes a otros hombres y la escritura de las leyes de dios, fue fundamental para que el pueblo comenzara a regirse por leyes escritas, para que la justicia no fuera solo la decisión de un juez intuitivo, sino que pasara a ser establecida como propiedad de la comunidad. Pasar de un hombre sabio con sentido de justicia a una ley que todos puedan

conocer y representar, es iniciar la función paterna a nivel juríd-
ico en la sociedad. La justicia ya no será sabiduría divina de
elegidos, sino una legalidad reconocida en la cual otros pueden
prepararse y este es el inicio que tuvo en los pueblos antiguos la
ciencia del derecho.

Este mito es rememorado y celebrado por los judíos porque expresa el pasaje de un pueblo primitivo a un pueblo civilizado. En
definitiva ¨el pasaj¨ es eso, pasar de la tiranía a la legalidad. De
la primitiva ausencia de ley a la civilización. Así la divinidad, el
padre, muestra su rostro simbólico dando al pueblo un progreso
social, político y espiritual. La importancia del mito en definitiva es esta, narrar de forma mágica un hecho que dio solución
racional a un problema social. Intenta responder sobre el origen
de la ley, de los jueces, de la organización social y religiosa.

En esta parte del relato, Moisés no es la figura de un tirano, como
cuando rompe las tablas de la ley, que queda en una situación
tiránica ante el pueblo, sino que da origen a los jueces y a la in-
stitución jurídica. Aparece como un hombre que sabe impartir
justicia y aquí hay sujeto supuesto saber (SSS), porque el pueblo
supone que él sabe hacer justicia, que está en condiciones de
saber instruir a otros y que escribirá las leyes de dios. Estos
jueces iniciales de comunidades chicas fueron el primer paso
para las construcciones de los sistemas legales y quizás este sea
uno de los aportes más grande que la Biblia pueda darnos, el
poder conocer, porque quedo registrado, el origen de la justicia
humana en los pueblos primitivos. Los actos humanos pasan a
ser juzgados por otros, hay una pérdida de libertad natural en
función del beneficio del grupo, quien quiera vivir en el grupo
deberá someterse a el juicio de los demás. Pero no cualquiera
¨sabe¨ impartir justicia sino aquellos que se han preparado en
la sabiduría de las leyes de Yavé. Así el Padre Yavé es quien dicta
la ley y a la vez la aplica a través de sus representantes. Esta idea
de dios como juez pasará también al catolicismo, aunque en la
actualidad ha quedado relegado a los dominios del cielo. Hoy

es el estado quien se supone que sabe y dicta e imparte la ley a través de sus representantes. El sujeto supuesto saber sigue presente en la justicia, aun cuando los jueces ya no tengan el prestigio de otros tiempos. Al menos no el de Moisés.

Un juez queda escaso para una comunidad que crece en población, entonces es imperioso que se formen más, pero para eso es necesario establecer las leyes, los castigos y resarcimientos. Entonces el juez elegido de los dioses, en quien han puesto su sabiduría, pasa a ser reemplazado por el estudioso de la ley, por el conocimiento y la escritura de la ley, el saber estará en la ley que otros pueden estudiar. Así se produciría la transmisión del saber.

Profundizando en el significado del mito de Moisés, se ve representada la conflictiva con el padre social tirano y como se da el origen de la organización de un pueblo. De la narración podemos decir que es una creación de la imaginación, la historia pudo haber sido diferente, que dios mandara 4 o 10 plagas no cambiaba la esencia de la historia, pero lo que importa es que está hablando proyectivamente de algo estructural del psiquismo humano y que es la cuestión con el padre, en sus dos formas, como el tirano y como el padre en la ley. El mito de Moisés no es la historia del pueblo judío, sino la forma en que se mitifica el origen y el inicio de la ley. Esta cuestión del padre es la que nos interesa desde el psicoanálisis.

La ley creará una paternidad única, la de Yavé para todo el pueblo, dándole un sentido de pertenencia a una misma familia de origen, la de Abraham y Sara. El cristianismo sigue esta línea, todos hermanos, hijos de un mismo padre creador. De la misma manera los musulmanes, comparten esa creencia. Con el Corán produjeron una nueva legalidad, dejando atrás las costumbres de la idolatría. Mahoma es para el islam semejante en su función a Moisés. La Biblia o antiguo testamento y el Corán son libros de la ley, que establecieron las leyes religiosas y sociales, pero en los cristianos hubo una división desde el inicio entre las leyes de la paternidad divinizada y las leyes sociales.

Esta división entre ley política y ley religiosa que se produjo desde el principio en Roma, generó con el tiempo la posibilidad de ganar libertad a nivel del pensamiento y de las ciencias. Si hasta la edad media el poder religioso se había impuesto sobre el político, esto se irá revirtiendo y en eso tendrá que ver la ciencia con sus descubrimiento que irán cuestionando el dogma y las verdades bíblicas. La falta de división entre la ley política y la ley religiosa en Israel, produjo un estado teocrático con las limitaciones que el mito impone sobre el pensamiento y el conocimiento. Para que un mito subsista en el poder político debe estar determinando la ley del estado, cuando deja de ser la justificación de la ley, se produce la perdida de poder y pasa a ser marginado al ambito espiritual.

SACRIFICIOS HUMANOS EN EL ANTIGUO ISRAEL

JESUS DE NAZARET

Para entender el origen de la religión hebrea es necesario conocer en qué contexto se va a originar esta nueva creencia, este nuevo dios paterno. Se sabe que las ciudades antiguas solían tener una divinidad propia a la cual le rendían culto, pero dentro de una religión que daba culto a varios dioses, es la forma en que se desarrollo el politeísmo. Si Yavé fue un dios propio de la zona semítica, conforme y en relación con el politeísmo general de toda aquella área geográfica del medio oriente, en determinado momento histórico se produce un corte definitivo con el politeísmo. Se producirá un rechazo ante algo inaceptable que terminara cambiando la historia del mundo.

El dios Baal (etimológicamente Amo, Señor), también denominado Bel, Belcebú, Mordok o Moloch. Era un dios ampliamente difundido en aquel tiempo y venerado por los cananeos, vecinos de los Israelitas, donde tenía santuarios y sacerdotes. Era adorado por muchos pueblos y su culto estaba difundido también entre los judíos. Los cananeos llamaban El, también Eloáh (Elohim), Eláh (que en árabe se volvió Allah), al dios padre principal, padre del dios Baal y se lo representaba con un toro con alas. La denominación El, es también utilizada en la Biblia por los hebreos con el significado de "dios" o "señor". Es decir, que el término El era utilizado para denominar a el dios supremo en toda la región semítica. Los cananeos designaban EL, al dios supremo, mientras los hebreos designaban con la misma raíz semítica, Elohim (Yavé) a su dios padre supremo. No se puede decir con certeza que en algún momento hayan sido el mismo dios, que con el tiempo fue mutando en Israel o que siempre fueron dos deidades diferentes, pero hay una conexión etimológica de Elohim del judaísmo, con el dios El semítico. Que se los denomine igual es en sí ya un dato interesante a considerar en cuanto a la relación de estas dos divinidades, además compartían características semejantes más allá de la denominación, ambos eran considerados "el creador de todas las cosas", "el bondadoso", "el compasivo", "padre de todos los dioses" (Elohim).

El dios Baal era en la mitología cananea hijo del dios El y se lo representaba con la imagen de un becerro. El ritual de adoración al dios Baal o Moloch consistía en el sacrificio de niños, fundamentalmente de bebes, para lo cual se realizaban altares. También había templos de adoración, en los cuales había una estatua de grandes dimensiones de bronce representando al dios, con la boca abierta y los brazos extendidos, la estatua era hueca y se encendía fuego en su interior, allí se recibía el holocausto, para evitar escuchar los gritos de los niños se tocaban flautas y tambores. Baal fue relacionado con Saturno o Cronos por las características similares de sus rituales sacrificiales y por ser dioses de la abundancia y la fertilidad de la tierra, se considera que fueron la misma deidad con las características propias de cada región.

Con el tiempo los judíos considerarán a Moloch o Belcebú como un demonio y se pensarán sus rituales como una adoración a Satanás, el enemigo, aquel que procuraba los males al mundo. Si Yavé era para entonces la paternidad bondadosa y protectora, Satanás era el enemigo cruel y depravado. Nuevamente aparece en la Biblia los dos rostros del padre, el dios castigador y vengativo, que va dejando la función de rostro terrible a Belcebú y va volviéndose progresivamente con el tiempo cada vez más un dios del bien.

Habrá una etapa donde se empieza a adjudicar moral a los dioses, el bien y el mal quedarán divididos en dos personajes distintos. Si al principio era Yavé el que destruía Sodoma y Gomorra, y su ira se descargaría en Asiria, en Damasco, y demás ciudades enemigas de Israel, destruyéndolos, como se puede leer en el libro de Isaías. Más tarde en la continuación del mito ya dentro del cristiano, en el libro del apocalipsis, los que destruirán el mundo serán Belcebú y sus legiones, llegando a adquirir los demonios un inmenso poder, apenas inferior al del Padre.

La adoración a Baal estaba insertada entre los hebreos, el mismo rey Salomón, quien fue fundamental para imponer una teocracia y llevar a la religión yavista al poder en Israel, en su vejez adoró a Moloch y a su esposa la diosa Astarté, dedicando un lugar en los montes de Israel para los sacrificios. La relación de los judíos con esos rituales idolátricos fue quizás mayor de lo que suponemos. Con respecto al sacrificio de niños en Israel, en la biblia podemos extraer algunos de los pasajes donde se hace referencia a estas prácticas:

LEY DE LOS PRIMOGENITOS: (Éxodo 13, 11-15) "... ofrecerás (en sacrificio) a Yavé todo primogénito, de todo primer parto de tus animales, los machos serán de Yavé. Pero rescataras todo primogénito de asno con un cordero... también rescataras todo primogénito del hombre entre tus hijos..."

SACRIFICIO DE HIJOS: (Jueces 11, 29-40) Jefté hizo un voto a Yavé diciendo: "si pones en mis manos a los hijos de Ammón, el primero que salga de la puerta de mi casa para venir a mi encuentro cuando vuelva vencedor de los hijos de Ammón, pertenecerá a Yavé, se lo ofreceré en holocausto".

La primera en salir a recibirlo fue su hija y fue sacrificada a Yavé.

AJAZ, HIJO DE JOTAM, REY DE JUDÁ: (II Reyes 16, 1-4) "... no hizo lo que es recto a los ojos de Yavé, como su padre David, sino que siguió el camino de los reyes de Israel y hasta hizo pasar por el fuego a su hijo..."

Como se puede leer, en la Biblia se hace referencia a sacrificios humanos realizados por israelitas, los sacrificados a los dioses eran los hijos. Para entender mejor este tema es necesario remontarse al principio de la historia Bíblica del pueblo de Israel, el sacrificio está planteado desde el mito de origen del pueblo. La historia de Israel comienza con la elección divina de Abran, un hombre de la ciudad de Ur de Caldea y que será enviado a habitar al país de los cananeos con una gran promesa, será re bautizado por Yavé como Abraham (padre de multitudes). Pese a que se tratan de mitos antiguos, Abraham es considerado hasta el día de hoy como el primer padre del pueblo judío, elegido por Yavé para ser el padre que de origen a un nuevo pueblo.

Abraham siguiendo el ritual de la región de sacrificar el hijo a Baal, no duda en obedecer cuando recibe el mandato de Yavé, debía construir un altar para dar culto sacrificando a su hijo, el hijo que le había sido prometido, aquel que haría de él un padre de multitudes, haciendo nacer una nueva genealogía. Cuando estaba por consumar el sacrificio de su hijo primogénito, escucha nuevamente la voz de Yavé que cambia el mandato, el hijo debía ser sustituido por el carnero. Este será el acontecimiento fundante del judaísmo, quedará registrado como el origen de una nueva divinidad paterna y de una nueva relación entre el padre y el hijo. Mientras Moisés y la ley dan origen a Israel como sociedad, como nación, Abraham dará origen a un nuevo ritual y a una nueva religión.

A partir de aquí Yavé se diferenciará de Baal, serán divinidades diferentes y tendrán rituales diferentes. Este hecho será trascendental también porque marcará un nuevo tiempo, una nueva estructura simbólica para los descendientes de Abraham. Abraham no será sacrificador, sino que será padre. Lo que se trata aquí es de el judaísmo como origen del ser padre, algo que en los Baales no está estructurado aún, un sacrificador no puede ser padre simbólico. Para poder ser padre simbólico será necesaria una ley que prohíba el sacrificio del hijo.

Se puede ver que esta acontecimiento se resignificará en el mito de Moisés, lo que aparece como un mandato de Yavé a Abraham, se volverá un mandato para todo el pueblo. En esta escena de la huida de Israel, son los hijos primogénitos de los egipcios los que morirán:

(Éxodo 12, 27) ¨Entonces Dios dio instrucciones a Moisés para que la comunidad realice el sacrificio de pascua: al atardecer se matará un cordero o cabrito de un año, macho y sin defecto; se rociará con su sangre las jambas y el dintel de la puerta de sus casas; de noche se comerá la cena de la liberación: cordero y pan ácimo (los pies calzados, ceñida la cintura y un bastón en la mano, en plan de marcha desde aquella tierra de esclavitud hacia otro país de libertad).

Más tarde, el Señor, que herirá de muerte a los primogénitos de los egipcios, pasará de largo o se saltará las puertas de los hebreos, marcadas con la sangre del cordero. De allí el significado del término *Pésaj* que significa "saltear", "pasar por encima", ya que el ángel de la muerte enviado por Dios "salteó las casas de los hijos de Israel" preservando a los primogénitos hebreos¨.

Recién en el Levítico 18, 21, se puede leer la prohibición de los sacrificios de hijos, ya no en forma de mito como en la salida de Egipto, sino como una ley de Yavé impuesta a los israelitas:

¨No darás a tus hijos para ser pasados por el fuego en honor de Moloc ni profanaras el nombre de Dios: yo, Yavé¨.

Levítico 20, 2. ¨Di a los hijos de Israel: Cualquiera de los hijos de Israel o de los extranjeros residentes en medio de ellos que sacrifique alguno de sus hijos a Moloc, será castigado con la muerte; el pueblo lo lapidará¨.

Son momentos de resignificación que se presentan en la Biblia y lo que agregara en el segundo momento del proceso es la castración del faraón, para luego en el tercer momento, recaer la castración sobre todo Israel. Entonces que a un padre se le prohíba bajo pena de muerte sacrificar a su hijo, será el paso necesario para la castración de poder del padre terrible. Un padre que acepta el límite o prohibición de sacrificar al hijo, será un padre que pasara por la castración de su poder y aceptara la ley de Yavé. Es el camino que inicia la formación del padre simbólico, quizás los primeros pasos, los más arcaicos a los que podamos acceder de la historia humana. Porque ese padre que acepta su castración, un límite a su poder, será el mismo que impondrá en su hijo la prohibición del incesto y el parricidio, leyes también de Yavé.

Vemos así como en la Biblia, al prohibirse los sacrificios de hijos, se va separando al dios Yavé de la religión cananea y los Baales, y con el mito se separa a los pueblos, generando una diferencia cultural profunda, de raíces originadas en formaciones psíquicas en relación al padre. Esta nueva ley parte de un cuestionamiento moral a los sacrificios humanos, un sentimiento de aborrecimiento hacia esa práctica profana. Quedan prohibidos bajo pena de muerte y a modo de compensación se sustituye sacrificando los primogénitos de los animales. Yavé aparece como opuesto a la idolatría, aborreciendo sus rituales.

Ante la aversión de los sacrificios humanos, el mito de Yavé no podía ser el mismo que el de el cananeo El. Yavé, creador de el todo, no podía ser padre de Baal porque a él se rendían los sacrificios humanos, a menos que Baal virara en un hijo desobediente, en un rebelde al padre, así al enemigo los hebreos llamarán Belcebú (Baal). De este modo el mito comenzará a manifestar diferencias y por lo tanto comenzara a separarse de la religión cananea. Yavé no tolerará los sacrificios humanos dedicados al dios Baal, mientras que EL sí los aceptaba, así Yavé y el cananeo El, no podían ya seguir siendo el mismo. La mítica escena de Abraham será la manera en que los judíos cambiaran el mito y el ritual y resolverán el final de los sacrificios humanos dedicado a los dioses.

Aun así, la herencia mitológica cananea seguirá presente en las religiones judías y cristianas. Se expresa sobre todo en las pascuas, que en ambas religiones representan el sacrificio del hijo e incluso se puede especificar como el sacrificio del primogénito, que como se ve existía en el antiguo pueblo semita y que el Yavismo logra superar con su ley (Éxodo 13, 11-15) ¨...También rescataras todo primogénito del hombre entre tus hijos...¨ ¿Por qué deberían rescatar al hijo primogénito con el sacrificio de animales? ¿Por qué el Yavismo que surge en oposición moral a Baal debía hacer un ritual semejante para rescatar a los hijos primogénitos? Solo se puede deducir que era una práctica común entre los israelitas sacrificar el primogénito al dios Baal y esto es lo que está profundamente reprimido en la religión judía. Los hijos sacrificados para apaciguar a esa paternidad primitiva divinizada, que exigía el hijo primogénito a cambio del perdón o de aquello que se le pidiera en favor. Así el sacrificio aparece como una negociación con dios, dar algo para recibir a cambio.

De ninguna manera se puede relacionar el simbolismo de la antigua religión cananea, el becerro de oro, con la simbolización que el cordero tendrá para el judaísmo, que viene desde el momento en que Abraham lo sustituye por su hijo. Lo que esta simbolizando el cordero es al hijo primogénito, a Isaac, no a la divinidad cananea. Así el becerro de oro representa a la divinidad que exige el sacrificio, mientras que el cordero del sacrificio pascual representa al hijo sacrificado.

La religión hebrea es la representación de la relación del pueblo de Israel con el Padre, la proyección de la relación del padre con el hijo. Allí donde el padre reclamaba el sacrificio del hijo, el pueblo logrará metaforizarlo en el sacrificio del cordero. Por esta proyección es que por momentos los profetas relacionan al pueblo con el carnero del sacrificio. El pueblo de Israel en el lugar de la víctima propiciatoria es algo que se repetirá a lo largo de la historia, lo vemos en el siglo XX como el holocausto, palabra que significa ni mas ni menos que el antiguo sacrificio religioso.

Esta metáfora del cordero pascual vuelve a aparecer en Jesús de Nazaret, hay un retorno de lo reprimido puesto en la mesa pascual en la última cena cuando Jesús dice: ¨Yo soy el cordero de Dios¨. En la pascua judía la comida ritual es el cordero sacrificado.

El yavismo en sus orígenes establece una prohibición más arcaica aun que la ley de prohibición del incesto y que tenía que ver con los sacrificios humanos propios de los pueblos primitivos. En las historia de los pueblos antiguos vemos que los sacrificios humanos y el canibalismo iban generalmente juntos, la ofrenda servía de alimento. De manera simbólica la estatua de Baal devoraba a los niños que eran arrojados por la boca de la estatua, representando así la devoración canibalística.

Los simbolismos del canibalismo están claros. En la pascua judía la comida sagrada es el cordero sacrificado, para el cristiano la comida del sacrificio ya no será el cordero, sino el pan y el vino consagrados que simbolizan el cuerpo y la sangre de Jesús. Jesús mismo es el cordero pascual. Se van encadenando los significantes. En el cristianismo la cadena se hace más larga, empieza por el primogénito Isaac- Cordero- Jesús, cuerpo- eucaristía, sangre- vino, el primer eslabón es el significante original que buscando en la Biblia tenemos noticias de él, Abraham a punto de sacrificar a Isaac y sustituyéndolo por el carnero que entiende, Yavé le provee. Así es como el primer eslabón de la cadena es hijo, luego será el cordero, Jesús hace una vuelta atrás a la significación original al decir que él es el cordero de dios sacrificado. Jesús no se identifica a Isaac que se salva del sacrificio, sino al cordero sacrificado. Yendo más atrás en los simbolismos, Jesús es el hijo primogénito de los Baales que fue sustituido por el cordero en el judaísmo, luego su cuerpo será representado metafóricamente por el pan y el vino. En el sacrificio de Jesús no hay metáforas, es clara idolatría, Jesús es el hijo primogénito sacrificado de los Baales, puesto que ningún cordero vendrá a reemplazarlo. Esto solo es posible si entre los rituales de los Baales y la pascua judía solo hay un encadenamiento significante.

Tratare de representar la cadena significante que se va formando desde la religión de Baal, pasando por el judaísmo hasta el cristianismo. Desde el sacrificio del hijo en Baal, la prohibición en el judaísmo y la recaída en Jesús para formar una nueva metáfora.

Hijo sacrificado en los Baales -- cordero --Isaac --

Cordero --Jesús -- pan y vino -- sacrificio cristiano

La conexion entre las dos religiones es el cordero. Tanto Isaac como Jesús son representados por el cordero y ambos están en relación al sacrificio pascual, que claramente tiene su origen en los Baales.

JESUS DE NAZARET

En esta cuestión del hijo sacrificado, buscare profundizar en el mito de Jesús de Nazaret, por la gran influencia que ha sido en nuestra cultura, ya que ha determinado gran parte de nuestra realidad y de nuestra ficción, psíquica y social. Jesús es quizás el personaje en parte mítico y en parte real, que está en la base del edificio cultural y social, es el arquetipo de nuestra civilización, el paradigma del hombre cristiano. Y este paradigma de hombre es un hijo sacrificado, lo cual es desde donde parte nuevamente la cultura patriarcal. ¿Por qué en nuestro mundo posmoderno sigue vigente un arquetipo de hombre surgido hace milenios? Será simplemente porque en lo profundo el patriarcado sigue siendo lo mismo, solo que mas evolucionado en lo simbólico. Esto significa que entre el patriarcado antiguo y el moderno solo los separan ciertas formaciones metafóricas, que como veíamos al principio pueden desarmarse en ciertas situaciones y regresar a esos tiempos de lo terrible.

El personaje de Jesús tiene una riqueza digna de ser estudiada desde la teoría psicoanalítica y además nos permite entender mejor nuestra forma cultural y psicológica. Como todo mito, tiene mucho que decirnos.

¿Qué sucede en Jesús de Nazaret que se hunde en el sacrificio que ya estaba prohibido desde el inicio del yavismo con Abraham? ¿Cómo puede un judío como Jesús tan respetuoso de todas las leyes caer en el abismo del sacrificio prohibido? ¿Sucede en Jesús una caída de la ley que sostenía la prohibición o Jesús, a costa de su ser, logra hacer por primera vez una metáfora? Esta respuesta es contradictoria, porque Jesús se identifica con el cordero, asique la metáfora parecería estar hecha, pero el problema es justamente ese, que se identifica a el cordero pascual y no a Isaac. Así es revivido en Jesús el idolátrico sacrificio humano. Esta regresión en Jesús es posible porque la religión de Yavé desciende de la religión cananea, como una formación reactiva, naciendo en oposición moral.

Al caer o al no estar inscripta la ley de Yavé, progreso simbólico realizado a partir de una paternidad más antigua, reaparece su faceta terrible y resurge lo que ha quedado reprimido, el goce sacrificial, el mandato del sacrificio, aquel que escuchó Abraham proveniente de Yavé. La ley del padre (nacida del deseo de ser padre) limita la voracidad sacrificial y es así como, dicho sencillamente, la ley busca limitar la pulsión de muerte.

Esto que permanece reprimido también marcará a los cristianos, porque al maestro lo seguirán otros en el sacrificio, los mártires, por dar testimonio de ese dios al cual todo se le debe y todo se le da. Quién podía negarle algo a ese dios omnipotente, ni el primogénito ni la vida propia. Hay un amo absoluto al cual con el hijo se le pagaba por todo. Hasta aquí el judaísmo y el cristianismo en el sentido profundo son lo mismo, o representan lo mismo solo con ciertas variaciones en personajes y en las metáforas.

Entonces como veíamos Jesús, que es judío, vuelve atrás el tiempo lógico, hace un retroceso en la estructura simbólica a una etapa previa. Donde los judíos sustituyeron el hijo por el cordero, Jesús reemplaza al cordero por él mismo. Se coloca así en el lugar del sacrificio, manifestando aquello primitivo que estaba reprimido, negado, olvidado en la religión judía, el ser un desprendimiento de la religión cananea. Esto demuestra que esa etapa lógica puede volver, como sucede con lo reprimido, se desestructura el síntoma, en este caso el ritual. En Jesús justamente lo que está faltando es la metáfora del ritual, porque la metáfora Isaac-cordero ha caído o nunca termino de formarla, porque se identifica al cordero ultrajado y no al hijo rescatado. Y aquí Isaac queda en evidencia como un significante, como una metáfora de todos los hijos judíos, al cual es necesario identificarse para ser rescatado. Esto nos está diciendo que en nuestra sociedad el sacrificio del hijo esta reprimido y se realiza de alguna manera metafóricamente.

Cuando Jesús dice que él es el cordero pascual, justamente lo que está haciendo es destruir la metáfora judía para colocarse él como metáfora. ¿La destruye o nunca la formo? Si Jesús carece de esta metáfora de Isaac-cordero, ya vigente en aquellos tiempos, al colocarse él como víctima sacrificial, no ha llegado aún a el yavismo, está en la idolatría. Pero a la vez paradójicamente, metaforizándose a sí mismo podrá construir una nueva religión que renuncie al sacrificio, ya no identificándose a Isaac, sino a los hijos salvados por el sacrificio del Mesías. Así Jesús es un arquetipo de hombre, pero a la vez está por encima de todos los humanos, ser como él es imposible, es solo un ideal, pero un ideal al cual el cristiano debe aspirar. Pero antes que nada es una construcción mítica social para salir del sacrificio. Así es como los judíos jamás pudieron creer en Jesús como Mesías, ellos ya habían salido del sacrificio y la vuelta atrás a la idolatría les resulto aberrante.

Nuestra cultura trae de origen esta estructura. La destrucción de la ley a este nivel puede hacer volver al dios Baal exigiendo el sacrificio, a lo cual son siempre propensas las religiones semíticas, efecto al cual los musulmanes no están exentos, observable en el auto sacrificio de los fundamentalistas, obviamente dedicado a Alá. Nuestra cultura es heredera de una ley muy antigua que prohíbe al padre sacrificar a sus hijos, en el judaísmo el gran esfuerzo está puesto en la prohibición del filicidio. Contradiciendo la teoría de Freud en la Biblia, no se observa el mismo énfasis con el parricidio. Si bien sabemos que padre-hijo son de alguna manera una unidad, en la historia de las religiones no parece ser lo mismo filicidio y parricidio. El sacrificio del hijo busca sostener el goce del padre ideal, es el sometimiento total a su goce y todo el poder social, la cultura y la religión están en función de esta etapa lógica del padre. Si bien el parricidio es la rebelión total hacia el padre, la muerte del tirano en lo social es la liberación de las cadenas de su goce, pero también una acción del hijo que busca quedarse con el lugar y el poder del padre. Goce del padre o goce del hijo, las dos caras de la pulsión de muerte de esta unidad padre-hijo y que serán ambas limitadas por una ley, la prohibición del parricidio y la prohibición del sacrificio, pero que tienen su raíz en una competencia feroz, limitada con la prohibición del incesto.

¿En qué momento psicológico Jesús hace este derrumbe de la ley judía? O ¿en qué momento manifiesta que nunca pudo hacer la metáfora yavista? El hace una absoluta identificación con ese animal sacrificado en la pascua, él es el cordero sacrificado para el perdón de los pecados, no duda que es el padre quien le pide el sacrificio. Y ese sacrificio busca un perdón y a la vez un cambio en los humanos. El mal de los hijos (y del padre) debe ser pagado, la historia del mundo juzgada desde la moral es una historia de perdición humana, desde la pulsión de muerte es una historia nefasta. Algo muy grande tendrá que suceder para que el perdón sea posible, la culpa social por el mal causado entre humanos es algo realmente enorme, las matanzas, los crímenes no suceden sin dejar culpas y castigos en las sociedades. Este es el drama humano con el cual carga la religión, la culpa social que parece aun más fuerte y grande que la culpa subjetiva, lo social siempre potencia las emociones. Las religiones buscan una salida a esto, solo la ley para el judaísmo o el bien para el cristianismo, pueden cambiar esta terrible realidad humana. Jesús esta convencido que el padre idolátrico necesita la muerte del hijo para perdonar, pero a cambio deberá salvar a sus hermanos del castigo. Hasta aquí sigue la idolatría, el hijo primogénito moría para ¨rescatar¨ a los demás hermanos.

¿En qué momento pasa Jesús a ocupar el lugar del hijo del sacrificio? ¿Porque la ley no lo sujeta? Estas preguntas surgen una vez que se puede comprender qué sucede en esta formación religiosa.

Algo del amor del padre está en cuestión, es el tema que trata en la última cena, con su ofrecimiento al sacrificio, el hijo Mesías implora el perdón para la humanidad y el amor del padre. Pero parecería que Jesús ha entendido que el padre ama más a el cordero que a Isaac, a la víctima del sacrificio que al hijo rescatado. ¿Por qué Jesús nunca nombra a Isaac? ¿Por qué no está en su discurso? Jesús entiende que el amor del padre y de los hermanos se lo lleva la victima sacrificial, así Isaac que tan fundamental es para los hebreos como objeto de identificación, Jesús lo ignora. Los cristianos serán los peces que Jesús rescatara, serán las ovejas que guiara y este mensaje será dirigido a los paganos. Se tratara de salvar almas no de ser rescatado como Isaac, por eso el ritual del cordero de la pascua judía no será significativa para el cristianismo.

Para Jesús todo el género humano está en juego, el narcisismo ha magnificado todo a niveles siderales, porque el goce del padre terrible no tiene límites. Jesús presiente que el ofrecimiento de corderos no está alcanzando para apaciguarlo, algo mayor debe suceder. El ritual del cordero pascual para Jesús es un sacrificio ineficaz, un simple animal no tiene la fuerza o la importancia necesaria para apaciguar a un dios resentido con el género humano. Y esa es su angustia, la ira de Yavé por los pecados de su pueblo, sin el Mesías nadie se salvaría. La ley de prohibición del sacrificio es la respuesta positiva que el padre Yavé ha podido dar a sus hijos, quien no entra por esa puerta estrecha, no se salva y justo Jesús ha quedado por fuera de esa ley. Está convencido que el del Mesías, es el único sacrificio que tiene valor ante Yavé.

Esa noche en el monte de los olivos, Jesús pregunta en reiteradas oportunidades al Padre si es posible que el sacrificio no sea necesario. ¿Por qué Jesús interroga al Padre? Si él mismo durante el tiempo de predicación ha proclamado al profeta Oseas, diciendo: ¨no quiero sacrificios, sino misericordia¨. ¿Por qué rechaza la ley de prohibición de sacrificios que se recuerda en la pascua, que estuvo festejando esa misma noche? El mito en esto es preciso, la metáfora que tanto tiempo llevó a los antiguos hebreos realizar, será resignificada esa misma noche, pero en un Jesús que se representa con el cordero, no con Isaac. Un Jesús que está convencido que el amor se gana sacrificándose por los demás y que estará justo al medio uniendo al padre con los hijos. Y en ese momento crucial, cuando transpira sangre, el padre de pronto ya no le responde, justo cuando más necesita su palabra. Precisamente cuando demanda una palabra de alivio, su padre Yavé no sigue la ley de Yavé. El silencio se vuelve siniestro para Jesús, es un no a su pedido de sortear el sacrificio, proyecta lo peor en ese silencio del padre. Su padre Yavé, es un padre terrible e impiadoso. Pero él se doblega, pudiendo hacer bajar ejércitos de ángeles, elige el sacrificio.

En la última cena, enseñando a sus discípulos ha hecho referencia a que él y el padre son uno. …"El que me ha visto ha visto al padre, ¿Cómo dices tú muéstranos al padre? ¿No crees que yo estoy en el padre y el padre en mí?... creedme que yo estoy en al padre y el padre en mi…". Si él y el Padre son uno, entonces sabe lo que el Padre quiere y lo que el padre quiere en ese silencio, es que suceda el sacrificio. Aquí es donde hace la identificación devastadora, porque el punto de identificación no es al padre en la ley, al padre que prohíbe los sacrificios, volviéndose así él mismo un defensor de la ley, sino a la faz terrible del padre, como en las tiranías, identificarse al padre terrible lleva a lo peor. Dejando en evidencia la relación entre el padre terrible y el sacrificador de hijos, que luego explicare en el capitulo siguiente "Inicios de la paternidad". Este es el punto de rechazo de esta etapa primaria de la metáfora paterna en Jesús, el momento donde justamente lo que falta es la prohibición del Padre a su sacrificio, donde no le muestra su deseo de vida, sino que expresa toda la dureza de su rostro despiadado. Tiempo lógico donde se entiende el amor como sacrificial y no como deseo de vida. Donde aun el tirano exige como prueba de amor el sacrificio de sus siervos y aun no se espera del padre el respeto y el deseo de vida hacia su pueblo.

Jesús les dice esa noche a sus discípulos que entre él y el Padre hay un pacto especial, algo que deberá suceder y que cambiará la historia del mundo y de esa manera queda ubicado por fuera de la ley, la ley no lo incluye. Siempre tuvo de sí la idea de ser el Mesías anunciado, de tener una misión para la cual ha nacido, y de pronto todo se aclara. Dos hechos son fundamentales en esa noche, que están en el tiempo de la pascua y la persecución que ha recibido por parte de los sacerdotes del templo, percibe internamente que es el momento de realizarse. Tiene un deber hacia el padre, una misión y un pacto a los cuales no puede fallar, ¿Quién sería él si fallando permaneciera con vida?¿Qué vida le quedaría por vivir? El pacto y la misión son trampas de las cuales no puede salir, para eso debería dejar de ser el hijo primogénito y único del Padre, del único dios verdadero y volver a ser el hijo de José, aquel padre al cual el mito no le reconoce su paternidad, que es apenas un encargado. Retroceder sería reconocer que es solo un humano más y olvidar su misión, pero esa simple idea le resulta proveniente de Satanás, solo Satanás podría beneficiarse de su renuncia a la misión. Así esa noche final el delirio esta desencadenado y no le deja salidas, aun cuando la idea del sacrificio le resulte insoportable.

Si tomamos en cuenta los siguientes datos que tenemos de esta historia, identificación al padre terrible, ¨quien me ha visto a mí, ha visto al padre¨. El padre exige el sacrificio y él lo sabe por su terrible silencio. Rechazo de la metáfora paterna de Yavé que lo excluye de la ley que prohíbe el sacrificio del hijo. El delirio de ser el salvador del mundo, ideas de ser el hijo de dios y sentirse acosado por Satanás. Visto así podría tratarse de una psicosis, pero los evangelios lo muestran también de otra manera al personaje de Jesús, aun cuando recibe acusaciones de loco por parte de los judíos, sus actos y palabras están plenos de simbolismos, de metáforas, parábolas, de una calidad moral desbordante que está más allá de lo humano. Esta contradicción es permanente en los evangelios, Jesús se mueve entre delirios, milagros, la genialidad y sabiduría de sus reflexiones y la más sublime bondad que supera toda ley. Si la ley dice "no robar", Jesús dirá "si quieres ser perfecto, ve y entrega todos tus bienes a los pobres", si la ley dice "no matarás", Jesús dice "no hay amor más grande que el que da la vida por sus amigos". Aquí está el arquetipo del hombre cristiano que entrega todo porque cree en el bien como único camino contra la pulsión de muerte. Este camino simbólico ha accedido a algo diferente que el judaísmo, incluso ha llegado más lejos en su propuesta, porque el bien esta mas allá de la ley, la ley puede ser impuesta con la amenaza, con el castigo o la muerte, pero el bien es una opción de conciencia, no se puede imponer. Dedicarse al bien es una filosofía de vida, una propuesta que expresa una confianza desmedida hacia el ser humano y que apuesta a un cambio profundo en la humanidad.

Claramente esas características contradictorias lo hacen un personaje muy particular, no es un ser de este mundo, pero tampoco podemos decir que se trate de un dios, más bien se trata de un personaje de ficción producto final de un afán por divinizarlo. Lo más divino que podría ser un ser humano, con poderes milagrosos, que quiere salvar a sus amigos pero sin evitar su propio sacrificio. Es el último dios hombre de la antigüedad. Tantos contrasentidos hacen que queden muchas preguntas sin responder. Un personaje que tuvo existencia real pero que fue tan trastocado, acomodado a lo que se pretendía que fuese, solo permite quedarnos con más dudas que respuestas sobre el Jesús histórico.

¿Percibió Jesús una falta en el Padre y tenía que completarla para no ver que el Padre es mera construcción narrativa del pueblo judío? ¿Es que dios no puede salvar por sí mismo a la humanidad del mal? ¿Es que dios es un ser colérico que no logra controlar su ira? Jesús se hace esa pregunta sobre la falta en el padre en el monte de los olivos, cuando dice: "¿Creen que dios no podría mandar un ejército de ángeles, pero como se cumplirían entonces las escrituras?¨. Que se cumplan las escrituras es algo que Jesús necesita, cuál sería su lugar en la historia si el Padre lo pasara por alto. Así logra no poner en cuestión la omnipotencia del Padre para salvar a la humanidad, ni poner en cuestión la necesidad de su sacrificio, sino cómo lograría su lugar en la historia. El narcisismo también juega su carta, cómo llegar sino a ser el Mesías histórico. Para Jesús la humanidad necesita de alguien que la salve de la pulsión de muerte y el Padre judío no lo está logrando, esto es lo que evidencia este mito. Esto es lo que el mito nos dice.

¿Este mito busca descompletar al padre ideal, mostrar su falta, su incapacidad para salvar a la humanidad del mal? ¿Construyendo a la vez una metáfora donde ser Mesías es ser el falo que completara al Padre? Haciendo una burda comparación con Schreber, que pasará a ser la mujer de dios. ¿Es el Mesías cristiano la forma de sostener la completud del padre o manifiesta justamente su incompletud? Esto dependerá de quien lo interprete, para el creyente cristiano, el Padre ha enviado a su hijo a salvar a la humanidad, el hijo es dios como el padre, manifiesta su gloria al poder vencer el mal. Para el pensamiento ¨diabólico¨ o que se han hecho algunos pensadores que se atrevieron a cuestionar el mito, el mesías demuestra que dios no puede salvar del mal y por lo tanto el mal ha vencido o peor aún, dios mismo es malvado por aceptar el mal. Dos formas que no dejan de ser míticas de interpretar un mismo acontecimiento, el conflicto del hijo con el padre, que es necesario reinterpretar sin mitos. Donde hay sacrificio la pulsión de muerte ha vencido, pero es la forma en que se pudieron evitar más sacrificios en la historia. ¿Qué se deduce de esto? Que la guerra contra la pulsión de muerte está perdida, no se vence o elimina nunca, cuanto mucho se limita con una ley o con un ritual que permite la satisfacción metafórica.

¿Se trata de una psicosis con un delirio de ser el Mesías y salvador desde el momento que comienza su prédica o se trata de una neurosis donde el hijo busca un lugar en el padre? ¿Es un padre terrible o un padre al cual le vio la falla? ¿Un padre que le exige una misión terrible o un padre débil que no puede salvar a la humanidad del mal? En primera instancia parecería ser todo a la vez. Pero establecer esto en el Jesús histórico sería imposible cuando sabemos que se trata de una historia mitificada por hombres de la antigüedad, con siglos de manipulación católica, lo que hace pensar que el personaje fue embellecido y complejizado con el paso del tiempo. Incluso enriquecido con otros mitos de la época. La verdad de Jesús de Nazaret la ignoramos, una vez más, solo se puede estudiar el mito. Como sea que haya sido, la ley del Padre Yavé no funciono para él, no lo incluyó y este es un punto concreto de la historia o del mito. En definitiva lo que nos está mostrando es la esencia de la situación del tiempo de los sacrificios y la continuación mitológica entre la idolatría y el judaísmo - cristianismo.

Paradójicamente los cristianos darán un paso más allá del sacrificio, porque los cristianos abandonarán todo tipo sacrificio de animales por el pan. Jesús produce una metáfora esa noche de pascuas, su cuerpo será el pan y el vino, será una metáfora por momentos muy real para los cristianos, que hablarán de ostias convertidas milagrosamente en carne de Jesús. Todo indica que el horror por el sacrificio del Mesías lleva a abandonar todo tipo de sacrificio de vida, incluso se llega a prohibir el comer carne animal en las pascuas, dejando en evidencia la relación carne animal (cordero) – carne humana (de Jesús). Toda prohibición pulsional en las religiones parece tener una escapada metafórica. En las pascuas cristianas se podrá comer peces, los peces en el cristianismo son los cristianos. Jesús en una creación simbólica, saca al cristianismo de los sacrificios, ya no se derramara sangre, sino que se beberá vino, ya no se comerá la carne del sacrificio, sino el pan. Para el cristianismo los sacrificios animales del templo serán aberrantes.

Jesús de Nazaret es un mito y por lo tanto un paradigma, es así un punto de identificación para los cristianos. Un cristiano debe imitarlo, debe actuar como él actúa en el mito y como expresa en sus enseñanzas. Si bien el cristiano es un alma a salvar, el cristiano ideal debe asemejarse a Cristo. Así el cristianismo es una forma de ser en el mundo, una identificación a un ideal humano, pero que se trata en realidad de un personaje mítico y es una filosofía en tanto que expresa un amor a la sabiduría. ¿Qué es el hombre? Responderá el cristiano, un hijo de dios padre que debe seguir su ley, que debe imitar a Cristo en su obediencia al padre, que debe dar todo por sus hermanos, encontrando así un camino de salvación y perdón. Claramente son los pasos que encontró nuestra cultura, a través del cristianismo para salir de la rivalidad y la rebelión contra el padre y del sacrificio de los hijos.

METAFORAS DEL CANIBALISMO

Tratare de seguir las pistas que llevan al reprimido canibalismo en estos rituales judeo cristianos y de Baal. En el judaísmo el cordero pascual que sustituye al hijo sacrificado era devorado y en el cristianismo el mismo Jesús es devorado en el pan que lo representa. Evangelio de Mateo: "...y mientras comían, tomo Jesús el pan, y lo bendijo, y lo partió y dio a sus discípulos, y dijo: Tomad, comed; esto es mi cuerpo. Y tomando la copa, y habiendo dado gracias, les dio, diciendo: Bebed de ella todos; porque esto es mi sangre del nuevo convenio, que por muchos es derramada para remisión de los pecados". Así Jesús entrega simbólicamente su cuerpo y su sangre para ser devorada.

A las huellas simbólicas que hacen pensar que el sacrificio primitivamente era devorado, se le suman vestigios históricos y arqueológicos presentes en un gran número de pueblos primitivos. Por estudios arqueológicos y antropológicos se sabe que muchos pueblos en sus etapas primitivas eran caníbales y que devoraban el sacrificio. Se puede leer aun en la Biblia, como resto del primitivo canibalismo, la ley de Yavé que permitía comer a los hijos en épocas de hambruna, en el Deuteronomio 28, 53, se puede leer la ley ¨ En medio del asedio y de la angustia a que te habrá reducido el enemigo, tu comerás el fruto de tus entrañas, la carne de tus hijos y tus hijas que Yavé, tu Dios te habrá dado ¨. Esta ley era surgida de una necesidad extrema. En 2 Reyes 6, 28-29 se describe una pelea entre mujeres ante el rey por este motivo ¨... esta mujer me había dicho: entrega a tu hijo y nos lo comeremos hoy; el mío nos lo comeremos mañana. Cocimos mi hijo y nos lo comimos. Al día siguiente le dije: entrega tu hijo para que lo comamos, pero ella escondió a su hijo ¨.

Este canibalismo que en Israel recae sobre los hijos, permitido en situaciones extremas de hambrunas, son los restos que permanecían de un canibalismo anterior, resabios de un tiempo arcaico, posiblemente relacionado con rituales religiosos.

Freud relaciona a los rituales alimenticios con la devoración del padre, concretamente lo hace en tótem y tabú vinculándolo al totemismo, haciéndolo extensivo a el ritual cristiano. En este estudio de la historia de la formación de nuestra cultura y de la manera en que se organizo lo social y psíquico, que esta relacionada a el padre en nuestra cultura, no podemos ignorar que se vincula íntimamente con un estudio arqueológico del psiquismo. Es necesario tomar todos los elementos que puedan brindar información sobre el tema y para eso es necesario recurrir a información histórica, a estudios de otras ciencias, no alcanza el planteo freudiano para entender la complejidad que se presenta. Si bien el psicoanálisis ha venido planteando desde Freud la hipótesis de la devoración ritual del padre, los datos llevan a arribar a una conclusión diferente. En tantos milenios algo cambio en la estructura psíquica de entonces con respecto a la nuestra, hoy tenemos otra estructura psíquica producto de la elaboración significante, la creación significante nos ha dado otra noción de la paternidad y de la relación padre-hijo, podríamos llamarla más evolucionada por la ley. Entonces, ya no está a la vista de todos el padre monstruoso que pide sacrificar un hijo, el ritual del sacrificio esta simbolizado en una metáfora, pero aun así los rituales religiosos nos hablan de la devoración del hijo. Con la ley el sacrificio simbólico vino a sustituir el sacrificio del hijo en lo real y porque se hizo en lo social, puede hacerlo el sujeto en lo subjetivo.

La devoración arcaica, siguiendo las pistas arqueológicas y simbólicas de las religiones podemos deducir que no se trata de parricidio, sino de filicidio o sacrificio del hijo. La devoración del padre de la cual habla Freud no está presente en las religiones que han marcado y formado nuestra cultura y esto es importante destacarlo, porque entonces hay que investigar de donde sale esa cuestión de la devoración del padre en la subjetividad. De todas maneras más adelante tratare de explicar cuál sería el origen de esta devoración del padre de la cual habla Freud, porque hay un hecho social que pudo generar esta representación del sacrificio y devoración del Padre, un hecho social que transmite el conflicto con el padre ya no a nivel religioso, sino político.

Donde antes el padre terrible exigía el sacrificio, la ley judía vino a poner freno a esa exigencia de goce, formando una metáfora en los rituales judeo cristianos. El sacrificio es sustituido por la metáfora religiosa, este pasaje a lo simbólico se ve claramente en la Biblia como producto de una ley. Un primer paso en Abraham sustituyendo al hijo por el cordero, en un segundo momento, el mandato de Yavé a Moisés, donde se debería reemplaza a los hijos primogénitos por los animales primogénitos, finalmente se constituye como ley la prohibición de todo sacrificio humano.

La ley de prohibición del incesto generará un cambio estructural en las sociedades humanas, generará la estructura edípica, el edipo es el resto reprimido que queda de la prohibición cultural del incesto. En el mismo nivel habría que poner la prohibición del sacrificio de los hijos, será una ley que estructure la paternidad y como vemos en Abraham, generará una genealogía. Sacrificar al hijo significara la inexistencia del hombre como padre mas allá de la reproducción biológica, no matar al hijo significará poder ser padre de un pueblo. Luego veremos que hay otra ley anterior fundante para nuestra cultura y será la prohibición del canibalismo. Estas tres leyes son básicamente las que cambiaron la cultura y que derivaron en nuestra forma actual occidental, determinando nuestra forma de social y cultural.

Estas leyes fueron fundadoras de nuestra cultura:

<u>Ley primigenia del reconocimiento del otro (el semejante)</u>: Prohibición del canibalismo.

<u>Ley estructurante de la paternidad simbólica</u>: Prohibición de los sacrificios humanos de niños – hijos.

<u>Ley de la estructura edípica</u>: Prohibición del incesto y el parricidio.

LOS INICIOS DEL PADRE

Sobre el origen etimológico de la palabra padre, transcribo un texto del español Mariano Arnal, licenciado en latín y griego, tomado de su página web, El Almanaque.

"La palabra padre nos viene de inmensamente lejos, pero sólo podemos controlar su significado desde muy acá. Procede del latín pater / patris, que significa padre, que a su vez viene del griego (patér / patrós), que seguimos traduciendo igual. Una palabra que se ha mantenido invariable durante más de tres milenios (que podamos constatar), mientras la realidad que con ella denominamos, ha cambiado de forma sustancial".

"No se ha podido fijar el significado original de padre; pero los que hurgan en las palabras antiguas tienen la sospecha de que pudiera significar en un principio "sacrificador", refiriéndose a la función de sacerdote doméstico que tenía el padre en tiempos remotos y que en ese caso sería percibida como la principal de sus funciones. Lo que sí está claro es que no significa "engendrador", que es el significado clave que tiene actualmente. Y no lo significaba porque no era ésa la sustancia de la paternidad, sino el dominio, cuya más alta expresión está en el sacerdocio. La sustancia de la paternidad estuvo en la patria potestad, sobre la que están montadas, todavía hoy, las relaciones paterno filiales. Cuando se habla de "pruebas de paternidad" nos referimos exclusivamente al acto de engendrar, porque ésa es para nosotros la quintaesencia de la paternidad que, por otra parte no es fuente de derechos, sino de obligaciones".

"La paternidad es el mayor invento social de la humanidad, no

superado todavía por ningún otro, ni siquiera por el Estado. Es probablemente anterior al matrimonio. El más antiguo paterfamilias romano es mucho más el jefe del pequeño Estado que forma su casa, que el padre de sus hijos. Ni siquiera los llama hijos, sino líberi "libres". La palabra hijo parece que en origen significa "mamón" y sólo tiene que ver con la madre, no con el padre. No se parece por tanto en nada el padre de hoy, al padre romano del que tomó el nombre¨.

¨Llegar a la condición de hijo de padre no ha sido cualquier cosa. No nos vino por generación espontánea. En realidad, al principio la generación nada tenía que ver ni con la paternidad ni con la filiación. Es decir que el simple hecho de engendrar no devengaba obligaciones ni derechos de paternidad, ni el simple hecho de ser engendrado constituía al nacido en acreedor de derechos respecto al engendrador. En el derecho vigente quedan todavía reliquias de esos principios¨.

¨El gran problema por el que había que resolver el doblete paternidad - filiación, era la sucesión. Para evitar en cada generación una guerra de sucesión (cosa que por otra parte ocurre con todos los animales de manada y de rebaño), había que constituir un heredero (de la raíz griega / héros, que nos sitúa en la idea de "héroe", "señor", "herr"). El paterfamilias tenía que constituirse en pater de aquel que eligiese como heredero¨.

Mariano Arnal

Así como procuraba Lacan, la lingüística viene en auxilio del psicoanálisis. En esta búsqueda de encontrar los orígenes históricos del significante padre, es curioso ver que lo que plantea Mariano Arnal es una pieza que encaja perfecta en lo que se viene planteando anteriormente. La etimología de la palabra padre, como sacrificador, en griego, un término obviamente muy antiguo y que queda de la función que ocupaba el hombre como sacerdote que realiza el sacrificio en el hogar. Antiguamente, incluso en los hebreos, era el padre quien realizaba el sacrificio a los dioses. Abraham estaba actuando como sacerdote, cuando toma a su hijo para sacrificarlo.

Es sorprendente para nuestro pensamiento actual, que el origen de la palabra padre no esté en relación a la función reproductora del hombre. Esto nos deja la evidencia de que la paternidad hace unos milenios, no se la entendía como un vínculo de sangre, ni afectivo, ni legal, del hombre con sus hijos. Sino que era quien los sacrificaba, al mejor estilo del dios Saturno. Vemos aquí con claridad la relación entre el padre terrible y el sacrificador de los rituales. En los inicios de la paternidad primero fue el padre terrible que sacrificaba a los hijos, con el transcurrir del tiempo, el padre bíblico con su cara simbólica podrá ir reprimiendo y superandolo con la ley.

Las obligaciones sociales del hombre como padre fueron dándose de a poco, un proceso que llevó muchos milenios. La naturaleza en sí no vincula al hombre con su progenie, la responsabilidad del hombre hacia sus hijos es algo impuesto por la cultura e históricamente bastante reciente. El padre de familia romano tenía el derecho a considerar o no a un niño como hijo, más allá del vinculo biológico, incluso tenía el derecho de dejarlo abandonado a morir.

Hay una relación de origen en las funciones de padre-sacrificador y sacerdote, se sabe por investigaciones arqueológicas que los primeros jefes de poblados eran los chamanes, su derecho al poder se justificaba porque eran quienes recibían los mensajes de los dioses. Este sistema de poder como derivado de los designios de los dioses, se verá en los pueblos de la antigüedad y volveremos a verlo muchísimo más evolucionado en los reinados absolutistas de Europa, justificados en el derecho divino. Que un ser humano tenga poder sobre otros es algo que debe ser justificado aun cuando este naturalizado, especialmente cuando el poder recae sobre la vida misma. La evolución social ha llevado a que hoy nuestros gobernantes no necesiten justificarse en divinidades, sino en sistemas mucho más complejos y reconocidos como de origen humano.

¿Por qué un hombre tiene derecho de poder sobre otros?, ¿Para qué y con qué finalidad? ¿A quién se le da ese derecho y cuáles son sus límites? La humanidad ha buscado diferentes justificaciones a esto a lo largo de su historia. Hemos heredado culturalmente por generaciones, la naturalización de que un ser humano tenga derecho de poder sobre otros seres humanos. Si en los animales se trata de imposición por la fuerza, en los humanos dicha imposición además de por la fuerza, ha sido necesario justificarla de alguna manera, ya sea por los dioses o más recientemente por el sistema de organización social. De fondo, sigue sin una respuesta concluyente esa necesidad que parecen tener los pueblos en dejar en manos de otros las decisiones sobre sus destinos, aun cuando el poder sobre ellos se ha vuelto en su contra. Los abusos de poder no han llevado a cuestionar esta naturalización histórica, cuanto mucho se cambia por otro hombre poderoso, pero siempre se espera que alguien tenga el poder y sepa resolver los problemas de todos. Cuando algo esta naturalizado es cuando más hay que analizarlo y ver que trae de fondo.

El patriarcado ha estado impuesto por milenios sin generar cuestionamientos sobre el supuesto derecho al poder, y en esto, ni Freud ni Marx han puesto en duda la validez del sistema patriarcal. El poder del estado que adquiere inmensas dimensiones al punto de tener en sus manos la forma de vida e incluso la muerte de la población, es una continuación del poder patriarcal antiguo y de la legitimidad que se le ha dado, apenas cuestionado por los anarquístas.

El sacerdote católico hereda esta nominación de padre proveniente de lo religioso, el sacerdote es según la Iglesia, el que realiza el sacrificio en la misa, llamando así a la consagración del pan y el vino, que representan el sacrificio de Cristo. Esta herencia en el término padre no puede provenir del judaísmo, no solo por su ausencia de conexión etimológica padre=sacrificador, sino también porque el mismo Jesús da una clara recomendación, que solo se llame padre (Abba) a Dios. Es de origen greco-latino y por lo tanto adoptado por el sacerdocio católico una vez que el cristianismo se instala en Roma. El sentido del término padre fue mutando con los siglos, de sacrificador a engendrador, pero la palabra permaneció nombrando al sacerdote católico.

Hay un cambio cultural abismal entre aquella antigua concepción de la paternidad y la actual. Algo paso a nivel simbólico, a nivel cultural y social, algo que desde mi punto de vista está en relación a los cambios de los mitos religiosos. La paternidad actualmente se la entiende como una función desde el psicoanálisis y desde lo social, un rol del hombre con respecto de un niño. Desde que un hombre asume la paternidad de un niño, se establecen para él derechos y deberes. Esto no es lo mismo que el deseo de ¨ser padre¨, que se trata de lo subjetivo. Implica un deseo, pero también la posibilidad de ejercer la función de padre, desde el psicoanálisis definida como un poder ser representante de la ley. Por lo tanto la función paterna viene de la ley en la cual se hace ingresar al niño.

Volviendo al tiempo del sacrificador, el *patér* o *patros* que luego designara al padre de familia, el sacrificador de los niños de la familia, sobre los cuales aun no ejerce la función paterna y donde el rol seguramente era muy rudimentario. Es un tiempo histórico donde la humanidad aun vive sin la ley de prohibición de los sacrificios. Es una etapa cultural de la humanidad, un peldaño en la evolución social previo a la ley que limita a los dioses y al padre en su pulsión de sacrificar. La vida del hijo deberá adquirir un valor ante los dioses y ante el padre para renunciar al sacrificio.

Si la ley es en nuestro tiempo el marco que delimita la realidad, que ordena nuestras acciones, ¿Qué delimita la realidad para aquellos sacrificadores? El goce cruel de la divinidad pidiendo sacrificio, es lo que enmarca la realidad de ese tiempo cultural. La realidad es determinada por el sagrado goce de los dioses, esa divinidad, entendida como un espíritu carnívoro y antropófago, al cual se le adjudica un goce. El Otro goza de la carne humana, entonces hay un Otro que hay que satisfacer. A cambio se espera recibir algo bueno como recompensa. Esta supuesta relación macabra entre las partes, deja en claro que hay en la época un goce ilimitado en la crueldad, tan extremo que hasta se lo diviniza y se lo adjudica al Otro. Un goce sádico y criminal que carece de todo cuestionamiento moral.

Si hay algo que nos demuestra esta estructura idolátrica es la forma que tenían las relaciones o vínculos humanos, que seguramente no diferían mucho de los que tenían con la divinidad. Por lo tanto es un tiempo donde la realidad está definida desde el goce y no desde la ley. También se puede pensar que ese goce en el sacrificio establecía un cierto marco de acción, se podía gozar pero dentro del ritual, no más, porque en ese marco perdía el nombre de crimen y adquiría un valor trascendental.

Esta crueldad primitiva recuerda al niño en su etapa pre edípica, en un tiempo donde la moralidad y la ley aun no han hecho mella en el psiquismo infantil, entonces puede expresar sin culpas las ideas más crueles. Sin embargo, los terrores infantiles se observan también dirigidos hacia un imaginario ser malvado. Los demonios de la antigüedad, donde se proyecta la crueldad en personajes de ficción, una crueldad sin límites, porque es un tiempo donde se carece del cuestionamiento moral.

Es este tiempo la rivalidad padre-hijo una lucha donde la alternativa es el sacrificio o el parricidio. En las religiones judeo cristianas, que ya ingresan en la lógica de la ley, permite el amor del padre por sus hijos y del hijo por el padre. Genera algo nuevo en lo social y en lo religioso, se podría decir irónicamente, una humanidad más humana.

MITOLOGIA

Freud y también Lacan, interpretaron mitos griegos basándose en la teoría psicoanalítica. Pero para entender estos mitos fundacionales de las religiones en nuestra cultura, es necesaria también la definición antropológica, porque aporta una visión del mito como función social. El psicoanálisis ha estudiado al mito como la expresión de aquellos contenidos que se presentan como inconcientes en nuestro tiempo, pero desde la antropología; la sociedad y la cultura se configuraron a partir del mito. Por lo tanto las dos teorías unidas nos ayudan a entender con más complejidad y amplitud esta cuestión del mito, como aquello que termina configurando no solo lo social y la cultura, sino también nuestros psiquismos. El mito se ha fundido en toda la forma de pensar y entender el mundo y la vida, volviéndose formador del sujeto.

Mircea Eliade considera a los mitos como modelos o paradigmas que marcan un camino a seguir a la gente de su época. Los mitos narran historias sobre aquellos problemas que preocupa a los humanos de un determinado tiempo histórico y que no logran resolver de otra manera, el mito es una solución en forma de historia sagrada de problemas humanos extremadamente conflictivos, soluciones que les sirve de modelo a los humanos de su tiempo.

Esta definición, que vengo utilizando desde el inicio de este trabajo, que es de estilo antropológico, el mito como función de paradigma y desde la teoría psicoanalítica, como la expresión de aquellos elementos que en la actualidad son inconcientes, permite comprender el significado profundo que tendrán los mitos para la construcción histórica del psiquismo humano.

¿Cómo determinan los mitos la construcción del psiquismo humano? Esos contenidos expresados en los mitos no quedaron en la antigüedad, sino que hay en el presente restos que se hallan incluso en nuestra cultura actual, por lo general expresados de maneras simbólicas o imaginarias, a través de la literatura, del cine, etc. Es decir en nuestras fantasías, pero que en otros tiempos se llevaban a la realidad. Por ejemplo, una de las grandes soluciones que nos han dado los mitos es sobre la antropofagia, que vemos aparecer como fantasía en los cuentos infantiles, o metafóricamente en los rituales religiosos, pero suele suceder en lo real en nuestra civilización actual, en casos que consideramos desde la psicopatología como de extrema patología mental. Algo que pensado desde la evolución cultural e incluso desde lo evolución simbólica del psiquismo, se trata de un acto primitivo, producto de una carencia simbólica, de una falla en la ley de prohibición del canibalismo. Así vemos que los mitos judeo cristianos han actuado de paradigmas para la solución de grandes problemas sociales, como la prohibición también, de los sacrificios humanos. Tanto la sociedad como la subjetividad, no pueden ser las mismas antes y después de la ley que establece el mito judeo cristiano. El psiquismo se forma y estructura en relación a estos mitos.

Los mitos son paradigmas de una época, la expresión literaria de una solución encontrada en un determinado tiempo histórico. Los mitos principales son mitos de resolución, pero también denuncian la existencia de las pulsiones humanas en todas las épocas y que la humanidad ha tenido que afrontar. Los mitos terminan generando prohibiciones y leyes que con el paso del tiempo han logrado cambiar una situación social. Las pulsiones sádicas siguen existiendo y es en los niños donde los padres y la sociedad las reprimen con mayor fuerza.

En nuestro tiempo, los mitos antiguos grecorromanos ya no representan nuestros problemas actuales, la represión ha actuado tan eficazmente que nos resulta una locura primitiva lo que aquellos mitos nos narran. No nos resultan sus narraciones paradigmáticas, sin embargo, son aquellos recursos que permitieron a la humanidad salir de lo real. La humanidad ha pasado a lo simbólico de la ley a través de lo imaginario del mito.

Nuestra forma de comprender el mundo, determinada por la ciencia nos impide hoy ver a los mitos como sucesos creíbles o posibles. En los mitos vemos el poder del pensamiento mágico. ¿Cómo se podía hacer comprender a los sacrificadores que eso era algo inmoral y terrible? En un mundo donde era considerado un acto dirigido a los dioses, alguien encontró la manera de expresar la necesidad de terminar con esas prácticas del modo que las mentalidades no reprimidas podían aceptar. En la mentalidad idolátrica la condena moral directa no tenía efecto, porque había un dios al cual honrar y los humanos no debían juzgar las acciones o deseos de los dioses. El cristianismo como mito revolucionario en su época, logro una manera mítica de imponer el fin de los sacrificios humanos y animales, en un inmenso número de pueblos. Una forma que podía ser entendida al mismo nivel en el cual se desarrollaban los sacrificios, que no era un nivel lógico racional, sino un nivel mítico y sobrenatural. Al pensamiento mágico se lo modificó con el mismo nivel de pensamiento. Los sacrificios humanos a gran escala fueron superados con la creencia cristiana de que un solo sacrificio era suficiente para salvar a toda la humanidad y calmar para siempre a ese dios enfurecido. Una narración mágica sustituyo a otra generando una transformación social y el abandono de un acto pulsional al cual no se lograba renunciar. No fue la ciencia, sino otro mito, lo que cambio el mundo en aquel tiempo.

¿Será posible algún día ayudar a realizar simbolizaciones desde el mismo tipo de pensamiento? Si así fuera, para eso habría que entender muy detalladamente la estructura psicótica. En los pueblos paganos la ley de prohibición del canibalismo y los sacrificios humanos se ha instaurado a través de una historia delirante, que es el mito, ya sea judío o cristiano, lo que hace deducir que la ley inicialmente fue instaurada desde el mito. La ley que para nosotros genera razón objetiva se instauraría con una razón propia del pensamiento mágico, proyectiva y subjetiva, un Padre divinizado que nadie vio dicto la ley y la impuso para los hebreos.

Se podría pensar que en la subjetividad actual han quedado como residuo de aquellos tiempos míticos las proto fantasías. Si las proto fantasías son residuos del pasado como lo planteaba Freud, el canibalismo debería ser incluido entre ellas, propia de la etapa oral, expresa un modo de goce pulsional, es absolutamente primario y aparece en las fantasías de los niños, la literatura infantil expresa abiertamente la fantasía de comer o ser comido. Quizás ampliándose el concepto de proto fantasías, incluyendo lo social, podría ingresar el mismo padre terrible entre ellas, las proto fantasías podrían estar integrando nuestro imaginario a nivel inconciente. También el salvador del mundo es una proto fantasía muy primitiva y que se presenta no solo en los delirios psicóticos, sino en personajes de ficción que atrae a los neuróticos, como las historias de superhéroes que salvan al mundo del villano. De esa manera nuestra subjetividad estaría mucho más cargada de fantasías primitivas que las descriptas por Freud y que van más allá de la pregunta sobre el origen de los niños.

Considerare nuestra civilización como la cultura del mito del Padre Yavé, donde el mito del padre opera como nuestro paradigma a seguir. Con esa idea de que lo mágico hace evolucionar a lo mágico, nuestro mito del padre solo podría ser reemplazado por otra narrativa, solo viable si tiene una manera efectiva de instaurar la ley, respaldar una forma de poder y lograra controlar las pulsiones destructivas con mayor efectividad. Una narrativa que actúe como paradigma, que respalde el poder y la autoridad, en parte esa función la está cumpliendo actualmente la ciencia.

El mito paterno no ha sido exclusivo del judeo cristianismo, la religión greco latina también daba cuenta de divinidades paternas, en ese caso tres generaciones de padres, Caelus, Saturno y Júpiter. Esas tres paternidades tuvieron una marcada diferencia con el Padre judío que luego explicaré. Esa diferencia radicará en la diferencia que significa el monoteísmo del politeísmo y en la completud de la formación del significante paterno que instaura las religiones judeo-cristianas.

El monoteísmo ha llegado más lejos con el padre divinizado, ¨el mito del Padre Yavé¨ ha instaurado una nueva forma de paternidad que da importancia a la filiación. De hecho la Biblia describe un extenso árbol genealógico de reyes, profetas e incluso del mismo Jesús de Nazaret, siguiendo la línea paterna. Lo que demuestra la importancia trascendental que le daba a la genealogía.

En el caso del ritual a Saturno lo que está en acto es el sacrificio dedicado al padre, hay una culpa que lleva a tener que pagar con niños el haberlo destituido, satisfaciendo su goce en el ritual sacrificial de las saturnalias. Esta necesidad de sacrificar, se resuelve en el cristianismo porque hay un niño que nace para pagar la culpa por todos, su dolor paga por todos y para siempre. Aquí se produce una significación nueva, ya no se trata de calmar al padre, sino que se llora y agradece al niño (Jesús) que sufre por todos. Este es un avance cultural simbólico porque implica el fin de los sacrificios a nivel del rito religioso, la humanidad le debe esto a Jesús de Nazaret. Sin él, no tenemos idea en que hubiera derivado todo aquello y hasta es posible que el judaísmo hubiera desaparecido con las invasiones y los exilios que sufrió o jamás hubiera tenido la importancia cultural que logró, gracias al reconocimiento que le dio Roma como origen del cristianismo. Dos mil años mas realizando sacrificios humanos no es tan impensable, si consideramos que fue una práctica que se realizo durante varios miles de años.

Freud descubrió que la religión nace de las cuestiones más complejas y actualmente reprimidas del ser humano, asique ha sido interés desde el origen del psicoanálisis dedicarse a analizarla. Por otro lado el mito es la forma en que el ser humano fue estructurando el pensamiento y la cultura, gestando cambios profundos en las sociedades. Es una forma de entender e intentar resolver las cuestiones más tremendas del ser humano en la antigüedad. Hoy buscamos en la ciencia las soluciones que antes se buscaban con la religión. La cura milagrosa de enfermedades, las locuras interpretadas como posesiones, son un ejemplo de las expectativas humanas puestas en las creencias.

A continuación analizare el mito principal romano con el objetivo de entender cómo se presentan o como se ausentan los conceptos psicoanalíticos observables en los neuróticos actuales. A partir de Lacan la neurosis es estructura, estructura psíquica que podemos deducir que es el modelo en gran medida de la sociedad actual, es la estructura que desde el psicoanálisis incorpora la ley como forma de ordenamiento de la realidad. Ha aceptado la ley, aun cuando pueda haber ciertas fallas en la inscripción, pero que ordena al nuevo mundo, las instituciones y lo social. Nuestra organización social republicana y democrática no es una organización psicótica ni tampoco perversa, el orden institucional, el sistema de leyes nos marca una sociedad de estructura neurótica, que pretende ser promotora de la neurosis en tanto estructura doblegada a la ley.

Analizare el mito judeo-cristiano y el mito principal romano con el objetivo de que podamos seguir viendo la arqueología psíquica humana occidental, lo que está presente o ausente de nuestra subjetividad actual.

MITOS PRINCIPALES

SATURNO DE PADRE TERRIBLE A PADRE DE LA LEY

*L*os cartagineses (fenicios) ofrecían a Baal Amón sacrificios humanos, concretamente de niños recién nacidos. Por ser dioses de la fertilidad y por las características semejantes de los rituales sacrificiales se lo ha identificado con el dios Baal y el egipcio Ammón y con Saturno o Cronos. Estos sacrificios, según la tradición patrística, eran acompañados por flautas y tambores, haciendo tal ruido que los gritos del niño sacrificado no podían oírse¨.

(Párrafo extraído de la Enciclopédia Libre Wikipedia)

¨*Molk* es un rito religioso característico de la religión cananea, continuado por otros pueblos de Oriente Próximo, entre ellos, los fenicios, los hebreos y los púnicos. Se practicaba en honor al dios *Moloch* y consistía en el sacrificio, por cremación, de un hijo recién nacido en perfectas condiciones¨.

¨Esto resultaba particularmente pertinente cuando se establecía una relación entre el Molk y el sacrificio de las primicias, por la que se consideraba que tales holocaustos habrían de afectar de forma especial a los primogénitos¨.

(Tomado de la Enciclopédia Libre Wikipedia)

Baal fue relacionado a Saturno por el ritual de sacrificios infantiles. Los mitos presentan diferencias si bien en ambos el sacrificio de las primicias estaba dirigido a lograr cosechas beneficiosas. La semejanza del ritual, entre los Baales y las saturnalias, consistía en el ritual, en ambos se sacrificaba niños en honor al dios. En primera instancia, me ha interesado la semejanza del ritual porque algo nos está indicando sobre cierta generalidad de la subjetividad de la época. Aun presentando diferencias entre los mitos, sostienen y justifican el ritual sacrificial. Esto parecería estar relacionado con el tipo de vínculo establecido entre el padre y el hijo en el tiempo del politeísmo.

Los dioses pertenecen a mundos distintos, tienen historias diferentes, en algunos casos las historias tratan sobre guerras entre dioses por acceder al poder. En el mito romano, Saturno devoraba a sus hijos para evitar que lleguen a rey, a destituirlo y ocupar su lugar. Júpiter es hijo de Saturno y es el hijo que logra escapar del sacrificio. Esto nos recuerda a Isaac, pero se producirá de forma diferente, porque Isaac no es un dios, es humano y porque a Júpiter no será el padre quien lo salve, sino la astucia de Rea, su madre, quien evitara que sea devorado. Estas diferencias en los mitos significaran paradigmas diferentes y por lo tanto, culturas y subjetividades diferentes.

Transcribo un breve resumen del mito de Saturno:

"Saturno era el más joven y cruel de los hijos de Urano y Gea. Khronos, (el tiempo) para la mitología griega. Tras haber matado a su padre (en algunas versiones lo castra), Cronos se apropió del cielo y se casó con su hermana, Rea (Cibeles). Tras derrocar a su padre, Cronos obtuvo de su hermano mayor Titán el favor de reinar en su lugar. Titán puso una condición: que Cronos debía matar a toda su descendencia, y así, la realeza volvería a caer con el tiempo en manos de los Titanes. Cronos aceptó, puesto que había sido advertido por un oráculo de que uno de sus hijos lo destronaría y, así, Cronos quiso burlar su destino devorando a cada uno de sus hijos, según salían del vientre de su esposa. Devoró a Neptuno, Plutón, Hestia, Démeter y a Hera, pero Rea, para salvar a Júpiter, lo parió secretamente de noche y, por la mañana, llevó a Cronos una piedra envuelta en pañales que el dios del tiempo se apresuró a devorar. Titán, su hermano, descubrió que el niño Zeus o Júpiter vivía, a pesar de que los sacerdotes que le cuidaban disimulaban su llanto con música y ruido de armas. Titán, temeroso de no conseguir el trono, luchó contra Cronos, lo venció y lo hizo prisionero. Júpiter, ya adolescente, luchó contra los Titanes, y los desterró del Olimpo, liberando a su padre. Así Cronos gobernó de nuevo, pero sabía tal como había profetizado el Oráculo que su hijo le quitaría el poder y, efectivamente, Júpiter hizo la guerra a su padre, lo derrotó, lo expulsó del cielo y se erigió para siempre en monarca del Empíreo. Cronos, destronado, fue a ocultar su derrota a Italia junto al rey Jano, quien le acogió muy bien y le ofreció compartir su reino. Cronos, agradecido y arrepentido, se dedicó a civilizar el Lacio, reino de Jano, enseñando a sus toscos habitantes varias artes prácticas, promovió el bienestar del país con leyes y les enseñó la agricultura. Según Hesíodo su reino fue la edad de oro, dado que sus pacíficos súbditos fueron gobernados con suavidad. Cronos es la fuerza irresistible del destino y el tiempo. Se le representa como un viejo vigoroso de larga barba y cabeza calva. Va armado con guadaña en la mano derecha, mientras que en la izquierda sostiene un reloj de arena".

(Enciclopédia Libre Wikipedia)

Entre Saturno y su hijo Júpiter, la lucha será por el lugar de poder y el Olimpo. Júpiter logra sobrevivir por un engaño de su madre, que le dará a Saturno una piedra y no su hijo para ser devorado. Saturno será reducido por Júpiter a la condición de mortal, sufriendo su castración y yendo a refugiarse al Lacio. Allí tendrá un destino sorprendente, porque será quien pondrá orden entre los hombres dándoles leyes. Un padre terrible que de pronto entra en la ley y se hace legislador de un pueblo, a simple vista solo un dios podría hacerlo. Sin embargo, en la evolución infantil se pasa del padre sin ley al padre en la ley, mediante la castración y el ingreso en el complejo de edipo. Es la castración lo que causa el cambio, en este caso el ser destituido lo hace ingresar en la legalidad, volviéndose el mismo un defensor de la ley. Lo mismo que sucedía en los pueblos, va a suceder en un dios y también en el niño, según Freud.

El mito de Saturno nos expresa el temor de un padre a ser asesinado por sus hijos; a los cuales los matará y se los comerá para evitar ser sobrepasado por ellos, repitiéndose este ritual en las Saturnalias. Canibalismo de los hijos y parricidio se presentan relacionados en este mito sin ningún tipo de represión moral, lo cual nos está indicando que era la realidad de una época, de hecho el ritual religioso así lo demuestra. Este mito nos está dando un dato esencial sobre la situación familiar primitiva y es una posibilidad que el origen de los sacrificios de hijos tuviera su base inicial allí, en el temor de un padre de ser asesinado por su hijo. Los hijos codiciando el poder del padre se presentan como un peligro potencial real para la vida del padre. Veíamos que la lógica de ese tiempo es la del goce, no de la ley, por lo que tanto el padre como los hijos se entregan a un tipo de realidad que se expresa en el dominio desde la crueldad. No hay ley aun regulando la relación padre-hijo.

Considerando el mito de Saturno como una expresión de la problemática de una determinada época histórica, el sacrificio del hijo podría haber sido la forma en que la paternidad primitiva frenaba el anhelo de los hijos por ocupar su lugar. Un padre sacrificando un hijo dejaría en el resto de ellos, un miedo, un trauma en el psiquismo, que quizás llevaba a frenar desde la niñez toda intención de reemplazarlo. Quizás era el método de limitar a los hijos ante la ausencia de leyes. El ritual dedicado al dios hacia genuino el poder del padre sobre la vida de los hijos, derivando en un respeto impuesto por el pánico. Los hijos quedarían en una situación de dependencia de vida con respecto al padre, una deuda de vida que llegaba más lejos que el hecho de haber sido engendrado. Siguiendo esta conjetura, la rebeldía en un niño pequeño podría haber terminado definiendo su destino como ofrenda de un ritual. Ser un hijo sobreviviente a los sacrificios era algo ya para agradecerle a ese padre brutal. Por otro lado, imponer la autoridad del padre y su lugar no debe haber sido algo sencillo en aquellos tiempos donde no había el cuerpo de leyes que hay actualmente, ni tampoco el sistema familiar y educativo que hoy tenemos para socializar a los niños.

Esa lucha entre el padre y el hijo por el lugar y el poder del padre, significaban en el extremo del enfrentamiento dos consecuencias, el sacrificio del hijo o el parricidio, es el tiempo del terror y la crueldad, así lo relata el mito de Saturno, que como todo mito nos manifiesta el paradigma de una época. En el mito de Júpiter ya se aprecia una salida diferente. De acuerdo a los estudiosos de mitología, estas tres paternidades greco-romanas fueron surgiendo y sucediéndose en el tiempo de a cuerdo a los cambios culturales. Ni Júpiter es sacrificado y devorado, ni Saturno es asesinado o castrado como su padre Caelus, sino que algo nuevo se perfila. En Saturno la castración pasa por la destitución, que lo vuelve mortal y que luego crea leyes sociales, nos marca un tiempo nuevo que aparece con Júpiter. Esa relación de víctima y victimario que se establece entre el padre y el hijo vera en este mito algo nuevo, hay una cierta renuncia al goce a favor de la ley.

En esta lucha entre padre e hijo del mito no está en cuestión el incesto, si bien la madre Rea toma partido por su hijo Júpiter, no se expresa en el mito como una cuestión incestuosa, estos mitos antiguos carecían de la represión sexual o moral necesaria para tapar las intensiones de sus personajes y lo comprobamos claramente en Caelus, que convive con su madre. La lucha entre Saturno y Júpiter es por el poder y el reino, aunque sabemos desde el psicoanálisis que en el origen de la rivalidad esta la madre. Es a través del poder que el padre le impide al hijo el acceso a ella, por lo tanto el hijo codicia el poder del padre, aquello que le impidió tener a su madre. Este afán de poder será característico de nuestra cultura patriarcal.

Según Freud la repulsión al incesto no es por la relación que constituye en sí misma, sino por la agresividad y las muertes que ocasionaba en las familias y el grupo social. Por otro lado, implicaba una confusión de roles y alteraba las relaciones jerárquicas en los grupos, como ser padre y marido a la vez. El incesto se prohibió por ser la única forma de evitar la guerra entre padres e hijos, es una ley que pacifica las relaciones familiares y se impuso como una necesidad vital.

LAS TRES PATERNIDADES GRECO LATINAS

El mito greco romano cuenta la historia de tres generaciones de dioses reyes del Olimpo, estas tres paternidades van a mostrar una diferencia de evolución legal y social entre ellas. Se inicia con Caelus o Urano que era hijo y esposo de Gea, en esta primera paternidad el incesto está claramente planteado en el mito ya que convive con su madre, Caelus será castrado, en otras versiones asesinado por su hijo Saturno, quien tomará el reino. Posteriormente Júpiter, logrará vencer a su padre Saturno y se instaurara como rey del Olimpo. Como su padre, se casara con su hermana y a través de un engaño, convirtiéndose en una víbora, cometerá incesto con su madre Rea. En Grecia y Roma el incesto con la madre seguía sucediendo, en Grecia la madre podía ser la iniciadora sexual del hijo, pero ya no se presentará como una forma de vida permitida.

Entre estos tres dioses hay una leve evolución moral y legal, como ya lo mencione anteriormente algunos creen que se fueron sucediendo a medida que cambiaban los tiempos, surgiendo así los hijos cada vez más evolucionados moral y legalmente que sus antecesores. Se inicia en Caelus que carece de padre, donde es inexistente dicha representación y convive con su madre en el incesto. Esto significa una etapa donde la prohibición del incesto aun no existe y ni hay un padre reconocido que reclame derecho sobre la madre. Claramente es un tiempo matriarcal donde se desconoce al padre, pero a diferencia de los matriarcados totémicos, el incesto no está prohibido.

Le sigue su hijo Saturno, un dios que siendo claramente primitivo ya tiene padre, su padre tiene nombre, lo que significa un inicial reconocimiento entre el padre y el hijo. No se casa con su madre, lo cual indica ya una prohibición, sino con su hermana, pero manifestara toda su rebeldía a la paternidad, castrando a su padre Caelus y cometiendo canibalismo con sus hijos. Hay un rechazo en Saturno a todo lo paterno, su interés no está puesto en ser padre, sino en el poder y en dar rienda suelta a su goce. En este mito, no es el padre quien castra simbólicamente al hijo, sino que es el hijo quien castra en lo real al padre, estamos ante algo más primitivo que lo que plantea Freud sobre las fantasías de nuestros niños actuales. Tiempos donde la agresividad del hijo se expresaba violentamente, sin velos ni formaciones reactivas. Esto contradice lo que dice Freud, el castrado es el padre, no el hijo. En el pensamiento de Freud el temor de castración es propio del hijo. Freud le dio mucha importancia al complejo de castración masculino, al temor de perder lo genitales. Según Freud el temor del niño a la castración lo lleva a renunciar a los anhelos por la madre, la amenaza de castración es impactante para el psiquismo masculino. El corte de los genitales era una práctica utilizada en la antigüedad como método de tortura o humillación, que Saturno castrara a Urano, demás está decir es un acto realmente destructivo y de rechazo hacia su padre. Saturno es la representación misma del padre terrible, pero en la evolución ocupa un segundo lugar, es un dios que ya tiene padre y no solamente madre como su padre Caelus.

Saturno será con el tiempo reemplazado por su hijo Júpiter, más evolucionado, un nuevo rey del Olimpo que no cometía canibalismo con sus hijos ni castró los genitales de su padre, pero si lo destituyo del lugar de rey. Mientras Caelus no tiene padre que limite su goce, si tendrá hijos nacidos del incesto que rivalicen con él, Saturno su hijo, ya tiene un padre que le impide el acceso a la madre, de allí surge toda la agresividad hacia el padre y hacia sus hijos a los cuales destruye por igual. No es difícil imaginar que en aquel tiempo sin ley, un hijo que careciera de padre reconocido, terminara conviviendo con su propia madre y que finalmente los hijos se le volvieran rivales.

Júpiter manifestará una evolución legal no solo con respecto a Saturno sino a sí mismo, evolución que debió realizar Roma políticamente cuando el dios pasa a tener con el tiempo propiedades del estado romano, como la justicia y la autoridad de la ley, aunque conserve la antigua imagen del dios del rayo y de las tormentas. Aun así, Roma seguía realizando rituales sacrificiales en honor a Saturno, por lo que el mito de Júpiter no logra sustituir completamente a su padre. Pese a la evolución legal que significa y que su rebelión contra Saturno tuviera como motivos los sacrificios de hijos, los rituales a Saturno se mantendrán vigentes. Este paso final solo podrá darlo el cristianismo cuando se imponga en Roma y sea extremo en su imposición de la ley de prohibición del incesto, el parricidio, los sacrificios humanos y el canibalismo.

Volviendo al mito, Rea, la madre de Júpiter, haciendo un engaño, no permite que el niño sea devorado, sino que entrega una piedra envuelta en pañales, así es como el deseo de la madre llevara a que Júpiter permanezca con vida. En el mito, el deseo de la madre limitará a ese padre primitivo en su afán de sacrificio. Esto difiere de lo que plantea Lacan, en cuanto al vinculo edípico de nuestro tiempo, en lo que podríamos llamar nuestro mito moderno, donde es la función paterna la que separa al hijo de la madre y no una amenaza de sacrificio, de hecho Júpiter es alejado de su madre por una amenaza de sacrificio. Lo que nos dice este mito es que primitivamente la madre no es separada de sus hijos por una ley sino por medio del sacrificio o de una amenaza de sacrificio. Quizás el método utilizado por los padres primitivos, como veíamos antes, una amenaza sobre los niños rebeldes para que se sometan al padre y una amenaza sobre la madre que puede llegar a perder el hijo, si no lo aleja de sí. La estrategia de Rea será separar al niño Júpiter de ella, evitar su sacrificio será renunciar a su hijo.

Aquí quizás se podría ver una estructura arqueología del psiquismo humano, aquello arcaico que irá modificándose por la ley hasta generar la estructura edípica, incluso arqueología de la amenaza de castración o daño corporal, que es otra proto fantasía residual de aquellos tiempos, totalmente atenuada por efecto de la pacificación que ha generado la ley. En la historia se pasó de ese deseo de la madre que protege la vida del niño alejándolo de ella para evitar el sacrificio, a una ley que separa el vinculo madre-hijo sin necesidad de amenazas brutales ni sacrificios. Hay una inmensa diferencia entre el terrible sacrificador que busca imponerse desde el terror, al padre defensor de la ley. Tan grande como la diferencia entre la ausencia paterna en Urano que vive en el incesto, a Saturno representando para sus hijos un padre terrible, que no amenaza sino que directamente devora. Muchos hechos debieron acontecer a nivel del significante para que esos cambios hayan sido posibles en lo social.

Tenemos en estos mitos tres tiempos en relación a la paternidad:

1-   Ausencia de representación paterna en Caelus, vida incestuosa. Sin relación triangular.

2-   Padre terrible con Saturno. Castración real del padre. Hijos sacrificados y devoración canibalística.

3-   En Júpiter, castración simbólica del padre, no parricidio. Paternidad dentro de la ley que prohíbe el sacrificio y el canibalismo. Prohibición del incesto débilmente instaurado.

Lo que nos enseña este mito de tres tiempos de estructuración de la paternidad y que también nos representan tiempos históricos en la cultura patriarcal, es que de la ausencia de toda representación paterna se pasa a un padre terrible. Caelus o Urano impedirá a Gea parir sus hijos porque ya comienza a entender que serán sus rivales ante su madre-mujer. De hecho su hijo Saturno lo termina castrando y para evitar el mismo destino, comerá a sus hijos.

Saturno es el hijo terrible que será un padre terrible, mostrándonos la existencia de un personaje que en nuestro tiempo cultural casi no existe, el hijo terrible. Aquel que castra o asesina a su padre, el hijo parricida que por efecto de la ley nuestra cultura ha logrado prácticamente hacer desaparecer. Pero que la historia nos dice que existió y que por eso fue necesario hacer la ley de prohibición del parricidio. Saturno representa al hijo terrible que necesita ser castrado por la ley para salir de esa situación criminal. Solo separando al hijo desde pequeño de la madre se logra la pacificación en la relación.

Ante la amenaza de devoración Rea se separa del niño Júpiter, lo entrega para que lo amamante la cabra Amaltea. Aunque la madre sea separada del niño en ese momento aun no estamos en la ley, la ley cierra de otras maneras las relaciones familiares. La amenaza terrible servía para impedir la vida incestuosa pero no pacificaba la relación. Aquí vemos como el deseo de la madre es esencial para preservar la vida del hijo y evitar su sacrificio, a la vez que genera separación.

Júpiter no lo mata a Saturno, pero lo expulsa del reino y este se va a Lacio. Terminará destituido, mortal y enseñando leyes. De padre terrible pasa a ser un padre castrado que reconoce el poder de la ley. Pero esto también es curioso porque en este mito es el hijo el que lleva de alguna manera al padre a la ley. Desde el psicoanálisis vemos que en nuestro tiempo es al revés, que es el padre el que incorpora al hijo a la ley. En este mito lo que se ve es que el hijo, habiendo vencido al padre, genera un cambio, una transformación en el padre y aparece la ley social en Saturno, una especie de arrepentimiento por lo que hacía con sus hijos. Esta evolución hacia la ley en Saturno es el recurso que el mito como paradigma utiliza para intentar resolver lo terrible en ese dios, era necesario pasarlo por la ley social adaptándolo a los nuevos tiempos que significaba Júpiter. Aunque los rituales de niños no desaparecieron hasta que se impuso el cristianismo.

En este proceso que podemos llamar mítico histórico, porque entrelaza al mito con la realidad social de la época. Se pueden identificar tres tiempos también en relación a la madre.

Un primer tiempo histórico donde la madre conserva a sus hijos para sí, en una relación de goce que transcurre en vínculo incestuoso y donde puede haber incluso ausencia de conocimiento sobre la función masculina en la reproducción. Propio de las sociedades matriarcales muy arcaicas donde aún se desconoce la fecundación. El nacimiento de Caelus da cuenta de esta ausencia de padre, Gea se embaraza por sí misma.

En un segundo momento, aparece el deseo de la madre protegiendo la vida del niño de un padre terrible, primera representación de la paternidad. Toma al niño como objeto fálico, pero ya se inicia la separación entre ambos, la presencia de un padre rompe la relación de dos que conforman. Proteger la vida del niño significará que sea separado de ella.

Y se llega a un tercer momento donde esa separación con la madre es producida no desde la violencia, sino desde lo que Freud llama amenaza de castración, que es atenuada por que se produce a nivel simbólico y no real, es la imposición de la ley. Ley que castra al padre simbólicamente, le prohíbe todo acto violento, pero que separa a la madre del niño y con la cual el niño ya no vivencia su vida como en peligro. No es difícil imaginar estos tres momentos en las sociedades, no solo los mitos nos hablan de esto, sino también los conocimientos arqueológicos e históricos.

Con respecto a la madre también hay una arqueología materna terrible en el tiempo del sacrificio, cuando entrega el niño al goce cruel, a la muerte y el sacrificio. Notable diferencia a la madre que posteriormente hay que separarla de su hijo. Estas dos madres se ven en la misma Rea, la madre que entrega sus hijos a la devoración y la madre que impide el sacrificio. Algo nuevo surge entre estas dos versiones que en el mito no se describe y sería el deseo de la madre entendido en términos fálico, el hijo como el objeto de completud materno, ocupando el lugar de falo para la madre. Este es un paso que vuelve al padre de sacrificador a progenitor y la madre de devoradora a deseante. En definitiva lo que hace la separación del niño con la madre es frenar el goce de la pulsión de muerte, la madre al renunciar al hijo evita su sacrificio. Claramente la madre Rea participa de la devoración del hijo, hasta que acepta renunciar.

La hipótesis del sacrificio que plantea Lacan, que lo interpreta desde la perspectiva del hijo, no desde el padre como intento hacer acá. En este punto dice que el afán del hijo por hacer existir al padre lo lleva a adjudicarle un deseo, el deseo del sacrificio. Pese a que desea hacer existir al padre, no es el deseo de ¨ser padre¨ el que le adjudica. ¿Por qué hacer existir al padre adjudicándole un deseo monstruoso? ¿Por qué no el deseo de "ser padre"? La adjudicación no es ocurrencia del sujeto sino una cuestión de estructura. Estábamos viendo aquí, el sacrificio del hijo es un aspecto psíquico y social arcaico, que ocurría en las sociedades antiguas que vengo describiendo y se puede determinar qué factores lo producían. Utilizado como ritual, era anterior a la ley que limita el goce del padre terrible, donde podemos deducir que el significante niño-falo aun no existía porque la madre entrega al niño, ni existía aun el significante ser padre. Ausencia de significantes que se van a producir en otro lugar geográfico, no en Roma. Si hay una falla en la inscripción de la ley de prohibición del sacrificio, ley muy antigua pero que evidentemente aun nuestra cultura la sigue inscribiendo, emerge el goce del padre, esto indica que estamos atraídos a volver al sacrificio siempre. Si la ley falla y no logra frenar la pulsión de muerte, el hijo es entonces objeto de goce que puede derivar en el sacrificio de su vida.

Este transcurso dado en el mito y que podemos extenderlo a lo social, es lo que realiza el niño a nivel simbólico en la actualidad. Esta estructura que se armo de pieza sobre pieza, este camino que se siguió para llegar a la pacificación, sigue vigente en nuestra cultura a niveles inconcientes y es el camino que se sigue transitando para lograr llegar a la ley como paso final. Lo que llevo muchos milenios lograr a nivel social, hoy los niños lo realizan en pocos años, en lo simbólico.

Si había sacrificios aun en el tiempo en que llega el cristianismo a Roma es porque la ley no cumplía su rol de evitar los conflictos padre-hijo. El fin de los rituales solo se realizará a partir de la divinidad paterna del judaísmo adoptada a través del cristianismo. Júpiter no llega a estructurar las leyes que veíamos que son fundantes en nuestra cultura actual. Faltaba algo en relación al Nombre del Padre en el mito principal y en la cultura Romana que si va a estar presente en el judaísmo

Resumiendo, este mito greco romano de tres padres comienza

con Caelus llevando vida incestuosa, Saturno castrando en lo real a su padre, sacrificando a los hijos, realizando canibalismo y finalmente Júpiter intentando frenar la crueldad paterna, pero sin lograr imponer completamente las leyes fundantes de nuestra cultura actual. Esto nos muestra como la estructura social y psíquica greco romana será diferente a la judeo cristiana. Esa combinación cultural es la que heredamos los occidentales a través del catolicismo instalado en Roma, pero donde la paternidad hebrea se impondrá sobre las paternidades greco latinas.

De la relación con la madre se sale a través de la presencia de un padre imaginario que adquirirá características terribles y de ese padre terrible solo se puede salir por el camino simbólico de la ley. Según Freud, el niño sigue este camino para renunciar a su madre, el mismo que habría seguido el hombre antiguo.

Estos mitos nos revelan la arqueología del psiquismo. La intima relación entre el mito, lo histórico social y lo subjetivo. Como se presenta en distintas dimensiones el conflicto familiar que significaba la rivalidad padre – hijo. Desde lo narrativo se produce la creación del mito, desde lo social los rituales que significan un desarrollo simbólico en el tiempo y la experiencia subjetiva desde la cual el ser humano va buscando generar el cambio, tanto interno como externo.

La presencia de estas tres paternidades antiguas en el mito greco romano sería la evidencia de que fueron cada una de ellas paradigmas de distintos tiempos históricos sociales. Esto piensan algunos estudiosos de mitos, que estas tres paternidades fueron surgiendo a medida que evolucionaba la situación social. El hecho de que en los tiempos en que llega el cristianismo a Roma ya no existiera la práctica de rituales a Caelus, está indicando que es un dios que ha quedado obsoleto para la subjetividad de ese tiempo, pero que ha tenido que ser significativo en el tiempo en que se le rendía culto.

EDIPO REY, JÚPITER Y JESÚS:

Tomare estos tres mitos para compararlos, en ellos se pone de manifiesto en distintas versiones el conflicto entre padre e hijo.

Edipo desconoce a sus padres, en el mito de Edipo se alega ignorancia. En las sociedades incestuosas o para cometer incesto y parricidio es necesario desconocer lo paterno como lo entendemos en nuestra cultura. Solo luego de haber consumado el incesto y el parricidio, Edipo comprende lo que ha hecho, hasta ese momento ignora la gravedad de su acto, luego de esto se arranca los ojos, se autocastiga, pero este pago por su culpa no le sirve para continuar su vida, sino que queda en un estado de culpa y castigo permanente. El mito de Edipo nos dice que fue mandado a matar siendo recién nacido por su padre, Layo, porque tenía el oráculo de que su hijo cometería parricidio, pero su madre Yocasta salva la vida de Edipo. Una vez más se ve como se repite esta estructura, en este caso en el mito de Edipo, un oráculo augura al padre ser asesinado por su hijo. Nuevamente el deseo de la madre salva al niño y las posibilidades entre los rivales son, sacrificio del hijo o incesto y parricidio.

Nuevamente lo que nos dice el mito es que la renuncia de la madre por su hijo, alejándolo de sí, permite conservarlo con vida. Aunque nuevamente no fue suficiente para evitar la catástrofe, situación similar a la de Júpiter. Es la estructura primitiva politeísta greco latina del conflicto entre padre-hijo, la manera en que se manifiesta la confrontación. Esta estructura psíquica se ve modificada y apaciguada en la actualidad por estar simbolizada y atravesada por la ley, pero tiene sus orígenes en tiempos remotos en nuestra cultura occidental. Se diferencia de otras estructuras que analizare luego, en otras culturas.

En el mito de Edipo todo está a la vista, esto es así porque en aquel tiempo el incesto y la lucha entre padre e hijo era algo que no había caído bajo la fuerza de la represión actual. Las relaciones incestuosas, pese a que estaban prohibidas seguían ocurriendo en la clandestinidad. Claramente en Edipo se presenta como una desgracia ineludible y donde todo se hubiera evitado si la madre Yocasta hubiera aceptado que su marido asesine al niño. Nuevamente en el mito no se encuentra otra solución para evitar el parricidio y el incesto, manifiesta la impotencia de la cultura greco latina para resolver el problema de la relación padre – hijo. La confrontación era un problema social en aquel tiempo que el politeísmo no resolvía y que va a resolver la extrema prohibición del incesto, el parricidio y el sacrificio de las religiones judeo cristianas.

En el caso de Júpiter, como hijo lucha por salvar su vida, su interés estará en destituir y limitar a su brutal y criminal padre. Habiendo Júpiter vencido a Titán y restituyendo el poder a Saturno, nuevamente intentara asesinar a su hijo, por lo que Júpiter vencerá a su padre y se quedara con el reino. Júpiter se ve en la necesidad de salvar su vida, pero no cometerá parricidio en lo real, sino destitución del padre, haciéndose de esta manera dueño del reino de su padre. Se quedará con su poder y el Olimpo, tomando así por la fuerza la herencia paterna. Es decir, que la máxima divinidad romana salva su vida venciendo al padre que pretende sacrificarlo.

Júpiter hace un pasaje innovador, algo nuevo con respecto a su padre Saturno, para poder poner un padre en la ley hay que estar en la ley, lo nuevo que hace Júpiter es vencer al padre destituyéndolo, no asesinándolo como vimos que hizo Saturno con Urano y Edipo con su padre. A simple vista no parece una diferencia significativa, sin embargo lo es, ya que Júpiter no es parricida, respeta la vida de su padre y su búsqueda de vencer a su padre pasa por evitar ser asesinado. Esto significa un cambio, porque hay una disminución de violencia en la relación padre –

hijo.

El mito cristiano se sale de esta lógica greco-romana. Jesús es el hijo dios que vencerá al mal con su sacrificio, que dará salvación pagando las culpas de todos. Es otra forma de intentar resolver el difícil conflicto con el padre, mostrando una marcada diferencia con la de Júpiter. La clave está en que el sacrificio de Jesús significará que no hará falta ningún otro sacrificio. Un nuevo hijo dios aparece en roma cambiando la historia, solo que este nuevo hijo dios ya no es la continuación de los dioses romanos, sino su fin, porque establecerá otra lógica en la relación padre-hijo. También el lugar de la madre diferirá, María es elegida por el Padre por su obediencia y sumisión a la ley, María acepta el destino de su hijo y el designio del Padre de sacrificar al hijo. Así los elementos en el cristianismo se presentan de una manera bastante diferente a lo que sucede en el mito grecolatino.

Jesús en tanto dios se asemeja a Caelus porque nace sin necesitar un padre. Luego sufrirá la crueldad de un padre terrible que exige su sacrificio y devoración en la eucaristía, que recuerda a Saturno. Para finalmente lograr un pacto de no agresión con el padre, donde él pasara a ser el rey del Cielo, en una igualdad de poder con el padre.

¿Son estos mitos formas de intentar lograr resolver el conflicto? En Edipo el conflicto da como vencedor al hijo, pero su misma victoria se volverá su desgracia. ¿El cristianismo es una variante judía de resolver la rivalidad entre el padre y el hijo? Porque en el judaísmo no hay un hijo dios que confronte o se someta al padre, pero es el pueblo el que queda en una situación de hijo sometido con respecto a la divinidad. Castigado o premiado dependiendo de que sea rebelde u obediente. Mientras que para el cristianismo Jesús es quien ocupa ese lugar, aunque los cristianos a semejanza de Cristo, deben ser obedientes a ese padre dios. Jesús posibilita una reconciliación con el padre luego de su sacrificio y de haberse pagado de esa manera todas las culpas. Saldadas las cuentas, el padre y el hijo permanecen unidos en el reino de los cielos gobernando por toda la eternidad. Esa unión nos indica que Jesús ha resuelto míticamente el conflicto, pero que a la vez marca un camino a seguir para todos los cristianos. Jesús marca un paradigma, mientras que Edipo claramente no logra ser un modelo a seguir.

En el mito cristiano, que reemplazará al de Júpiter en Roma, Jesús el dios Hijo no podrá llevar al Padre judío a la ley, como sucedía con Saturno, porque el padre Yavé es la ley y en su voluntad ha decretado que alguien debe pagar por todos los males de la humanidad, su Hijo. Este decreto paterno será obedecido mansamente por el Hijo dios que se someterá a la ira y necesidad de su Padre, de que alguien pague para poder perdonar. El Hijo asumiendo esa decisión del padre, paga por todos sus hermanos, de ese modo se produce un pago de sangre y esa sangre divina no puede ser rechazada ni insuficiente. De este modo Jesús también será el Rey del Cielo, pero su lugar será ganado por su sacrificio y dolor, no por arrebatamiento como sucedía entre los dioses greco latinos.

Vemos así que la rivalidad se tramita de otra manera y que el cristianismo vuelve a un tiempo lógico anterior, al sacrificio idolátrico, de donde el yavismo ya había salido milenios antes. Sin embargo, esa vuelta atrás será necesaria para que la entiendan los pueblos idólatras.

Diferencias entre Júpiter y Jesús de Nazaret:

1- Mientras la gloria de Júpiter pasa por haber vencido a su padre.
La gloria de Jesús pasa por haberse sometido a la voluntad del padre.

2- Júpiter pone un límite al mal de su padre, lo lleva a la ley. Mientras que en Cristo el padre es la ley.

3- Júpiter limita a su padre en su afán de sacrificio. Jesús se somete al anhelo sacrificial del padre, lo acepta y justifica.

4- Júpiter gobierna solo el Olimpo.

Jesús gobierna junto al Padre el reino celestial.

De estas dos posturas opuestas, nace nuestra cultura occidental, tiene la combinación de estas dos actitudes con respecto al padre. El hijo sometido a la ley del padre es el perfil del cristiano, mientras que Júpiter representa al hijo que castra al padre poniéndolo en la ley. Someterse a la ley del padre y poner al padre en la ley son dos aspectos que descubre Freud en el psiquismo actual. El cristianismo con la ley del padre completa la castración del hijo que el politeísmo no había logrado, separándolo de la madre sin necesidad de sacrificios aleccionadores. Si bien Júpiter busca terminar con los sacrificios de Saturno, la realidad es que no lo había logrado.

Edipo es el hijo que realiza su deseo pero que deja como enseñanza la desgracia que eso implicará para sus padres, para él y para su descendencia. Mientras que los otros dos mitos buscan una solución sin parricidio ni incesto, sea sometiendo en Júpiter o sometido en Jesús. Edipo traspasa todo límite, pero solo logra sobre el final meras infelicidades. No podría ser nunca un mito principal, porque no ofrece soluciones, ni siquiera de manera parcial a la cuestión del padre. Jesús y Júpiter marcan un camino posible que pacifique las relaciones padre – hijo.

LAS SATURNALES

os romanos celebraban el 25 de diciembre la fiesta del "Natalis Solis Invicti" o "Nacimiento del Sol invicto", asociada al nacimiento de Apolo. El 25 de diciembre fue considerado como día del solsticio de invierno, y que los romanos llamaron bruma; cuando Julio César introdujo su calendario en el año 45 a. C., el 25 de diciembre debió ubicarse entre el 21 y 22 de diciembre de nuestro Calendario Gregoriano. De esta fiesta, se tomó la idea del 25 de diciembre como fecha del nacimiento de Jesucristo. Otro festival romano llamado Saturnalia, en honor a Saturno, duraba cerca de siete días e incluía el solsticio de invierno. Por esta celebración los romanos posponían todos los negocios y guerras, había intercambio de regalos, y liberaban temporalmente a sus esclavos. Tales tradiciones se asemejan a las actuales tradiciones de Navidad y se utilizaron para establecer un acoplamiento entre los dos días de fiesta.

Para hacer más fácil que los romanos pudiesen convertirse al cristianismo sin abandonar sus festividades, el papa Julio I pidió en el 350 que el nacimiento de Cristo fuera celebrado en esa misma fecha, finalmente el papa Liberio decreta este día como el nacimiento de Jesús de Nazaret en 354.

La Iglesia, quien hizo coincidir en esas fechas el nacimiento de Jesús de Nazaret con el objetivo de acabar con las antiguas celebraciones.

Saturnalia, en honor de Saturno, fue introducida alrededor del 217 a. C. para elevar la moral de los ciudadanos después de una derrota militar sufrida ante los cartagineses en el lago Trasimeno. Oficialmente se celebraba el día de la consagración del templo de Saturno en el Foro romano, el 17 de diciembre, con sacrificios y banquete público festivo (lectisternium) y al grito multitudinario de «Io, Saturnalia».

En las fiestas Saturnales, se decoraban las casas con plantas y se encendían velas para celebrar la nueva venida de la luz. Los romanos amigos y familiares, se hacían regalos (en un principio, recordando a antiguos rituales, velas o figurillas de barro) como los que se hacen en la fiesta de la Navidad, ya que la Navidad está basada en las fiestas Saturnales". (Wikipedia)

En saturnalia se festejaba el fin del tiempo del trabajo más duro en el campo, el fin de la temporada de cosecha. Saturno era el dios de los cultivos, pero además se festejaba la edad de oro de Saturno, que según el mito había sido un tiempo donde no había hecho falta la ley.

En las saturnales se seguía realizando sacrificios de niños, la sociedad romana no había terminado de incorporar que Júpiter al sobrevivir y luego de derrotar a su padre, había superado el tiempo del sacrificio de niños. Los romanos sabiendo que el goce de Saturno estaba en comer niños lo agasajaban y alegraban, con sacrificios para obtener a cambio mejores cosechas.

Cuando llega el cristianismo a Roma ya no existían rituales dirigidos a Caelus, pero aun sí a Saturno. Aunque en el mito Saturno se vuelve un mortal, quizás el hecho de que jamás dejo de ser un dios significativo para los romanos, el dios de la abundancia y de la siembra, les hacia conservar ese ritual.

A diferencia de roma que sacrificaba niños, el cristianismo por su parte festejará el nacimiento de un niño y además terminará con todo tipo de sacrificios. Una vez que se sustituye el mito principal en Roma, y al dios Júpiter por Cristo, los 25 de diciembre se pasará de sacrificar niños a festejar el nacimiento de un niño. Este es el gran avance simbólico del cristianismo y la verdadera salvación que produjo Jesús en la humanidad o al menos en occidente.

Es posible que esta nueva significación haya sido la razón psicológica, más allá de las políticas, por la cual el cristianismo entro en Roma como religión del imperio y entre los pueblos que aun hacían sacrificios humanos. No así en los judíos que ya lo habían dejado hacía mucho tiempo. El sacrificio idolátrico del Mesías era algo inadmisible para los judíos. ¿Cómo podrían aceptar que el Mesías fuera víctima de un sacrificio humano? El Mesías vendría a hacer grande a Israel, no a morir en un sacrificio ya prohibido por Yavé.

El niño que nace el 25 de diciembre ha hecho un trato con el padre y en ese trato lo que está en cuestión es que no harán falta más sacrificios, él es el primogénito que pagará por todos. Los festejos del 25 de diciembre de la Navidad irán borrando con el tiempo todo recuerdo de los sacrificios de niños en las Saturnales. Los festejos de la navidad actuaran generando una verdadera represión, lo único que pasara de todo aquello que fue filtrado, es el fin sacrificial de ese niño-dios que ha nacido, ya que un solo sacrificio puede ser aceptado como suficiente, si se trata de un ser divinizado. Por lo tanto, la idea de Jesús como hombre- dios será imprescindible para que sea aceptado su sacrificio como único necesario. La calidad de profeta judío sería insuficiente para ser aceptado por los ciudadanos y los emperadores romanos.

Había una primera represión en el judaísmo al sustituir el hijo por el cordero, represión que permite al judaísmo pensarse como algo nacido desde la nada, desde una revelación divina y por lo tanto sin ninguna vinculación de origen con los Baales. Un olvido sobre el significado inicial del sacrificio del cordero y que recaía sobre el sacrificio del hijo. Con Jesús cae esa primera represión de los judíos, Cristo es el cordero que al ser sacrificado, queda a la vista el significado original. Pero el cristianismo conducirá a reprimir los sacrificios, esta vez para los pueblos idólatras, que partían de los Baales o la saturnalia en Roma. Este proceso de represión ya desde otra posición, ya que no es exactamente igual que en el judaísmo, se puede llamar segunda represión causada por el cristianismo. El cristianismo, deja el sacrificio a la vista porque es la situación desde la que parten los paganos, sacrificio exhibido para todos los pueblos que permanecían aun sacrificando. Así ante la misma situación, la resolución será diferente, porque el personaje de Jesús podrá ser mundialmente comprensible y aceptado, generando una gran empatía hacia ese ser que sufrirá tremendos tormentos por el bien de todos.

Con el tiempo se olvidará el origen de la navidad, como decía, inicialmente fiesta de sacrificio que será sustituida por fiesta de nacimiento de un niño, destinado por el mito a ser el último sacrificio humano dedicado a los dioses. Este olvido que voluntariamente el Papa Liberio en 354 busca lograr, permitirá hacer un corte con el paganismo, con los rituales sacrificiales y de este modo desconectar el sacrificio de Cristo con los sacrificios paganos. Este olvido tendrá la misma función que tuvo para el judaísmo la desconexión entre los Baales y el cordero. Le permite presentarse como una nueva religión que corta con el pasado y que se perfila como una verdad que jamás se había revelado aun.

En el sacrificio se realiza la articulación entre el cristianismo y las religiones paganas. Esta articulación de creencias conducirá a un camino nuevo, a un sentido diferente. El cristianismo tendrá en su dogma creencias tanto judías como paganas. Los mitos de esa zona geográfica tuvieron mucha influencia entre sí, las creencias de Medio oriente, Egipto, Grecia, Roma y Persia, tendrán puntos en común y el cristianismo se verá enriquecido de esas creencias.

La fiesta de la saturnalia dará paso a la navidad articulando de esta manera dos mitos, el niño Jesús adquiere importancia histórica porque viene a sustituir a todos los niños del sacrificio. El festejo cambia de forma pero en lo profundo tiene el mismo sentido, hay un niño que será sacrificado. Hay una evolución simbólica porque un niño metafóricamente representará a todos, esto corta la cadena metonímica de niños sacrificados. Cambia el ritual y cambia la cultura occidental.

CONCILIO DE NICEA I: UN NUEVO DIOS BAJO EL SOL

" *E*n aquellos momentos, la cuestión principal que dividía a los cristianos era la denominada controversia arriana, es decir, el debate sobre la naturaleza divina de Jesús. Un sector de los cristianos, liderado por el obispo de Alejandría, Alejandro, y su discípulo y sucesor Atanasio, defendía que Jesús tenía una doble naturaleza, humana y divina, y que por tanto Cristo era verdadero Dios y verdadero Hombre; en cambio, otro sector liderado por el presbítero Arrio y por el obispo Eusebio de Nicomedia, afirmaba que Cristo había sido la primera creación de Dios antes del inicio de los tiempos, pero que, habiendo sido creado, no era Dios mismo".

(Texto extraído de la página web Wikipedia)

"Constantino, aunque simpatizaba con los cristianos, no se bautizó hasta que se hallaba en su lecho de muerte. Sin embargo, aparentemente ya se había convertido al cristianismo tras su victoria militar sobre Majencia en 312, ya que había invocado al Dios de los cristianos antes de la batalla. Por ello interpretó su victoria como indicio de la superioridad del Dios cristiano, aunque se guardó de compartir esta interpretación con sus tropas".

(Estraído de la página web Wikipedia - Concilio de Nicea-)

En el Concilio de Nicea I, año 325, actual Turquía, se decide por mayoría declarar la naturaleza divina de Jesús de Nazaret. De esta manera Roma crea un nuevo dios y un nuevo culto. No sabemos cómo se erigieron otros dioses, Osiris, Mazda, Saturno, Baal, pero si quedaron registros históricos de cómo Jesús de Nazaret pasó a ser elevado a las alturas de un dios, una nueva creencia que con el tiempo hará desaparecer la mitología romana. Sabemos esto porque han quedado registros de los temas que se trataban en los concilios y como se reconocieron creencias que a partir de ese momento pasaron a integrar el dogma católico.

La determinación en el Concilio de Nicea I de la esencia divina de Jesús de Nazaret, es un momento fundacional de la nueva religión del imperio, donde la religión antigua romana tendrá más influencia que la corriente judía. Jamás los judíos hubieran aceptado un hombre-dios y difícilmente los apóstoles y el mismo Jesús lo habrían planteado en esos términos, por el hecho de haber sido hebreos, producto de una religiosidad extremadamente rígida en la idea de la distancia entre ese dios Yavé y lo humano. El judaísmo rechazaba toda posibilidad de divinización de un humano y lo expresa claramente contra el faraón, divinizado por los egipcios. Un hombre es tan solo barro modelado por las manos del creador. Por lo que en el concilio de Nicea I lo que se oficializa es la continuación de la mitología romana con su creencia en la existencia del hombre-dios, hijo de una madre humana y un padre divino. Así el hijo del carpintero pasa a ser el hijo de dios encarnado para Roma, reconocido oficialmente como el Mesías judío.

Seguramente el monoteísmo era algo inimaginable aun para los romanos, que venían de una tradición politeísta. En este mismo concilio se establece la creencia en la Trinidad. De hecho el cristianismo tendrá que explicar qué entiende por monoteísmo al contar con la Trinidad, que recuerda a la trinidad romana compuesta por Urano, Saturno y Júpiter. O la trinidad egipcia compuesta por Osiris, Isis y Horus, la sagrada familia egipcia. La creencia en la trinidad de dioses estaba muy expandida en la antigüedad:

Babilonia: Anu, Ea, Bel.

Caldea: Sin, Istar, Shamash.

Fenicia: El, Asera, Baal.

Persa: Ormuz, Mitra, Ahriman.

Escandinavia: Odin, Freya, Thor.

Asiria: Assur, Nabu, Marduk.

No está en claro en qué momento los primeros cristianos de origen judío que debieron ser ultra monoteístas, adoptan la creencia en la Trinidad. En esto también parecería que el politeísmo logra insertar la creencia en sus tres divinidades supremas, lo que nos indica la importante influencia que habrá en el cristianismo de las religiones paganas.

Constantino I será quien solicite la realización del Concilio de Nicea I, con la intensión de que se proclame a Jesús de Nazaret como un ser divino. Constantino así lo creía. La tradición nos cuenta que a punto de entrar en la batalla de Puente Milvio en el año 312, donde logrará la victoria que lo llevará a ser el nuevo emperador del imperio romano, tuvo la aparición de una cruz en el cielo y a la noche un sueño místico. Habiendo ganado la batalla, para él fue una prueba contundente de la divinidad y superioridad del dios cristiano con respecto a otras divinidades. Constantino no se hace cristiano porque la prédica había llegado a convencerlo de esa nueva creencia, sino porque habiendo invocado al dios cristiano había ganado la batalla. Es difícil pensar que aquellos primeros cristianos pudieran aceptar que

Jesús, que proclamaba la hermandad, como hombre de paz que cede la otra mejilla, predicador del amor, pudiera haber intervenido en una batalla. El poder de Constantino, sometió toda posibilidad de cuestionamiento.

El último dios que creará el imperio Romano ya no pertenecerá al Olimpo sino que vendrá de otro cielo. Si bien los romanos eran de adoptar y reconocer divinidades extranjeras, el cristianismo tomará de los judíos el negar las divinidades de otros pueblos. El cristianismo se implantara de tal forma que ira sepultando el politeísmo romano.

El cristianismo será una creencia superadora en varios aspectos, como moral, legal y ritual. El solo hecho de rechazar los rituales sacrificiales será a la larga un progreso moral y social. Por esta superación moral y ritual es que Jesús no podía convivir con Júpiter y Saturno, además no podía haber dos reyes en el cielo. Jesús provenía de otro Cielo, no del Olimpo, en el cristianismo el Olimpo no existía, ni la legión de dioses greco latinos. Al mejor estilo judío, los cristianos negaron la existencia del Olimpo y sus dioses y si bien conformaron una trinidad, no se podía compaginar con el politeísmo romano. Por otro lado, el padre judío Yavé, presentaba características muy diferentes a las tres paternidades romanas.

Fue la genialidad del Papa Julio I al fusionar desde un primer momento los festejos de la Saturnalia con la Navidad, que dejará en claro que la religión cristiana venia a sustituir los rituales de la Saturnalia. Convirtiéndose en su opuesto, se reemplazaron los tristes sacrificios de niños de las saturnalias por los festejos del nacimiento del niño-dios que venía a resolver el conflicto con la paternidad. Conversión en opuesto que tendrá en su base causal el mismo sentido, el niño para el sacrificio. Los significantes del cristianismo vendrán a sustituir los del viejo paganismo.

Siguiendo las fórmulas lacanianas lo que está arriba viene a producirse sobre lo que va a quedar por debajo, en este caso por debajo de la represión:

Cristianismo Navidad: Niño- Sacrificio- Salvación

Paganismo Saturnalia: Niño- Sacrificio- para el goce del padre Saturno

Todo lo que Jesús haga, nacer, predicar y sacrificarse, será en función de la salvación. El significante salvación que implicará una nueva forma de entender la relación con el padre, vendrá a ubicarse sobre el goce del padre. El dios que nos gozaba en el sacrificio de pronto nos quiere salvar, se vuelve en opuesto, lo opuesto a sacrificar es ser salvado o rescatado en la terminología bíblica antigua. El que acepte ser salvado por la ley del Padre, evitará el castigo eterno. Esto será trascendental para los paganos porque ya no se tratará de hacerlo gozar, de alegrarlo con la carne de los niños para lograr sus favores, sino de proclamar la salvación de los pecadores. Es un vínculo distinto con ese Padre y dejando atrás las malas interpretaciones del pasado sobre la obra de dios, se podrá entrar en un plan de salvación. Aparece un nuevo significante, ausente en el paganismo que generará un cambio de mentalidad, una nueva visión del bien y el mal que responsabiliza sobre el acto a niveles universales y eternos. De pronto existe el pecado, actuar con maldad tiene consecuencias eternas. Se valoriza la vida humana como un don del padre, aparece el amor del padre dando una oportunidad de salvación. De pronto la Iglesia y los sacerdotes tienen una misión trascendental, ya no la de oficiar rituales para tranquilizar a los dioses, sino salvar almas. Cada ser humano se vuelve un alma eterna y que necesita ser guiada por el camino del bien. Esta idea dará muchos derechos a la Iglesia sobre las ¨almas perdidas¨.

Saturno carecía de todo amor por sus hijos, el mismo Júpiter pese a que rechaza los sacrificios humanos, no establece vínculos paternales con los humanos. Aparece un nuevo vínculo de dios padre con los hombres y la relación con el Mesías será de amor y compasión, tanta manifestación de amor y piedad por parte del Mesías y del padre deberá ser correspondido por los humanos, aparece la culpa. Esta nueva relación de amor entre el padre y el hijo (cada humano será un hijo para dios), buscará superar la vieja rivalidad y lo hará a través de la ley, el hijo acepta el amor si cumple la ley del Padre o lo rechazará en el pecado. El cristianismo resuelve de esta manera los conflictos entre padre e hijo, planteando un vínculo de amor, donde la ley posibilitará el amor del Padre. La salvación, será el nuevo significante que con el tiempo terminará con la antigua relación de rivalidad violenta. Dios padre pedía amor entre los hermanos, algo realmente nuevo y revolucionario en aquellos tiempos. Surge una nueva forma de renunciar a la pulsión agresiva creando una lazos de amor entre los hermanos y el padre.

JESÚS ROMANIZADO

En Nicea era necesario divinizar a Jesús. La divinidad de Cristo pasa a ser una cuestión central, porque como veíamos había motivos religiosos pero también políticos. Con Constantino I y el concilio de Nicea I, la divinidad de Cristo pasa a ser una cuestión de estado. Para los cristianos la única manera de ingresar al imperio y dejar de ser perseguidos era a través de Constantino, como religión aceptada y reconocida. Sin dudas, la política ha influido muchas veces en las creencias religiosas y esta es una de ellas. No todos los obispos y presbíteros cristianos estaban de acuerdo con divinizar a Jesús de Nazaret, pero Constantino hizo valer su poder de emperador y persiguiendo a muerte a aquellos que negaban la naturaleza divina de Jesús, impuso su creencia.

Para los judíos el Mesías, a quien aun están esperando, jamás fue considerado un dios. Para los judíos el Mesías será un ungido de Yavé, será un rey, pero jamás un ser divino, así que cuando en Roma se divinizó a Jesús, es evidente que se pasó por alto la visión hebrea sobre la profecía del Mesías. En el año 325 nadie quedaba de aquellos primeros judíos cristianos que pudieron oponerse a la divinidad del Mesías.

¿Por qué recién 300 años después de la historia mítica se hace necesario discutir su naturaleza? El declarar a Jesús como hombre- dios fue una necesidad del imperio. Seguramente el hecho de que no fuera más que un profeta judío generaba resistencias y persecuciones en Roma, donde solo ante un dios un emperador podía inclinarse. Un profeta de un pueblo que les estaba sometido y que había terminado en la cruz, carecía de toda característica de reconocimiento, esa creencia no tenía posibilidades de sobrevivir en Roma.

Por otra parte esta nueva visión de Jesús de Nazaret como un hombre-dios contraria a toda creencia judía original, debió provocar la necesidad de retocar algunos pasajes de los evangelios. Sobre esto explica claramente Gerard Haddad en los Biblioclastas, la mala traducción en relación a los tiempos de las fiestas judías y los juegos de palabras que solo adquieren sentido desde el idioma hebreo, hacen pensar que el primer evangelio fue escrito en hebreo y no en griego, como sostiene la Iglesia. Para G. Haddad el primer evangelio en hebreo terminó desapareciendo en las llamas para dejar como inicio del cristianismo una mala traducción en griego. Porque queda en evidencia que quien los transcribió desconocía las fechas de las fiestas de Sucot y pascuas judías, es decir, no pudo ser un judío. Lo que es más llamativo aún, no conocía al detalle la historia de Jesús, sino cómo cometer semejante error de decir que el recibimiento con palmas en Jerusalén fue seis días antes de su muerte y no 6 meses antes, como debió decir de acuerdo a las festividades judías. Es una traducción con errores que deja entrever una manipulación de los textos originales, hecha por gente no judía, que desconocía las fechas de las festividades judías y que además no supo respetar los tiempos de los hechos acontecidos.

¿Para qué reescribirían los evangelios en griego y harían desaparecer los originales? Seguramente para retocarlos y acomodarlos a las nuevas ¨revelaciones¨ que recibían los nuevos santos de la Iglesia, obispos y Papas. Se hace evidente que esos primeros evangelios escritos lejos de Roma, eran totalmente diferentes al dogma que se fue gestando con los siglos luego de mortales discusiones, a través de concilios y revelaciones papales. Los evangelios apócrifos nos muestran esa diversidad de creencias e ideas que se escribían sobre Jesús. Sin embargo, los cuatro evangelios canónicos para ser como se dice, que se escribieron en lugares tan lejanos, Marcos en Roma, Mateo en Siria, Lucas en Grecia, Juan en Patmos, son casi copias unos de otros, solo el de Juan presenta algunas diferencias. Algunos en la Iglesia deducen lo que llaman una fuente Q, un evangelio primigenio escrito por el cristianismo inicial, a partir del cual fueron escritos los demás. Es una posibilidad, pero entonces la pregunta que surge es ¿quien escribió ese evangelio anterior y que se hizo? ¿Qué partes modificaron al reescribirlos? Está en claro que esos cuatro evangelios no pudieron escribirse casi iguales en lugares tan distantes. Al menos que pensemos que fueron inspirados milagrosamente a los cuatros evangelistas y quien los inspiraba lo hacía generando pequeños cambios. Es más lógico pensar que los cuatro evangelios son copias y que el mito fue creado allí, en ese proceso de escritura. Hay que tomar en cuenta que se trata de un tiempo en que para la Iglesia era bastante fácil ¨crear¨ milagros y las mentalidades de la época los recibían con bastante agrado.

La Iglesia católica deja por fuera a los evangelios apócrifos, los desconoce como verídicos. Les niega toda importancia histórica en la creación del nuevo mito, sin embargo, fueron buscados y destruidos por la Iglesia durante siglos y solo se preservaron los que se mantuvieron escondidos.

Se han encontrado aproximadamente setenta evangelios apócrifos, son los que se salvaron de las llamas de la Iglesia Católica. Entre ellos están los del apóstol Santiago, el de Tomas, Pedro, María Magdalena, escritos bajo el nombre de gente cercana a Jesús. Los primeros cristianos habrían sentido que tenían en sus manos una verdad que podía cambiar el mundo, una verdad que rechazaba y superaba los sacrificios humanos, clásico reclamo judío a los demás credos. Asique escribir esa sabiduría era necesario para poder transmitirlo y es lo que sucedió, los evangelios apócrifos son la prueba de ello.

Evidentemente la proliferación de evangelios era tanta que a la hora de organizar el mito fue necesario elegir alguno mejor organizado, narrar una historia coherente en base a recopilación escrita y a tradiciones orales. El mito debía tener un inicio y un fin y quemar aquellos que no estuvieran de acuerdo con el nuevo dogma desarrollado en Roma. Se volvió una necesidad vital para la credibilidad del mito y la Iglesia desaparecer los resavios de aquel mito en formación. Desconocemos quien hizo el trabajo de traducción, pero está en claro que los cuatro evangelista no pudieron ponerse de acuerdo en escribir algo prácticamente igual a tanta distancia uno de otro. Hubo necesidad de organizar el mito, darle coherencia, sentido y una historia que expresara simbolismos profundos y trascendentales. Los evangelios apócrifos son narraciones parciales que carecen de una historia de la vida de Jesús de Nazaret.

La aparición de los apócrifos no carece de importancia, sino justamente suma una prueba más a la idea de que algo irregular paso con los evangelios canónicos y que los apócrifos podrían ser los originales desde los cuales se armó el mito. Seguramente cristianos en desacuerdo con las decisiones de Roma los ocultaron para evitar ser destruidos por la Iglesia, sufriendo al ver la verdad manipulada por el poder político. Siglos después reaparecen, pese al rechazo de la Iglesia católica, para decirnos que el mito fue armado, que los primeros escritos cristianos se trataban de enseñanzas, no mito estructurado en una historia narrada.

Los evangelios llamados canónicos fueron seleccionados recién en el siglo IV, entre asombrosos y maravillosos milagros. Donde los evangelios canónicos parecería que fueron sacados de algun lugar bajo llave y trasladados sobre el altar de manera sobrenatural, en una noche misteriosa. Qué pasó hasta el siglo IV, no sabemos, solo tenemos la versión de la Iglesia, que comprendemos debía estructurar el dogma y volverlo irrefutable. Si Jesús de Nazaret debía ser un dios y esto recién se estableció en Nicea en el año 325, nada podía aparecer contradiciendo esa verdad en los evangelios que fueron escritos antes de Nicea y si lo hacían, debían desaparecer. El clero siempre resolvió esas contradicciones con cierta simpleza, solo los engaños del demonio podían generar esas confusiones sobre la naturaleza de Cristo.

Lo cierto es que todo eso no hubiera sido motivo de tantas cuestiones, si no fuera porque la Iglesia se volvió extremadamente severa con los no creyentes e intento dar a el mito un carisma de verdad absoluta, imponiéndolo muchas veces de forma violenta. Aun así, el valor del mito es que permitió un progreso espiritual, sacando a gran parte de los paganos de los rituales sacrificiales. Luego el Islam hará lo mismo con muchos pueblos semíticos, sacándolos del politeísmo y los sacrificios humanos. Esto ambas religiones se lo deben al origen hebreo del Padre Yavé.

EL TÓTEM NO ES LA SUSTITUCIÓN METAFÓRICA DEL PADRE. METÁFORA TOTÉMICA.

La hipótesis que desarrolla Freud en Tótem y Tabú, es que el animal totémico representa al padre muerto y que el ritual tribal donde se mata y se festeja la muerte del tótem, significa en última instancia, la escenificación del asesinato del padre. La fiesta rememora algún acontecimiento significativo del pasado, en la cual se revive aquel momento fundante de la sociedad totémica. Las sociedades sean primitivas o modernas siempre festejan su fundación, su aparición en el tiempo, sea un hecho mitológico o un hecho histórico sucedido en el pasado. Rememoran y reviven en escenificaciones aquel tiempo en que lograron un orden o una organización liberadora.

Es interesante la idea del tótem como sustituto del padre, pero Freud no presenta para sustentar su hipótesis ningún sostén significante. Freud que cada vez que explicaba en su obra ¨Psicopatología de la vida cotidiana¨ un lapsus o un olvido, su sentido reprimido, haciendo el seguimiento de los significantes, en ¨Tótem y Tabú¨ no va a hacer ningún camino simbólico. Solo se atiene a tratar de insertar su teoría del padre en el totemismo, como también intentará hacerlo en ¨Moisés y la religión monoteísta¨.

La primera pregunta que surge sobre la hipótesis de Freud es si realmente la figura del tótem es para la tribu un desplazamiento del padre. Esto es lo que él sostiene, pero para poder comprobarlo es necesario ir a los significantes reprimidos, recorrer el camino de la represión.

En la enciclopedia virtual Wikipedia, sobre el totemismo encuentro las siguientes definiciones antropológicas:

"*El tótem es un ser animado o inanimado del cual un grupo de personas dice y cree descender*".

Cuando define tótem lo presenta como:

"*El principio u origen de un determinado grupo humano que se cree descendiente de ese tótem*".

Termino tomado de la tribu de Ojibwa de América del Norte.

"*Algunos estudiosos entienden que en el llamado período Paleolítico se notan indicios de creencia en cierto parentesco con los animales, es decir, una característica del totemismo*".

Primero es necesario aclarar que no todos los etnólogos comparten la idea de que las tribus creen descender del tótem, quizás porque hay diferencias entre tribus y no presenten las mismas creencias. Algunos entienden que el tótem no es de quien desciende la tribu, sino el espíritu de un animal con el cual los antepasados de la tribu hicieron un pacto, pacto que se volvió esencial para sobrevivir. Se sabe hoy que entre las tribus totémicas hay gran diversidad y variaciones culturales y que el totemismo no es un sistema único y generalizable. Ni siquiera el tótem es siempre un animal, aunque hay una tendencia en las culturas arcaicas a la identificación con los animales, ya que la vida de los pueblos totémicos se desarrolla en contacto directo con la naturaleza. Estas diferencias entre clanes llevaría a tener que analizar a cada uno de forma separada, no de manera generalizada. Como se hace en la clínica psicoanalítica, de la misma manera, cada clan, cada sociedad, debería ser analizada en su proceso pulsional y represivo como algo único.

Las tribus totémicas no han superado el paleolítico, aun en la actualidad algunas apenas han tenido algún contacto con otras culturas, como el caso de los Sentileneses, que viven en una isla en el sudoeste asiático. Se sabe que practican el canibalismo y por su hostilidad no se ha podido establecer contacto con ellos. De hecho muchos antropólogos proteccionistas proponen no influir en su vida y cultura, evitando todo contacto para evitar modificar sus costumbres.

Estos clanes viven en una etapa muy primitiva donde el ser humano se identifica aun con los animales. Se podría hacer una semejanza a la etapa infantil donde los niños imitan a los animales, representan sus movimientos, sus sonidos. La tribu se viste con sus cueros los días de fiesta y no se trata solo de una escenificación, sino que realmente creen ser ese animal. ¿Por qué se identifican a un animal que no son? Porque ya han perdido la natural experiencia del animal que sí son, han entrado en la cultura y saben que deberían ser un animal pero no logran conceptualizar cuál, entonces ese otro animal, el tótem, les da un punto de identificación, los restituye a la naturaleza con un referente. A la vez les permite compartir la omnipotencia o las cualidades de ese animal tan poderoso. A nivel imaginario toman su imagen, su cuero, sus comportamientos y les permite historizar un tiempo de origen. Recuperan así de manera mítica, algo de lo perdido en el tiempo, allí cuando la cultura hace aparición en una línea dimensional simbólica, en paralelo a la vida natural. La noción occidental de humanos no existe en esas tribus primitivas, ni el mito creacionista de Adán y Eva, que será el mito del origen humano en nuestra cultura.

El hombre es un concepto que varía según las culturas, ¿Qué es el hombre? Es una pregunta que ha tenido diferentes formas de vivenciarse, según el mito de la civilización que responda. En la prehistoria estaríamos hablando de otra noción de hombre o más bien noción de humanidad, donde aun no hay una pregunta individual sobre ¿Quién soy? En nuestra cultura recién se registrará en el ¨conócete a ti mismo¨ escrito en el templo de Apolo en Grecia, cuando Sócrates apela a conocerse a sí mismo desde la respuesta conciente. Pero, no busco plantear respuestas universales, como quizás busca la antropología, viendo al hombre desde cierta distancia que pretende ser objetiva, sino desde la respuesta subjetiva, desde una mirada psicoanalítica, ¿qué es el hombre? dependerá de a qué o a quién se haya identificado.

Hay una pregunta sobre lo general de la humanidad desde muy antiguo, incluso el totemismo intenta ser una respuesta al ¿Quiénes somos? Podrán decir que son un clan que han hecho un pacto con el espíritu de un animal y que eso los convierte en un igual al tótem. Las religiones persa y sumeria con el mito creacionista que luego tomará el judaísmo y lo adaptará a su versión de Adán y Eva y su dios Yavé, tienen una noción de humanidad muy diferente al totemismo, como un ser diferente al animal, creado por los dioses. En el mito semítico hebreo, el Padre crea al humano como algo especial y superior a la naturaleza en la cual fue insertado. Hay una pregunta de fondo sobre el origen de la humanidad en su conjunto y dará como respuestas una amplia variedad de mitos.

Foucault dirá que con la ciencia el ser humano se toma a sí mismo como objeto de estudio. A occidente ya no le alcanzarán los mitos como respuestas. La ciencia da otro tipo de respuestas, naturalista, histórica, psicológica o sociológica, ¿Qué somos? ¿Cómo somos los humanos? No podemos decir que somos como los cocodrilos o los jaguares, porque en nuestra cultura ese tipo de respuestas no nos resultan con sentido, no vivimos en la selva, asique hacemos otro tipo de identificaciones acordes a nuestra forma de vida. Esto no significa que nuestras identificaciones sean menos ficticias, menos imaginarias. Pensemos en el mecanicismo definiendo al hombre como una máquina, comparándolo con los autómatas mecánicos, pero claro, este tipo de conceptualizaciones son filosóficas no psicológicas. Desde el psicoanálisis, si tenemos que pensar qué somos, tenemos que establecer a qué nos identificamos a nivel del Yo. Las identificaciones concientes o inconcientes que formaran el Yo, con la profundidad que eso significa, porque determinan nuestras formas de vida. Identificarse a un animal sagrado a nivel del Yo debe ser una experiencia de vida y de la naturaleza muy diferente a la nuestra. En nuestra cultura nos identificamos siempre con otros humanos, no con animales, nunca reaccionariamos con la furia de un jaguar o con alguna cualidad de algún objeto de la naturaleza y quizás podríamos creer que nuestros modelos son más genuinos, más verdaderos. Pero también estamos hablando de cultura y eso significa creación en un tiempo y un espacio, no se trata de naturaleza pura, por lo que se puede asegurar que nada es genuino u original, sino siempre imaginario. ¿Qué es el hombre? Una producción cultural. Al ser el hombre un ser fabricado, la respuesta sobre qué es el hombre, dependerá de cómo haya sido fabricado, en cual cultura y esto tiene que ver con las identificaciones que forman el Yo, pero también de la mitología del lugar.

En el totemismo, los hombres se identifican a objetos de la naturaleza, no tienen otra respuesta sobre quiénes son, por eso mismo el tótem puede ser un animal, una planta o un monolito, pero no han perdido la noción de ser parte de la naturaleza. Mientras que en toda la zona de Egipto, medio oriente y Europa la mitología le da otro origen al ser humano. En estas regiones la humanidad realiza mitos donde el ser humano es una creación de origen divino. En nuestra cultura religiosa semítica, con la noción brindada por los mitos creacionistas, el ser humano no será un animal, desde que es creado es un ser superior y aunque esté en la naturaleza, no es un objeto natural. Adán y Eva fueron incertados ya en el último día de la creación en la naturaleza. Aun cuando en lo biológico manifieste grandes semejanzas con los animales, se acentuará la diferencia en lo racional, intelectual, lingüístico y cultural; y ante todo marcará la diferencia en lo espiritual, lo que supone una existencia abstracta, no material en el interior del ser humano. Así el ser humano viene de los dioses, no de los animales o la naturaleza.

Recién con Darwin podremos hacer una genealogía animal evolutiva de nuestra especie, pero hasta entonces la humanidad occidental carecerá de ese conocimiento fundamental y tendrá que crear mitos para darse alguna respuesta de origen. Darwin nos mostrará nuestro parentesco con los animales, devolviéndonos el origen en la naturaleza, nuestros ancestros serán animales ya extinguidos. Luego, los estudios genéticos no dejarán dudas sobre los orígenes en común con los animales, estableciendo parentescos genéticos. Darwin nos cambia el mito, nos cambia la historia y la identidad, porque aunque aun hoy algunos fanáticos religiosos sigan buscando el Edén en medio oriente, ya la humanidad no puede ser quien era. Ya no puede creerse una creación especial injertada en un mundo de inferior categoría. Y ya no se puede narrar a las nuevas generaciones la historia mítica, al menos no sin mencionar la teoría de Darwin. Con lo cual el mito y la teoría científica se confrontan, generando una división interna en la mente, entre lo que se cree y lo que se ha probado científicamente, entre lo abstracto sobrenatural y la biología natural. Pero el mito sigue ahí, presente para quien necesite creerlo, actuando como una respuesta ante la pregunta de qué o quiénes somos.

Todo indica que el hombre totémico carece del concepto de hombre tal como lo constituyeron los mitos de occidente y el animal totémico es un objeto de identificación de la tribu. Nos muestra hasta donde uno es aquello a lo cual se identifica, aquello que los mitos nos narran. Ellos son ese animal totémico, así como el hombre mítico cristiano es un alma a salvar y toda la vida girará sobre ese significante. O la convicción del hebreo de pertenecer al pueblo elegido de Yavé. El mito nos identifica a un grupo y nos hace ser alguien con un sentido cósmico. Para el hombre totémico los animales son sus iguales, es como tal un mito de origen, porque lo que está en cuestión es de donde procede la tribu, sus ancestros hicieron un pacto y ellos lo perpetúan en cada fiesta totémica.

Vemos así que el animal totémico es una referencia, un punto de identificación y por lo tanto, como ellos mismo le han dicho a los antropólogos, un ser semejante. Lacan plantea al s1 como el significante que representa al sujeto, en este caso el tótem será el s1. Ahora pasemos a analizar la organización social totémica.

Sobre el significado del término tótem:

¨La raíz gramatical, "ote", significa una relación de sangre entre los hermanos que tienen la misma madre y que no pueden casarse entre ellos¨. Tomado de la Enciclopédia Wikipedia.

Para poder responder la pregunta inicial, si el tótem es una representación metafórica del padre, es necesario ver cuál es la situación de aquel tiempo. Se sabe que los clanes totémicos mayormente eran grupos matriarcales que seguían la matrilinealidad, estos grupos acostumbraban ser exogámicos. Muchos clanes no conocían aun la paternidad, incluso muchas de las sociedades totémicas ni asociarán las relaciones sexuales con el embarazo. El significante padre no existía antiguamente en la mayoría de las sociedades totémicas, recién en la actualidad con el encuentro con otras culturas lo han conocido. Lo desconocían como relación biológica y como línea de descendencia, incluso como autoridad, la autoridad la ejercía la madre. Si volvemos a la pregunta sobre si para las tribus totémicas que describe Freud el tótem era una representación del padre, ningún significante nos remite a esa posibilidad, mucho menos a la manera del psicoanálisis, pensado desde el patriarcado judaico, con las dos fases del padre, como terrible o como simbólico en la ley. Al no haber representación de padre en la mayoría de las tribus, por lógica no es posible pensar que el tótem pueda significar una sustitución paterna.

Dudo que algún antropólogo actual comparta esa hipótesis de Freud sobre el significado del tótem, mucho menos aun como algo general en el totemismo. Incluso cuando hay noción de paternidad, el tótem no representa a algún ancestro, sino a un semejante para todos los integrantes de la tribu.

"Antropólogos más espirituales, basándose en los increíbles testimonios orales recogidos en sus investigaciones, escribieron que el hombre primitivo tenía una relación muy especial con los animales, que mediante prácticas rituales o ingesta de esterógenos nuestro ancestro recordaba o experimentaba la vida de un animal o planta, que el mismo había sido. Y que por lo tanto ingerir la carne de su animal totémico era equivalente a comer a un ser de su misma especie, práctica tabú o prohibida en muchas regiones". Wikipedia.

Se refiere al canibalismo como "Practica tabú o prohibida en muchas regiones", es decir, aquí es necesario diferenciar las tribus totémicas caníbales de las que habían hecho una prohibición del canibalismo. Según los datos obtenidos por algunos antropólogos, el animal totémico representa a uno de ellos, ya veíamos que la profunda identificación al animal totémico lo hace ser uno de ellos. Podemos deducir que comer el animal totémico es una forma de canibalismo simbólico, comer el animal sagrado al cual se identifican es comer en algún punto a uno de ellos y esa podría haber sido la situación inicial.

De acuerdo a lo que algunos antropólogos escucharon de parte de ellos mismos, hay una prohibición inicial sobre el canibalismo. Esta prohibición generaría una represión y por lo tanto un retorno de lo reprimido, el ritual. Comer al animal totémico es comer a uno de ellos, es una metáfora del canibalismo. Hay un objeto sustituto que es el animal totémico, pero que para algunos clanes solo es permitido en determinado tiempo de festejo. Entre la tribu y el animal totémico hay una relación de contigüidad, es por esto que está prohibido. Sin embargo, por lo que pude averiguar hay tribus africanas, aun en la actualidad, que no prohíben comer el animal totémico, por el contrario suele ser el alimento más cotidiano. Habría que ver la relación que hay en las tribus entre la prohibición de devorar el tótem y la prohibición canibalística, ya que al menos algunas tribus expresan una clara relación entre la prohibición del canibalismo y la prohibición de alimentarse del tótem. Además, porque así como hay tribus que han prohibido el canibalismo, otras lo conservan como ritual, lo que nos marca que es una etapa primaria donde recién se comienza a producir el reconocimiento del otro, del semejante, en el derecho a no ser tomado como un alimento.

Con respecto a lo que planteaba Freud de que los hermanos devoran al padre luego del acto parricida, no hay mitos, ni hay registros arqueológicos, ni siquiera simbólicos de ese hecho como fundación social. Sería muy curioso y extraño que las religiones no lo expresaran en sus rituales y mitos, cuando sí la historia y las religiones nos manifiestan el ritual del sacrificio y la devoración del hijo.

En ningún mito ni ritual aparece el cuerpo del padre como objeto de devoración, ni siquiera de manera simbólica. Ni siquiera Saturno que comía uno por uno a sus hijos, el más sanguinario caníbal de los dioses al castrar o matar a su padre Urano, no lo devora. La hipótesis de Freud no es sostenible desde ningún mito conocido. Ya quedó en claro que comer al tótem no es comer al padre, si bien sería una forma metafórica de canibalismo ya que el animal totémico es un igual. Nada nos dice que el tótem podría ser una representación paterna. Menos aun porque un gran número de clanes no conocían la paternidad, ni siquiera la reproducción sexuada, por esto es que es imposible pensar en una metáfora en relación al padre. Los tribales hablaban de un ser de la misma especie y la forma en que se identifican al tótem se hace evidente que lo consideran un semejante. Por lo tanto, lo que tenemos aquí es la instauración de una prohibición primigenia que significa el reconocimiento del otro, del semejante, en su derecho a no ser tomado como alimento.

Relacionando las ideas de Freud con lo que se viene viendo, en el judaísmo y el cristianismo, en los rituales de la pascua, lo que se come es metafóricamente al hijo primogénito, en el cordero y en el pan y el vino. Incluso en la religión musulmana los festejos de la pascua implican el de sacrificar un cordero en remembranza de aquel hecho en que Ibrahim (Abraham) iba a sacrificar a su hijo Ismael (Isaac para los judíos) y fue evitado por Alá, a cambio del carnero. Pero estamos aquí dentro de las religiones semíticas, no totémicas y no se puede hacer una relación de contigüidad entre ambas, en especial con respecto al sacrificio del hijo ya que se trata de dos culturas míticas demasiado diferentes. Incluso las culturas semíticas ya entonces pertenecían a una etapa cultural más avanzada, ya trabajaban los metales y las culturas totémicas aun hoy están en la edad de piedra.

Esto nos enseña que no deberemos pretender encontrar nuestra estructura psíquica en el pasado, que los significantes Nombre del Padre o el significante fálico, que estructuran la neurosis, no necesariamente se encuentran en los hombres del pasado o de otras civilizaciones. Teniendo en cuenta que aun no terminamos de saber acabadamente sobre nuestras estructuras actuales, mucho menos como se dan en lo social, con más dificultad se logra conocer algo de otras civilizaciones. Es un trabajo de estudio arqueológico del psiquismo y de las significaciones de otros pueblos que, en algunos casos llegan hasta nuestros días. Como el ritual de la pascua que llega hasta nuestros días, donde se ha reprimido gran parte del sentido y al haberse producido una renuncia pulsional oral canibalística, se desconoce ya el origen del ritual, pero aun así gran parte de la humanidad vive bajo estas creencias. Cuando un mito o una religión permanecen vivos en una determinada sociedad es porque está expresando algo muy significativo o una verdad indecible de otra forma.

ELEMENTOS ESTRUCTURANTES DE LO SOCIAL

Por lo que pude indagar no encontré registros de culturas totémicas en medio oriente, sino que se presentaban en Oceanía, América y África. Culturas muy lejanas entre sí pero que adoptaron estas características, lo que haría pensar que es como una formula lógica que se repite en las sociedades humanas. La identificación a los animales o a los objetos de la naturaleza en general, parece ser una forma de ser en el mundo, que adoptan los pueblos arcaicos. De alguna manera hay que ser y adoptar las cualidades de otros seres u objetos permiten entender y dar sentido a ciertas conductas humanas.

De alguna manera se relacionan los elementos o los significantes que desembocan en el totemismo en la región del planeta que sea y sin contacto entre ellas. Como decía, formas lógicas que se generan a partir de cómo se fueron produciendo y relacionando ciertos elementos. Las sociedades idolátricas, totémicas y monoteístas tienen su propia forma de estructurarse en función de determinados elementos.

En el caso del totemismo una característica bastante común es el desconocimiento de la paternidad, pero hay tribus que tienen conocimiento y suelen ser patriarcales. En algunas incluso existe la ignorancia sobre la función masculina en la reproducción. También en los matriarcados está presente la prohibición del canibalismo y el incesto. Esto significa que lograron llegar a esas prohibiciones sin la figura paterna.

La idolatría es de característica politeísta y animista. En la adoración al ídolo, como el becerro de oro, el ídolo contiene el espíritu de un dios y se adora al objeto material como a un dios presente. En la idolatría el canibalismo y los sacrificios humanos son permitidos como rito. Hay en la idolatría del medio oriente y Europa conocimiento de la paternidad. El incesto y el parricidio sucedían con cierta regularidad pese a que ya existe cierta prohibición sobre ellos.

En la religión judeo cristiana vemos conocimiento de la paternidad y prohibición del canibalismo, el incesto, el parricidio y los sacrificios humanos, es aun esta nuestra cultura actual.

Los elementos de las estructuras sociales en cuestión serian patriarcado, matriarcado, canibalismo, incesto y sacrificios humanos y la manera en que se combinan dan como resultado a las distintas culturas. El elemento que parece determinar la diferencia entre las culturas totémicas y las culturas idolátricas y religiosas es el conocimiento de la paternidad, sin embargo, en la idolatría ese conocimiento no logra generar leyes o prohibiciones eficaces sobre las pulsiones. Por lo tanto, lo que determina a una sociedad son sus leyes, esto significa la manera en que se prohíbe o se permite el goce de la pulsión de muerte y el conocimiento o desconocimiento de la paternidad, esto último genera patriarcados o matriarcados.

Este cuadro muestra los distintos modos en que se fueron prohibiendo o permitiendo las pulsiones en cada civilización.

TOTEMISMO: patriarcado o matriarcado - prohibición del incesto - canibalismo o prohibición del canibalismo - sacrificios humanos o sin sacrificios humanos. Depende de cada clan.

IDOLATRÍA: patriarcado - débil prohibición del incesto - canibalismo ritual - sacrificios humanos rituales.

JUDEO-CRISTIANO: patriarcado - prohibición del incesto - prohibición del canibalismo - prohibición de los sacrificios humanos.

Este cuadro deja en claro que el patriarcado no es imprescindible para generar prohibición e incluso no siempre lo realiza con efectividad. Cada uno de estos elementos parece ser definitorios en la estructura de una sociedad y va a determinar la vida humana en cada civilización.

El desconocimiento de la paternidad en algunos clanes totémicos es fundamental porque genera matriarcado y matrilinealidad. Estos clanes tuvieron su manera propia de generar la represión canibalística, así el animal totémico viene a ser el desplazamiento o la metáfora del semejante. La prohibición del canibalismo define cierto modo de espiritualidad y determina una relación particular con el animal totémico. Un igual al cual no se puede comer, solo en los días en que se recuerda el pacto. La prohibición del incesto caracteriza a la sociedad en exogámica, en el caso de las tribus endogámicas el incesto solo involucra a los hermanos. Tienen otro concepto de familia diferente al nuestro, está identificada por el tótem y es integrada por un grupo de individuos en vinculación con la madre.

En el caso de la idolatría al haber conocimiento de la paternidad genera la creación de familias con el lugar paterno como jefe de familia, pero la débil prohibición del incesto genera confusión de lugares y conflictos entre sus integrantes. El culto religioso involucraba sacrificios humanos y en algunos casos canibalismo. Dioses con demandas crueles a los cuales había que alegrar y mantener conformes con el sacrificio de las víctimas humanas, las cuales significaban el alimento del dios. La paternidad de los dioses no implicaba más que su capacidad reproductiva, por ejemplo lo vemos en Saturno y Júpiter, la paternidad en general era poco más que una cuestión reproductiva.

En la religión judeo cristiana están prohibidos los tres elementos y al haber conocimiento de la paternidad se genera un patriarcado con genealogía y filiación de línea paterna. El culto es una paternidad divinizada que puede enojarse y castigar pero también puede amar y ayudar al hijo desvalido. La herencia del padre terrible original de la idolatría pervive, inicialmente en la idea de un dios vengativo, capaz de destruir Sodoma y Gomorra, de generar diluvios o de castigar hasta la cuarta generación. Con el tiempo la divinidad va adquiriendo características legales y no puede violar sus propias leyes, un dios justo y legal no puede aparecer como terrible. Así aparece con mayor fuerza la figura de Satanás, el enemigo, que ocupará el lugar de el mal mismo y las dos caras del padre aparecerán divididas en dos personajes diferentes.

RITUAL TOTEMICO Y
RITUAL RELIGIOSO

El totemismo es una construcción social que accedió a la exogamia y a establecer una modalidad de familia. Se puede decir que el totemismo es una clase de estructura social diferente a la patriarcal, aunque es diferente en su estructura, el objetivo y los resultados son en algunos puntos semejantes. Resuelve los problemas que causaban el incesto y el canibalismo, generando una prohibición extrema, aplicando un castigo severo.

Según la información que recabaron algunos antropólogos, en el ritual totémico lo original reprimido estaría en relación a la prohibición del canibalismo. Siguiendo la teoría psicoanalítica, ante la angustia se reprime la moción pulsional, la prohibición canibalística lleva a tomar al animal totémico como sustitución de la devoración. Este sustituto es devorado en un determinado día del año en que se recuerda el pacto realizado por los ancestros.

Así tenemos que el ritual totémico, será semejante al ritual religioso hebreo en cuatro elementos:

- Pulsión
- Ley o prohibición
- Represión
- Sustitución del objeto

En los dos rituales, totémico y religioso, se produce el mismo mecanismo de sustitución metafórico aunque habrá grandes diferencias en el cuerpo de creencias. Mientras que los tres últimos puntos hacen la diferencia con el ritual idolátrico del sacrificio humano, porque no hay ley de prohibición del sacrificio y por lo tanto ni represión ni sustitución de objeto. El objeto niño o humano en la idolatría, no es desplazado a otro objeto. El ritual idolátrico comprende como objeto a un ser humano y si aun no se ha prohibido, depende del tiempo histórico y la sociedad de cual se trate, se produce la devoración canibalística.

Si se reprime o no el canibalismo parece tener mucha importancia a la hora de definir la estructura social y las formas que adquirirá lo mitológico en una sociedad. En el cristianismo los objetos de sustitución son el pan y el vino, mientras que en el totemismo como en la religión hebrea, es un animal. La gran diferencia reside en el significado que adquirirá para cada creencia ese animal. En el caso del totemismo el animal representa a un semejante, un ser del mismo clan, mientras que en la religión hebrea el animal representa a un hijo, la descendencia. Sin embargo, en ambos casos, el animal es la victima sacrificada en un determinado día del año.

El canibalismo y el incesto son los puntos que reprimen las dos estructuras sociales, el totemismo matriarcal y el patriarcado judeocristiano. Son dos prohibiciones fundantes de este tipo de sociedades que han logrado una evolución simbólica, agregando otra serie de leyes imprescindibles para poder mantener unida a la sociedad, buscando evitar que el otro sea objeto de perjuicio. Así es como la pulsión en su versión sádica oral en el canibalismo, anal sacrificando al otro y genital en el incesto, se va limitando a partir de las leyes o prohibiciones.

Si hay leyes o prohibiciones sobre el canibalismo y el incesto es porque se ha vivido una etapa caótica donde la prohibición se volvió la única salida posible. A diferencia de las sociedades africanas canibalistas actuales, que han encontrado un orden en esa manera, quedando el acto a nivel de lo real. Si bien para ellos el canibalismo tiene un sentido simbólico espiritual, no han pasado el acto caníbal a la metáfora. Hay algo que marcó la diferencia entre esas sociedades caníbales y las que pudieron evolucionar en lo simbólico generando el cambio hacia una satisfacción de la pulsión de manera metafórica.

La sustitución por algún motivo se produce con un determinado animal, alguna asociación simbólica que habría que determinar y que varía de acuerdo a cada tribu. La exaltación de ciertas cualidades del objeto parece ser la condición para identificarse en el totemismo, una historia o una relación particular del pueblo con un determinado animal. Este cambio producido hacia el objeto sustituto solo podría tratarse de un cuestionamiento moral sobre la práctica sacrificial o caníbal, de una acción del superyo, quizás el inicio de lo moral en lo social.

FORMAS CULTURALES ANTIGUAS

"Según Jacques Dupuis, el descubrimiento de la paternidad ocurrió hace 6 o 7 milenios (Neolítico), en las sociedades más adelantadas de la mano de la ganadería. Al colocar a los animales en cautiverio, se observó que, en ausencia de machos, las hembras no parían". (Extraído de Wikipedia)

Tótem: "El término deriva de la palabra ototeman, del lenguaje algonkina de Ojibwa (en el área norte de los Grandes Lagos en América del Norte oriental); originalmente significa: él es de mi parentela. La raíz gramatical, "ote", significa una relación de sangre entre los hermanos que tienen la misma madre y que no pueden casarse entre ellos". (Wikipedia- totemismo).

No quedaron registros de que el pueblo judío haya pasado por una etapa matriarcal. Lo que nos muestra la Biblia es como irá saliendo de la idolatría y con el tiempo construyendo el mito paterno, porque el mito paterno que es una creación de la subjetividad, solo puede tener su punto de origen en lo social. Surge así la creencia en un dios paterno, un ser creador y omnipotente y esta será la base del surgimiento de la religión monoteísta del padre. De los múltiples dioses creadores de la idolatría se pasara en Israel, al monoteísmo de un dios creador paterno. Así el significante padre adquiere para los hebreos un significado diferente, porque el padre de la idolatría que sacrifica a su hijo es muy distinto al padre hebreo que reconoce a su hijo como su descendencia.

Se suele plantear que el matriarcado evolucionó hacia el patriarcado, sin embargo, investigando no encontré en la cultura semítica restos de esta evolución, ni en la cultura griega, persa, ni egipcia. Si ocurrió es algo tan primitivo que no parecen haber quedado restos culturales o significantes sobre esa transformación.

El conocimiento de la paternidad comenzaría con el conocimiento sobre la reproducción y la función del macho en la cría de animales, en la separación en los tiempos de cría y la observación de ausencia de preñez en las hembras al estar apartadas de los machos. Se piensa desde la antropología que las zonas de ganadería fueron las que mayormente generaron patriarcados y aquellos pueblos más dedicados a la agricultura o a la caza o recolectores tendieron a hacer una sociedad matriarcal. El desconocimiento de lo paterno en las sociedades no podría generar un patriarcado, pero en las sociedades donde se reconoció la función del padre en la reproducción y esto se ve claramente en el pueblo judío y toda la zona de medio oriente, Egipto, Grecia, Roma y Persia, se fundaron sociedades patriarcales y mitologías y religiones relacionadas a divinidades principales paternas.

Los parentescos y las relaciones de pareja son también una

construcción social. Las relaciones sexuales en la naturaleza no implican necesariamente vínculos de pareja, sabemos que hay aves o animales que comparten la crianza y que en algunas especies las parejas se forman de por vida, pero esto no es una generalidad en los animales. Alrededor del mundo las distintas culturas humanas han tenido diferentes conceptos de familia y de relaciones de pareja, por lo cual no podemos saber cuál es la situación natural de nuestra especie, solo conocemos que ha sucedido en cultura.

El concepto de familia constituido por padre y madre e hijos, es propio del patriarcado, en los matriarcados totémicos, la familia está en relación a los vínculos maternos y su grupo, no se da la estructura padre-madre-hijo, con lo que no existe la rivalidad edípica con el padre. Tampoco se realizan casamientos, sino que mantienen relaciones libres, siempre que pertenezcan a otro tótem. Los hijos son criados en la familia de la madre y heredan su tótem. Solo es incesto cuando las relaciones sexuales se producen entre individuos del mismo tótem, como se sigue la línea materna, es la forma en que la madre queda prohibida. En la actualidad los clanes que conocen la existencia de la paternidad, el padre sigue perteneciendo a otro clan y mayormente suele ser desconocido o indiferente.

Ley, paternidad y matrimonios exogámicos, son puntos de unión entre los individuos en nuestra cultura, puntos de unión que construyen y constituyen la familia y lo social. El totemismo y el matriarcado muestran que hay otras formas de generar cohesión social.

Las sociedades totémicas de África, Oceanía y América no derivaron en religiones, nunca salieron de su estructura totémica, por lo que no parece ser una etapa sino una forma terminada. La imposición de la cultura religiosa proveniente de Europa impidió su continuación en la historia. Las zonas donde se crearon religiones idolátricas politeístas y religiones monoteístas (pueblos semitas, Persas, Griegos, Romanos) no se observa un origen totémico en las creencias, sino que adoraban dioses o espíritus desde tiempos muy primitivos. Los mitos de origen son en base a dioses creadores o un dios padre del género humano. La identificación a un animal se observa en el judaísmo, en la identificación del cordero al hijo primogénito, pero no se puede considerar un totemismo. Hay una gran diferencia de rituales y de estilo socio cultural y familiar.

En las zonas semitas, griegas y romanas, no se puede decir que haya residuos de un matriarcado que haya derivado en patriarcado. Posiblemente en los albores de lo humano se haya seguido la línea materna, clanes matrilineales, hasta el descubrimiento de la paternidad, pero parecen haber sido zonas patriarcales desde épocas muy antiguas y la formación de ciudades y de culto parecería que se realizaron con el patriarcado instalado.

La adoración al becerro de la religión de Baal, carece de puntos en común con el totemismo, es netamente otra estructura, se trata de un politeísmo. Nunca implicó una organización social y familiar al estilo totémico, el ídolo que representa a Baal no es un igual como el tótem. Ni se trata de una prohibición del incesto con los individuos del mismo tótem, ni las mujeres daban la filiación. La ausencia de restos de matriarcado en la Biblia y en los estudios históricos que pude leer indica que son organizaciones sociales – culturales - mitológicas de características y orígenes totalmente diferentes.

El matriarcado para nada es ausencia de autoridad, es la autoridad de la madre, mientras que la matrilinealidad no implica la autoridad de la madre, sino solamente seguir su filiación. Es lógico pensar que las sociedades muy primitivas en las que se desconocía la paternidad aun, hayan seguido la línea materna para identificarse. La matrilinealidad pudo darse al mismo tiempo que los hombres ejercían el poder. La lucha armada con clanes vecinos en las zonas del medio oriente primitivo, pudo generar el poder de los hombres y del jefe chaman, aun desconociendo la paternidad y por lo tanto no siendo aun un patriarcado. Es decir, que el poder de los hombres no necesariamente es un patriarcado, si se desconoce la función masculina en la reproducción y difícilmente existiendo aun un rol paterno hacia los niños. La defensa y protección de la tribu por parte de los hombres, pudo ser uno de los primeros pasos en relación a lo que se entiende por paternidad. Este parece ser el panorama social más primitivo en medio oriente y Europa, una matrilinealidad pero con el poder ejercido por los hombres. Por lo que el descubrimiento de la paternidad solo le dio legitimidad al poder de los hombres sobre los hijos.

Según Mariano Arnal la palabra *pater* proviene del griego antiguo significando ¨sacrificador¨, el chaman o sacerdote que era el encargado de realizar los rituales domésticos y que además era el jefe de la tribu, sería el primer concepto de paternidad como autoridad de la tribu, que luego con el descubrimiento de la reproducción, será adoptado por los hombres para designar la relación biológica con el hijo. Por ser lo más parecido en tanto vinculo de poder y protección, si así fuera y carezco de pruebas para decirlo, solo es una deducción, la paternidad en tanto rol por supuesto de maneras rudimentarias, podría haber existido incluso antes que el saber sobre la función del hombre en la reproducción. Lo que pondría en evidencia la separación que existe entre el rol paterno y la reproducción en el hombre, presente aun hoy en nuestra cultura. La idea de que una primitiva matrilinealidad pudo volverse una patrilinialidad una vez que se conoce la reproducción sexuada, es probable en la zona de medio oriente y Europa.

En esta estructura social, donde el poder de los hombres generaba una fuerte rivalidad, la ley de prohibición del incesto y el sacrificio habría surgido bajo la creencia del mandato de los dioses. Como lo establece la biblia, única forma de lograr imponerla en psiquismos dominados por el Ello. Luego de un buen tiempo de evolución, es aceptada como necesidad social, impuesta por algún gobernante poderoso o por los mismos pueblos.

Algunos estudiosos del tema creen que la religión politeísta derivó del chamanismo, es decir, del animismo y la existencia de un chaman o personaje que va expresando lo que recibe de los espíritus. En Israel los llamaban profetas o patriarcas, son el origen de las revelaciones de sus mitos y de la religión. Esos mensajes que recibirían los chamanes, sacerdotes o profetas son los que irían dando forma y contenido a los mitos y religiones que incluso hoy conocemos. Por su parte en la iglesia católica, los santos, los papas y los obispos en los concilios, han sido los que recibirían revelaciones y así han acrecentado el dogma con sus manifestaciones y decisiones de fe. A estos personajes les debemos el concepto de divinidad, muchas veces contradictorios entre sí. Una paternidad bondadosa y santa para algunos profetas bíblicos, de pronto se puede volver vengativa y provocadora de castigos eternos, para otros, está en claro que no se pudieron poner de acuerdo sobre su personalidad.

En el politeísmo la proyección de cuestiones humanas sobre las divinidades, especialmente en Grecia y Roma, dejan en claro que estos chamanes y sacerdotes eran realmente capaces de expresar los contenidos más dolorosos e importantes del ser humano de su tiempo, hoy en general se trata de contenidos que se volvieron inconscientes.

PROGRESO O SIEMPRE LO MISMO EN LO SIMBOLICO

Es interesante llegado a este punto preguntarse si hay progreso o es siempre lo mismo en la historia. Foulcault decía que no existía en el conocimiento el progreso, sino cambio. Qué sucede o qué podemos ver que sucede desde el psicoanálisis en la cultura.

Los rituales religiosos son construcciones simbólicas que van cambiando o aumentando los sentidos al punto de volver irreconocible lo original o primario que se busca reprimir, como vimos al pasar del canibalismo al totemismo o en las religiones judeo-cristianas del hijo al cordero o en el cristianismo a la comunión. Son estructuras simbólicas que se van alejando de lo real y reprimiendo las mociones pulsionales.

El mecanismo de la represión, consiste en la construcción de cadenas significantes, que van sustituyendo lo original y de ese modo tapando, generando olvido, que el tiempo como un factor más de este proceso permite que quede atrás, el tiempo y las metáforas irán haciendo su trabajo en una sociedad que va renovando su población.

Por algún motivo comenzó a generar angustia esas prácticas rituales tan macabras que los yavístas con su religión y sus desplazamientos simbólicos buscaron dejar atrás. Los sacrificios humanos de niños evidentemente era algo tan aberrante y doloroso que sin perder la creencia en la existencia de un ser divino, sino transformándolo en sus demandas, lograron apartarse de los rituales a Baal. La religión de Yavé va a acusar a los rituales idolátricos de aberrantes prácticas humanas dedicadas a los demonios.

El canibalismo en lo real no genera cambios, las tribus actuales caníbales de África no pueden salir de la vida primitiva animista, hay un estancamiento en lo arcaico. Para que haya desplazamiento en lo simbólico algo debe verse como moralmente condenable, algo que sea necesario esconder, ocultar y la construcción en lo simbólico permite avanzar a una sociedad.

En las creencias de las tribus totémicas que veíamos habían sido estudiadas por los antropólogos, comer el tótem era algo prohibido, solo permitido en los días de fiesta, pero comer a un ser humano integrante del clan es impensable. Es algo moral en cuestión, mientras que los clanes caníbales incluso actuales no se hacen cuestionamientos morales sobre el canibalismo. Si bien en general el tótem permite desde lo imaginario una identificación y participar de las cualidades grandiosas del animal totémico, en algunas tribus permitirá dejar atrás o superar el canibalismo propio del tiempo de la creencia animista. La represión en lo social ha llevado a producir nuevos sentidos, que introdujo cambios en las sociedades. Las modificaciones en los rituales y en los mitos transformaran culturalmente a las sociedades, aun cuando lo reprimido este siempre relacionado a la pulsión. Por algún motivo se llega a la angustia, surge un juicio moral superyoico, se produce este mecanismo psíquico. Aquello que se busca eliminar permanece produciendo significaciones nuevas, de ese modo no se renuncia completamente al goce. Lo reprimido vuelve simbólicamente modificado, es lo mismo, solo que socialmente aceptable, moralmente tolerable y con una renuncia pulsional sobre el objeto original. Así es como se produce el pasaje de lo real a lo simbólico, que es una creación del psiquismo, la gran genialidad humana que puede hacer cambiar la historia. Estas creaciones simbólicas son las generadoras de los cambios culturales, porque generan nuevos mitos, nuevos rituales, nuevos sistemas sociales, crean el concepto de familia, la exogamia, nuevas leyes, etc.

Allí donde se permanece en lo real todo sigue igual, no cambia nada, porque el cuestionamiento moral no se produce, la angustia no mueve al cambio, hay un estancamiento en el tiempo. Así es como las sociedades canibalística de África permanecen iguales desde el origen de los tiempos. No en todas las culturas ha sucedido un cambio, también los indios amazónicos parecen haber quedado estancados en una cultura básica inicial. Si bien el surgimiento del lenguaje ha generado un cambio de vida en la especie, permitiendo el surgimiento de la vida en cultura, dicha cultura puede ser más simple o más compleja, dependiendo de las posibilidades simbólicas que haya desarrollado cada pueblo.

Vemos que existe represión también a nivel social, no solo es un proceso psíquico propio de la neurosis, porque ¿podríamos decir que los primitivos totémicos eran neuróticos?. La conciencia moral que lleva a reprimir es desde Freud un mecanismo propio de las neurosis, sin embargo, el estudio de otras culturas me llevan a dudar de esta afirmación. La represión de la moción pulsional, parecen ser un mecanismo psíquico y social propio del ser humano, presente en diferentes estructuras sociales. Hay en esto algo de inconsciente social, porque además de represión se produce una estructura semejante a la del síntoma en el rito religioso, con metáforas y metonimias. Freud al comparar los rituales religiosos y sus semejanzas con los rituales obsesivos, detecta que en ambos hay simbolismos, representaciones llevadas a actos simbólicos.

Permitirse cada tanto una fiesta donde se come el animal totémico, es el goce pulsional al cual no se renuncia, si antes lo sagrado era el cuerpo de algún humano del cual se adquirían sus atributos, en el totemismo simbólico lo sagrado es el cuerpo del animal totémico.

Lo que se busca reprimir sufre una distorsión irreconocible, pero como sea el momento en que se produce, ya se trata de dos cuestiones, no solo de una. Si podemos decir que en el judaísmo el sacrificio del hijo primogénito es el sentido original, lo reprimido, el cordero reemplazando al hijo es la metáfora o el s1 del que habla Lacan, así el significante cordero es con lo cual se representa al hijo y el dogma que le da sentido al sacrificio del cordero es el s2. El que festeja la pascua judía desconoce que el cordero es en realidad el sustituto del hijo primogénito, eso significa que la represión tuvo éxito. El mecanismo del síntoma sería utilizado por el psiquismo para otras cosas más, de hecho Freud habla del chiste, los sueños, el arte, en tanto metáforas y metonimias que van alejando del sentido original, ese mismo mecanismo psíquico es el del ritual religioso.

Una clara caída de lo reprimido es el milagro de Lanciano en el año 700, donde se creyó que la hostia se había convertido en la carne de Cristo. En este punto lo reprimido y lo simbólico se encuentran sin disimulos, entonces la carne y el pan son dos cosas que implican lo mismo. El cristiano come el cuerpo de Cristo, el asunto es ¿Por qué el cristiano tiene que comer la carne de Jesús de Nazaret? De qué creencia prehistórica proviene la idea de que un cristiano del siglo XIX, tiene que comer a Jesús de Nazaret. Él mismo lo dice en la última cena, para ser uno con él y esta es la idea más clara y presente en el canibalismo ritual, el caníbal de todos los lugares del mundo toma los atributos del individuo que es comido, por incorporación se hace uno con sus virtudes. El tema es que comer pan no generará conflictos morales, mientras que comer carne humana se ha vuelto por efecto de la represión y por reconocimiento del semejante como persona, algo verdaderamente insoportable.

La cadena entonces que se inicia en el primogénito se continúa por otro lado, comer el cordero, comer el pan, como sea se trata de comer algo muy especial y sagrado. Tiene la misma formación de un síntoma en el sentido freudiano del término, lo que llamamos rituales religiosos, presentaría la misma estructura del síntoma, solo que a nivel social, porque no se trata de una represión personal sino grupal. ¿Es en parte la cultura el resultado simbólico de lo reprimido? ¿Construcción y reconstrucción sobre lo reprimido?

De la misma manera podemos ver esta formación en el ritual totémico. El significante reprimido es el cuerpo humano, que será sustituido por el animal totémico, que sería el S1, el animal es con lo cual se representa el sujeto, el significante que generara el mito del pacto de origen. Porque el animal totémico es el objeto de identificación de uno mismo y del semejante.

Difiero con Marx que ve en las religiones una paz para el alma, una tranquilidad a futuro, un opio adormecedor. Todo lo contrario, veo en las religiones y en los libros sagrados muchos motivos para hacernos preocupar, entre amenazas eternas, castigos y culpas, la vida no se vuelve tranquila con la religión, sino temible. Actuar y pensar libremente es un terreno peligroso para el creyente y no se acepta la desdicha por pasividad opiácea, sino por temor a un castigo peor. Si hay algo con lo que tratan las religiones es con los aspectos humanos más angustiantes y tremendos y más allá de las contradicciones obvias de la Iglesia, en el origen, el objetivo de la religión judeo cristiana fue arremeter contra la pulsión de muerte. Visto de esta manera, las religiones tuvieron que lidiar con enormes cuestiones humana, por esto adquirieron una importancia fundamental en las sociedades antiguas. Pero clara trampa del superyo, la religión se volvió un goce moralmente torturante. Si la fuerza moral debía frenar el goce pulsional, con el tiempo la moral se termino volviendo un goce en sí mismo. En nuestro tiempo donde se ha desarrollado enormemente el universo simbólico, las religiones han quedado solo como evidencias sobre qué tratan nuestras represiones, si queremos saber qué es lo que reprimimos en nuestra sociedad, alcanza con leer algunas hojas del antiguo testamento, allí la lucha contra la pulsión está claramente explicitada.

Yavé prohibiendo a Abraham el sacrificio de su hijo implica una nueva lógica para aquel tiempo. Los yavístas producen un acto moral contra la barbarie de los idólatras y esto cambiará gran parte del mundo. Es verdad que también se puede decir que fue el mismo pensamiento religioso lo que llevó a estos sacrificios, pero no sabemos qué pasaba antes, si por ejemplo, los rituales de las saturnalias una vez al año habían limitado algo a gran escala, como sucedía con los sacrificios humanos de Mayas y Aztecas. Por yacimientos arqueológicos encontrados se piensa que realizaban rituales sacrificiales a diario.

Si bien las creencias pueden llevar a hacer cosas aberrantes, la verdad es que la lucha no ha sido contra las creencias, sino contra la pulsión de muerte en el ser humano y eso no es responsabilidad de las religiones, sino de la constitución pulsional humana. Consecuencia de habernos salido de la naturaleza, problema que los animales no tienen, los instintos los resguarda de lo sin ley. El ser humano al hablar y generar psiquismo perdió la ley natural, la ley social aparecerá como el invento humano para limitar aquello que la ley natural ya no limita, por haberse perdido lo instintivo.

La pulsión de muerte es un problema humano que se expresa no solo a través de la religión, si vemos lo que sucedió en el comunismo, que sacándose la religión de encima aun así genero tremendas crueldades y la matanza de millones de personas. Si sacándose la religión de encima las sociedades terminaran con el problema destructivo humano, entonces la solución sería muy fácil. Lamentablemente el problema es realmente gigantesco y más aun ahora con la existencia del arsenal atómico que nos apunta amenazante. La pulsión de muerte en si no ha cambiado, pero su represión ha sido un progreso para la humanidad, por lo menos en aquellas manifestaciones que se han podido reprimir. Es evidente que no completamente, complica la pulsión también por su característica metonímica de cambiar de objeto, que la vuelve versátil.

El psicoanálisis hereda de alguna manera eso de tratar con los sufrimientos y los horrores humanos y mientras el sacerdote intenta dar calma y perdón, el psicoanálisis más bien agita las aguas, no confía en que absolviendo o condenando pasará el problema. Busca conocer el sentido último del fenómeno y eso implica saber aquello que no se quiere saber y ese no querer saber, se puede ver que también incluye a lo social.

La religión es en parte síntoma y en parte delirio, delirio en tanto que construye una realidad ajena al mundo natural e historias de seres de incomprobable existencia. Y como síntoma es construcción simbólica para mantener oculto o reprimido aquello que moralmente no se tolera, pero además esa construcción, genera lógicas nuevas a nivel del pensamiento y en el psiquismo.

Evidentemente la palabra no encuentra un límite en dar sentidos, vemos esto también en la cultura, donde se crean estructuras simbólicas cada vez más complejas, donde la lógica va encontrando distintos caminos, matemáticos, filosóficos, científicos y los nuevos sentidos generan sociedades diferentes y cada vez más complejas y la vida cultural también se va transformando. La matemática actual no es la misma que la de la antigüedad a la cual le costó miles de años salir del número 1. Esa complejización simbólica y lógica fue generando lo que llamamos cultura. Y abajo, en la antigüedad, incluso en la pre historia, encontramos las bases de nuestra cultura actual, los primeros modos de enumerar, escribir, de dibujar y pintar en dos dimensiones, los primeros sonidos rítmicos, etc. Esa complejización es una evolución porque no es siempre lo mismo sino que agrega, aumenta, esa evolución también se ve en el niño donde su psiquismo va complejizándose, aumentando su contenido.

No nos tiene que sorprender que las ideas filosóficas griegas, que la religión judeo cristiana e incluso con características de la romana y hasta mazdeísta, tengan influencia aun en nuestra cultura actual, son las bases sobre la cual se sostiene el edificio simbólico y pensar en que todo eso cambie significaría la construcción de un nuevo edificio cultural. ¿Es posible eso? ¿Es posible cambiar la estructura social? ¿Tendremos en el futuro la capacidad y el conocimiento necesario para poder modificar lo social y que ya no sea algo creado de modo espontaneo o improvisado? Eso significaría cortar con la herencia cultural que occidente trae desde los inicios de la humanidad, pero gran parte del recorrido realizado tiene que ver con nuestra constitución pulsional. El desafío será siempre el dominio de la pulsión de muerte y de poder. El ser humano no puede dejar de ser como es, para eso necesitaría tener otra biología.

De hecho, el niño cuando se amamanta podría llegar a pensar que está comiendo a su madre, porque algo de ella lo está alimentando, si este simple hecho primario desembocaba en el canibalismo y el canibalismo ha sido algo generalizado en las sociedades humanas, entonces la humanidad estará condenada a pasarse milenios para cambiarlo o permanecer en lo real del canibalismo por siempre. Por lo tanto, la elección era reprimirla e inventar algo simbólico nuevo o la humanidad permanecía en lo mismo por siempre. De eso dependería que nuestra cultura permanezca en la chatura de lo real, en lo primitivo de lo canibalístico o iniciar la compleja estructura simbólica en la cual nos veremos inmersos al cabo de varios milenios. No es casual que no haya cultura canibalística que haya sobrepasado la edad de piedra. Que el canibalismo haya quedado prácticamente en la edad de piedra nos podría indicar la carencia simbólica que significa y justamente la imposibilidad de salir de lo real para crear algo nuevo. Esto nos demuestra que la cultura es construcción simbólica y que para poder manipular más la naturaleza, es necesario primero salir de lo real, poder crear desde lo imaginario y lo simbólico.

Así modificar nuestro edificio cultural tendría que estar en relación a quien y como ejerce el poder, si es que alguien debe ejercerlo. En qué creemos a nivel espiritual y cuales serán y como se implementaran las leyes de la cultura. La humanidad está muy lejos de poder aun manipular esto, porque aun carece de los conocimientos y las ideas claras necesarias para poder determinar la cultura. Ya no desde la improvisada lucha contra las pulsiones agresivas o de poder, sino desde un pensamiento meditado, planeado e incluso experimentado. Pero aun hay algo más complejo y es que la cultura no solo está en lo social, sino además estructura nuestros psiquismos y cambiar la estructura psíquica es donde reside la dificultad mayor. Nuestros conocimientos aun están muy lejos de poder tener dominio sobre esto, seguiremos improvisando sobre la marcha por un buen tiempo. Nuestros conocimientos sobre cómo se estructura una cultura son aún muy primarios. Vivimos sobre lo que va saliendo y como humanidad en su conjunto, aun no sabemos siquiera hacia donde queremos ir. Lo que ya no debemos es engañarnos más sobre cómo somos, el arsenal atómico debe mantenernos despiertos sobre la tendencia humana a la destrucción y al poder.

A modo de conclusión mi idea es que no hay cambios en la pulsión pero si hay cambios en los significantes que la expresan. Y no solo hay cambio, sino que además hay progreso o evolución simbólica y dominio del mundo natural en las sociedades humanas, aun cuando lo que permanece reprimido sean los mismos contenidos que estaban activos desde los tiempos primitivos. Las nuevas significaciones, los sistemas de conocimiento, las creaciones míticas que modifican lo social se estructuran sobre una base que no se ha modificado, que es siempre igual, lo pulsional humano es lo constante y reprimirla, es un trabajo que debe realizarse en cada niño que nace.

MATRIARCADO

Definición de matriarcado:

¨*La palabra matriarcado viene de la palabra latina māter, «madre», así como de la palabra griega archein, «gobernar». Un matriarcado es una sociedad en la cual las mujeres, especialmente las madres tienen un rol central de liderazgo político, autoridad moral y control de la propiedad y de la custodia de sus hijos. También es llamada a veces ginarquía, ginocracia, ginecocracia, o sociedad ginocéntrica. No se tiene evidencia de sociedades en las que existiendo una distribución desigual del poder entre hombres y mujeres, las mujeres tuvieran preeminencia sobre los varones; al contrario de lo que sucede en el patriarcado, donde los hombres son los que poseen preeminencia respecto de las mujeres. Las sociedades realmente existentes donde las mujeres tienen un lugar distinto al patriarcal son llamadas matrilineales, matrilocales o matrifocales¨.*

¨*La existencia del matriarcado ha sido mencionada por los teóricos del evolucionismo del siglo XIX, quienes presuponían que en las sociedades donde los lazos genealógicos siguen el linaje materno (matrilineal) la autoridad, el derecho y la riqueza estaban en manos de las mujeres, las cuales transmitían esa autoridad, ese derecho y esa riqueza a las hijas y no a los hijos varones¨. (Texto extraído de la Enciclopédia web Wikipedia).*

MATRIARCADO EN CHINA

¨Los Mosuo: una sociedad, conservada gracias a su aislamiento, está formada por un grupo de 30.000 personas que viven de la agricultura, la ganadería y de la explotación de sus bosques y sus lagos. La característica que la diferencia del resto de sus vecinos es de haber mantenido una sociedad donde la mujer es la protagonista absoluta. La madre es todo para los Mosuo y en torno a ella se ha creado un mundo femenino donde a lo grande se le llama "madre" y a lo pequeño "padre". En su mito de la creación del mundo se describe cómo una hija de la Diosa del Cielo llevó consigo al cielo al único superviviente del diluvio que acabó con la humanidad. Con la ayuda de la Diosa, superó numerosas pruebas y acabó casándose con su hermana, bajando a la tierra y creando una nueva humanidad, ya civilizada por acción de las diosas. En el mito, la mujer encarna no solo lo divino, sino todo lo que es civilizado, al inventar la agricultura, la construcción de casas y la cosecha.

Mucho más cerca de la realidad cotidiana está el culto a las Diosas de las Montañas y a las del Agua, siendo el lago Lugu el lago Madre, y las montañas grandes se consideran deidades femeninas, mientras que las pequeñas son masculinas. La más importante de todas es Gamu, la Montaña Madre, que gobierna a los dioses, el destino de las personas, el crecimiento y reproducción de sus cultivos y animales¨.

(Párrafo extraido de la pagina web ¨Enchinadas¨, escrito por Maria del Mar Solís Fresco)

"A nosotras no nos es posible vivir en compañía de vuestras hembras, pues no tenemos la misma educación y crianza que ellas. Nosotras disparamos el arco, tiramos el dardo, montamos un caballo; y esas habilidades mujeriles de hilar el copo, enhebrar la aguja, atender a los cuidados domésticos, las ignoramos. Vuestras mujeres, al contrario, nada saben de lo que sabemos nosotras, sino que sentadas en sus car-

ros cubiertos hacen sus labores sin salir a caza ni ir a parte alguna".

Libro IV, Historias. Heródoto de Halicanarso (siglo V a. n. e.)

La cultura Mosuo es la última sociedad matriarcal que aun sobrevive en China. No hay rol de padre, existe lo que llamamos función paterna en psicoanálisis pero adjudicada a la maternidad, esto significa una estructura social y psíquica diferente.

La idea de creer en occidente que todo lo invento el hombre y que las mujeres apenas el tejido (Freud), se invierte en el matriarcado, por lo menos en el matriarcado de los Mosuo. Donde los inventos pertenecen a las mujeres y la máxima divinidad es femenina. Lo que damos por un hecho evidente en occidente, se invierte totalmente en la cultura Mosuo. El sexo que domina se hace acreedor de todos los logros y además es exaltado hasta el punto de la divinidad mayor.

¿Función paterna o función materna? Es un modo de organizar la sociedad, de dar respuestas y leyes a las necesidades del grupo. Por lo que sin dudar se puede decir en una primera instancia que es una función socializante.

Si el patriarcado fuera la continuación del matriarcado, como plantean algunos antropólogos, lo único que se habría hecho es pasar todo lo que ya existía a la paternidad, adjudicación a la autoridad del padre. Pero mi hipótesis es que la organización social y la creación de las leyes fundamentales, surgen con distintas características en las distintas civilizaciones. No existe un solo patrón de origen, sino que es una creación que varía.

Adjudicar la ley al padre en nuestra cultura, no implica que no existen otras formas de organización exogámica, otros caminos para llegar a lo mismo. En el caso del matriarcado la autoridad y la prohibición del incesto es impuesto por la autoridad materna. Toda la organización familiar, social y religiosa gira alrededor de la autoridad de la madre.

La ley no tiene un origen paterno a nivel universal. La ley es una producción humana en la cultura, una habilidad humana para lograr imponer límites a la pulsión. Lo que llamamos desde el psicoanálisis función paterna, en otras culturas se lo considera propio de la maternidad. La función materna no solo estaría en relación a criar y educar el niño, sino además ingresarlo a la cultura, la ley y la exogamia, dándole una genealogía y filiación.

Lo que llamamos función paterna, no solo no es exclusiva del padre, ni siquiera lo es del patriarcado. Nuestra cultura patriarcal está estructurada de esa manera, pero en ese punto la paternidad no sería más que una fachada. Por eso decir que el padre es ficción o un invento social es referirse a esto, a que el padre en nuestra cultura representa la autoridad, pero que la ley en sí no tendría propietario, porque la ley es función de cada sujeto.

Esto significaría que el fin del patriarcado en nuestra sociedad, no tendría que cambiar en nada la instauración de la ley y lo que Lacan denominó función paterna, no se trata de algo propio del patriarcado, sino de algo social que actúa aun por fuera del patriarcado. Lo que parece necesario, por lo menos aun, es que no puede faltar la representación de autoridad, mas allá de quién la ejerza.

La rivalidad por la madre, propio de la estructura edípica de nuestra forma cultural, le adjudica al padre la separación de la madre y la vivencia de castración. En los matriarcados se evita esta rivalidad edípica que tanto daño ha causado en la historia y en la formación de nuestra cultura. Así el edipo tampoco parece ser algo universal, para que haya edipo es necesario la relación de tres y eso tampoco parece existir en las sociedades matriarcales. Historicamente en los matriarcados no había reconocimiento del padre ni desde lo biológico, ni desde el rol, la madre no vivía con su pareja, sino que permanecían en grupos totémicos diferentes. ¿Cómo se constituye el objeto de deseo en esas sociedades donde el incesto con la madre está prohibido y no hay triangulación edípica? Porque el hombre de la madre permanece lejano viviendo en otro clan y siendo desconocido. Esto parecería indicarnos que el Edipo no es imprescindible, en tanto relación de tres, es solo un modo más, de fundar el objeto de deseo. Que en nuestro sistema familiar se constituya la relación de tres, padre, madre e hijo y a partir de esta situación surja la identificación rival edípica, no necesariamente tiene que ser la única manera de estructurar el objeto de deseo. El edipo no sería algo universal.

Por otro lado, también las relaciones de pareja como las entendemos en occidente no son más que una invención cultural. Más allá de la poligamia que existe en medio oriente y oriente, que desde occidente se las suele considerar propias del machismo y no una forma cultural surgida con el objetivo de resolver alguna problemática social, en las culturas matriarcales y totémicas, no hay matrimonios. Los vínculos se mantienen en clanes separados y son relaciones libres, sin compromisos mutuos. No está el concepto de pareja como exclusividad ni como pertenencia uno del otro, mucho menos de por vida.

En la cultura Mosuo lo que Lacan ha llamado función paterna, para ellos se podría llamar fácilmente función materna. Seguramente para ellos hablar de función paterna sería algo impensable, tan imposible de pensar como para nosotros la inexistencia del padre. No aparece en la estructura o no existe como concepto en el matriarcado el ¨ser padre¨, no está la idea del padre de familia o el vínculo del hombre con su hijo. No se ha estructurado el significante ni el deseo de ¨ser padre¨. ¿Se trata de lo que Lacan llamaría forclusión en tanto la exclusión en la estructura del significante Nombre del padre o no es necesaria la existencia de ese significante para no estar en la psicosis? ¿Es posible realizar un significante semejante en su función en relación a la madre?

La psicosis tiene que ver con una forclusión pero de qué exactamente. Si la madre imponía la ley en las sociedades totémicas y era la cabeza de familia donde se realizaba la genealogía y la filiación, ¿Se puede hablar de psicosis? Aun cuando se desconozca la paternidad, ni siquiera a nivel de lo biológico. ¿Es o no psicosis? Si definimos la neurosis en función de la castración no puede haber psicosis, la prohibición del incesto, ya es un indicio de que hay castración y separación de la madre.

Queda la pregunta sobre que estructura clínica significará ese sistema social, ¿se tratará de neurosis o de alguna estructura diferente a las que conocemos en nuestra cultura? Si se trata de castración y ley, en esas culturas se producen, pero de otra manera, no en un marco edípico y de rivalidad con el padre. El rol de padre está ausente pero gran parte de su función está presente, aunque no se estructura alrededor de la figura paterna.

Lo que llamamos psicosis desde el psicoanálisis, en tanto forclusión del significante paterno, tendría más en común con la idolatría, que con el totemismo matriarcal. Porque en el matriarcado la madre da una filiación, un lugar social y porque implica la autoridad que impone en su familia, no su propio mandato, sino la ley social. La madre está en la ley de la cultura. El matriarcado implica una ley que separa de la madre, la prohíbe. Pero en ausencia del significante paterno, del ser padre, incluso en el extremo del desconocimiento de la función del hombre en la reproducción. Sin dudas, se trata de una estructura muy distinta a la nuestra que se configuró de otra manera y por lo tanto hay que pensarla desde la ley, desde la prohibición del canibalismo e incesto pero sin el padre, lo que para nosotros es bastante difícil y por eso hay que abrirse a nuevas conclusiones.

¿Es la democracia la ley de los hermanos así como el matriarcado la ley de la madre? ¿Freud pertenecía a una época muy diferente a la nuestra, en una Alemania nazi ¿quién ponía en dudas la ley como de origen paterna? En nuestra mentalidad pensar en una sociedad donde las madres imponen la ley y la autoridad ya es más cotidiano, pero donde los padres no existen nos resulta difícil de entender, sin embargo, así funcionan algunas sociedades, como la Mosuo, aun hoy.

La idea es ampliar la perspectiva y profundizar sobre lo que implica el significante Nombre del Padre o las funciones legalizantes en las culturas. No ha sido incluido en esta comparación el patriarcado idolátrico.

AUTORIDAD MATRIARCADO TOTÉMICO: madre.

AUTORIDAD PATRIARCADO: padre.

LEY O PROHIBICIÓN DE LO FUNDANTE SOCIAL EN EL MATRIARCADO: incesto, canibalismo, sacrificios humanos. Matricidio?

LEY O PROHIBICIÓN DE LO FUNDANTE SOCIAL EN EL PATRIARCADO: incesto, canibalismo, sacrificios humanos, parricidio.

CASTRACIÓN: en ambos sistemas separación de la madre.

PATERNIDAD: desconocida en el matriarcado.

PATERNIDAD EN EL PATRIARCADO: Jefe de familia.

PAREJA EN EL MATRIARCADO: relaciones libres. ¿Cómo se estructura el objeto de deseo?

PAREJA EN EL PATRIARCADO: vínculos edípicos. Estructuración del objeto de deseo.

La gran diferencia entre estos dos tipos de civilizaciones es la ausencia de paternidad en la cultura matriarcal, lo que genera la ausencia de la ley de prohibición del parricidi. Este desconocimiento produjo una estructura abismalmente diferente a nuestra cultura. Toda la lucha histórica entre padre e hijo, generadora de filicidios y parricidios, rivalidad que genero tantos mitos principales y religiones, incluido el cristiano y todo el sistema político del patriarcado, no fueron necesarios en las culturas matriarcales. Si bien el incesto aparece como lo prohibido, la ausencia de rivalidad edípica quizás tuvo que ver con la ausencia de la creación de estados y rivalidades políticas por el poder y la inmensa organización de leyes y del poder judicial. Incluso en las organizaciones patriarcales idolátricas se producen grandes organizaciones de estados, allí donde la rivalidad entre padre e hijos llega a los niveles de máxima violencia social y familiar y donde la pulsión de poder se manifiesta exacerbada y sin represiones.

REVOLUCIÓN FRANCESA

EL SACRIFICIO DEL PADRE

"*En El contrato social Jean-Jacques Rousseau decía que la familia era el primer modelo de las sociedades políticas, el jefe era la imagen del padre, el pueblo era la imagen de los hijos*". *(Extraído de la página web Wikipedia)*

Absolutismo monárquico: "La expresión latina princeps legibus solutus est ("el príncipe no está sujeto por la ley"), original de Ulpiano, que aparece en el Digesto". (Wikipedia)

Previo a los cambios producidos por la revolución francesa gobernaban en Europa las monarquías absolutas, en ese sistema la palabra del rey era más poderosa que la ley; en Francia el rey tenía la facultad de modificar las leyes realizadas por el parlamento o las decisiones de los tribunales de justicia.

De acuerdo al psicoanálisis no estar sujeto a la ley e incluso por encima de las leyes lo ubica en el lugar del tirano, por fuera de lo simbólico. Sin embargo, al estar sostenido y abalado por la ley de sucesión de su reino, su reino es legal. Es la legalización de la tiranía. Debería ser una contradicción hablar de una tiranía legal, ya que los tiranos generalmente ingresan violentamente al poder y no se sujetan a la ley, pero ya que estos reyes gobernaban según derecho de sucesión, eran tiranos en la ley, abalados por las instituciones, que su mandato fuera más poderoso que la ley, era legal.

Esta tiranía legal es una contrasentido desde la política porque allí confluyen dos aspectos que lógicamente debería oponerse, dos sistemas políticos que no deberían presentarse juntos o a la vez, ya que debería gobernarse en la ley o en tiranía. No lo es tanto desde el psicoanálisis, porque se ven las dos caras del padre y como se veía ya desde el inicio en el análisis de la Biblia, las dos caras del padre se presentan muchas veces simultáneamente en nuestra cultura patriarcal. La ley y el mandato se reconocen de igual manera, especialmente en instituciones que vienen de la antigüedad, como el ejército.

El reinado absolutista por derecho divino será junto a los emperadores, expresiones extremas del poder autoritario en el plano político. Todo el pueblo estará sometido, obedeciendo y cumpliendo las decisiones de un ser humano que se declaraba absoluto en su poder. Esto manifiesta que la figura del tirano es posible no solo porque esta sostenido desde las instituciones del poder, sino que hay un pueblo que también abala, reconoce y acepta que un determinado ser humano tiene derechos especiales sobre los demás, sobre sus vidas y sobre sus muertes. El pueblo asume con naturalidad que alguien estuviera por sobre de las leyes decidiendo sus destinos. Así que una ley o un sistema de poder sea o no vivido como soportable, depende en parte de la subjetivación de una sociedad, de si esta el sujeto o la sociedad configurada en esa lógica que le permite entenderla como razonable. Aceptar o no la poligamia o las mutilaciones corporales o la tortura como sistema de castigo, depende de la lógica cultural en la cual se producen, todo se puede aceptar siempre y cuando tenga sentido para los que viven en una sociedad.

El absolutismo y su afán de seguir sosteniendo centralizado el poder en una sola persona, terminó generando una revolución de una magnitud histórica inigualable, produciendo un cambio de estructura en lo social. Ese pasaje de un poder centralizado en una persona a un poder del pueblo, no ha sido fácil a nivel político y social, genero mucha violencia y resistencias en todo occidente y se fue instalando a lo largo de los siglos. Fue un cambio estructural que hace surgir una nueva civilización, un nuevo concepto de nación, de ciudadanía y de ejercicio del poder. Incluso un nuevo concepto de soberanía, ya no se tratará de un rey dueño de un reino, sino de una nación donde el soberano será el pueblo. El poder cambia de actores y lo fundamental, la ley pasa a estar por encima de cualquier personaje. Ya no se buscara para ejercer el poder un sujeto autoritario al frente del mundo, sino un sujeto sujetado a la ley.

Desde el psicoanálisis se podría decir que aquí surge la estructura de poder del padre en la ley y empieza la decadencia del padre de la ley, un padre que deberá atenerse a la ley, que ya no podrá argumentar un lugar superior y completo desde el cual imponerse.

La decapitación de Luis XVI marcó un antes y un después en la historia occidental, el simbolismo de parricidio que tiene no pasa inadvertido en aquella época, por lo que no es necesario estudiar psicoanálisis para poder hacer esa relación.

"Honoré de Balzac dijo que al cortarle la cabeza al rey Luis XVI de Francia la Revolución francesa decapitó a todos los padres de familia. Apareció en la sociedad una preocupación por la pérdida de los valores tradicionales. Se hacían caricaturas irrespetuosas de Luis XVI. Ya no se temía ni se respetaba al padre. La familia se hallaba en peligro y se temía por su disolución".

"En el siglo XIX, con la restauración de la monarquía francesa por Napoleón se intentó restaurar la autoridad del padre y el poder paterno". (Wikipedia)

La crisis de poder que genero la decapitación del rey de Francia y todo lo previo que sucedió hasta llegar a ese hecho, no solo se manifestó a nivel político sino también familiar, el golpe dado a la cabeza de familia, la autoridad paterna, puso en jaque todo el sistema patriarcal. Generó crisis en todos los aspectos humanos y en Francia solo se logrará recuperar el control años después con una nueva figura que nuevamente centralizará todo el poder, Napoleón Bonaparte.

Aparentemente las nuevas ideas surgidas en Francia no lograban coordinarse para poder establecer un sistema nuevo de gobierno, la ausencia de una autoridad fuerte resultaba aun desconcertante. Quienes pudieron dar un curso viable a esta cuestión son los norteamericanos con la división de poderes y la republica presidencialista en 1787. Para Francia, con una larga tradición de reyes y nobleza, el camino será bastante más largo, con avances y retrocesos y con una guerra napoleónica que los llevara a enfrentar a gran parte de la Europa monárquica. Las monarquías europeas harán todo lo posible para aplastar la revolución y sus nuevas ideas.

Previo a la muerte del rey en 1793, ya la Asamblea General había escrito la primera constitución de Francia (1791), donde el rey perdía su absolutismo y declaraba a Francia como una monarquía constitucional, la soberanía pasaba a la nación. Con los filósofos de la revolución, ya habían comenzado los cuestionamientos sobre el origen del poder y los derechos de los ciudadanos.

Pero el rey no aceptaba ver disminuido su poder, intentó seguir imponiéndose tiránicamente, como era históricamente su sistema de gobierno. Hacer triunfar su criterio a las decisiones de la asamblea legislativa, volviéndose así un entorpecimiento para la implementación de las nuevas ideas que habían surgido. Dos estructuras de poder, que en realidad representaban las dos fases del padre, por lo tanto irreconciliables, se enfrentaron y se fueron extremando para buscar imponerse una sobre la otra. La asamblea general hacia leyes para doblegar al rey, un rey que se seguía sosteniendo en las fuertes tradiciones institucionales de la monarquía. Cada vez que el rey iba en contra de las decisiones de la Asamblea, menos el pueblo estaba dispuesto a soportar el poder absolutista monárquico. La lucha esta vez no fue como históricamente había sucedido, entre dos tiranos o entre dos aspirantes a la corona, sino entre el poder del rey y el poder del pueblo.

Las sospechas de que estaba conspirando con países vecinos contra el nuevo estado francés, desencadenara la decisión final sobre su muerte. Cada vez mas la asamblea legislativa restringía los derechos del rey. Si lo comparamos con el mito de Freud de Tótem y Tabú, los hermanos se unen con la intensión de matar al padre y esta intensión es causada por su actitud tiránica y de no renunciar a conservar el poder. El rey tramando con países vecinos contra su propio pueblo, dispuesto a matar a la nueva clase política, deja de ser percibido como un tirano débil para volverse un tirano amenazante. Tal como lo plantea Freud en Tótem y Tabú, en esta lucha entre el padre y los hijos, los últimos ganan la partida. En este caso la amenaza del rey no es simbólica, sino que el rey se vuelve una amenaza de muerte como hecho factible. Y un rey que estaba dispuesto a sacrificar a su pueblo por sostener su poder, debía estar dispuesto a ser sacrificado en caso de perder.

Ese límite al poder del rey es un golpe mortal al padre tiránico. La hasta entonces autoridad incuestionable del padre, se pone en entredicho. Esto impactará sobre el significante fálico. La debilidad del rey queda expuesta, de pronto el rey necesita de la obediencia del pueblo para poder sostener su tiranía. El gran padre rey puede perderlo todo y dejar expuesta su incompletud y ser desposeído como cualquier ciudadano, incluso ser destituido por las leyes y finalmente castrado en la guillotina. Si el gran padre rey es castrado, es porque la completud se puede perder, si el rey puede perderlo todo, todos los hombres pueden perderlo. Hace su aparición el falo simbólico. Quizás por primera vez en la historia la castración de un rey recae sobre todos los ciudadanos, esta vez no hay otro tirano que se encargue de sostener el lugar de completud. Al castrar al padre rey, el pueblo encuentra su propia castración.

El histórico patriarcado y el falo imaginario pierden gran parte de su esplendor, aquel que se presentaba como completo, deja de serlo, lo pierde todo, ser o tener, entra en un plano simbólico. Lo imaginario de la completud cae con la castración del rey. Esto significara el surgimiento de un nuevo significante y los grandes cambios de los siglos siguientes, sociales y familiares responderán a esta novedad. Incluso en lo económico, en el capitalismo aparece lo fálico de tener más o de perderlo todo. Incluso en el consumismo posterior, intentar tener todo aquello que se ofrece en el mercado, no en función de la necesidad, sino de poseer. A partir del rey castrado lo humano ya no se dividirá en castrado o no castrado, sino entre hombres y mujeres, reconociéndose la misma condición humana que dará por lógica en la igualdad de derechos. La igualdad de derechos entre hombres y mujeres, sostenida en la esencialidad humana irá ganando terreno con los siglos, con el tiempo será posible una relación diferente entre los sexos. Caerá en casi dos siglos el falocentrismo en lo social.

Surgirán en estos dos siglos otras tiranías en Europa y América, pero el inicio del cambio en occidente tiene su origen en la revolución francesa. Este acto inicial de asesinar al rey, por parte del pueblo, funda algo nuevo que ya ningún tirano podrá volver atrás. Aunque se repita la tragedia en Mussolini o en la destitución de tantos tiranos europeos, ya no será la lucha entre tiranos, son los pueblos los que repiten la castración sobre sus poderosos. La castración no parece darse de una vez y para siempre, sino que se repite en actos de violencia para poder ser significada por las masas.

Freud buscaba el parricidio fundacional en la Biblia y al no encontrarlo lo construye en Tótem y Tabú y en el Moisés y la religión monoteísta. Pero la historia social es más compleja, claramente no se puede hablar de un parricidio en la historia de la humanidad, sino que debe haber habido muchísimos parricidios, cada uno de ellos habría generado un progreso en lo legal o político. Un solo parricidio no genero un cambio del primitivo al hombre moderno, fueron pasos, cada parricidio generaba algo nuevo a nivel de lo simbólico, algo nuevo a nivel de la ley y el límite a los tiranos. Quizás así se haya dado la evolución social, con avances y retrocesos a nivel de esta significación complejizando la estructura. El logro de las leyes, con la gran variedad que tenemos hoy, ha sido una verdadera lucha contra la pulsión de muerte y las tiranías.

* * *

¿En qué momento y bajo que hechos históricos se ha pasado de ese padre apenas identificado biológicamente de los tiempos prehistóricos, a ese padre romano posesivo y terrible dueño de la vida de sus hijos y su mujer? Que hechos ocurrieron en la sociedad entre Urano y Saturno y entre Yavé y la revolución francesa. Que pasó en la historia entre el padre apenas reconocido biológicamente y el que sacrifica al hijo. Todo indica que aun no está en posición fálica el niño, que es entregado por la madre al sacrificio. ¿En qué momento se constituye el falo imaginario? En algún momento histórico se constituyó la posición fálica, el nivel imaginario en lo mítico social. No puede pensarse que existiera en el hombre de Neandertal, solo el falo percibido en lo real es pensable en aquel tiempo. Para luego arribar a la castración del rey padre y su pérdida del falo, mostrándolo como simbólico. Es necesaria una evolución simbólica social para su existencia.

El padre apenas reconocido biológicamente debió ser víctima

de los ataques de sus hijos para recurrir al filicidio, y ese mismo acto lo habría llevado a reconocer subjetivamente la existencia de sus hijos, generando con el tiempo un padre autoritario y tiránico. Solo los celos edípicos de los hijos explicaría este cambio en aquel padre biológico arcaico. La situación que narra el mito entre Urano, Saturno y Júpiter, esclarece esta evolución del padre.

Pero una vez que el padre antiguo se volvió autoritario y sacrificador de sus hijos, nuevamente se produjo un cambio y aquí la única respuesta posible es el cristianismo y esa nueva ley respaldada en el pacto entre dios padre y dios hijo. Pacto que recae entre el padre y sus hijos. Mientras la ley romana daba derecho absoluto al padre sobre su mujer y sus hijos, el cristianismo limitara ese poder. Desde el cristianismo el padre no puede disponer de la vida de su mujer y sus hijos, hay una primera limitación a su poder, pero a cambio la ley cristiana daba derecho al padre de doblegar al hijo, dominarlo con la ley y de prohibirle el incesto y el parricidio. El padre cristiano educa al hijo en esta rígida ley de dios, cumple con su función paterna, por eso será un hijo atravesado por la ley, a diferencia del hijo del idólatra, que solo tiene un vínculo biológico con su padre y contra el cual continuamente tramara revueltas en su afán de quedarse con su poder.

Mientras Saturno castra a su padre asesinándolo, Jesús será un hijo sumiso, obediente del padre, hasta el extremo del sacrificio. Para pensar esta diferencia que marca arquetipos humanos de la idolatría primitiva y del cristianismo, podemos remitirnos a la Biblia y su sentencia contra los hijos rebeldes a sus padres, entendido como rebeldía al mismo Yavé y por lo tanto a todo el orden cosmogónico, en oposición a las revueltas de los hijos contra los padres en los idólatras, narrado claramente en la mitología.

El padre cristiano detenta el poder avalado por la ley de dios y un hijo desobediente y que se vuelva contra el padre, estará yendo en contra de los propósitos divinos. En los evangelios y en las cartas y hechos de los apóstoles se exhorta a los hijos a permanecer sumisos a los padres. Especialmente Pablo, de origen hebreo, se afana por imponer a los paganos esta nueva idea de obediencia cristiana. Así el padre se hace del poder incuestionablemente sostenido en la idea de designio divino, el hombre fue hecho para dominar, la mujer y los niños para ser dóciles y obedecer, es el orden que el dios judeo cristiano ha determinado.

De esta manera el padre se hace del falo, al actuar como aquel que separa al niño de la madre, sosteniendo el poder desde el lugar de poseedor del falo. Esto es lo que lacan describe como el segundo tiempo del Edipo y se refleja en lo social, porque los tiempos del edipo también se suceden en las manifestaciones sociales. El padre como poseedor del falo es lo que entrará en cuestión con la caída de Luis XVI. Al rey se le quitará todo derecho divino a su poder, la ley estará por encima del rey. De la misma manera esto significará que el padre perderá más aun el mando sobre la familia, los hijos pasaran de ser siervos obedientes de la nobleza a ciudadanos libres reconocidos por la ley. Así también el derecho divino del padre, sostenido en la mitología de Adán y Eva, pasara en la modernidad a ser un derecho natural, hasta que con el paso del tiempo, lo natural involucre a la madre como coparticipe de poder en la familia y la mujer adquiera poder en la política. Esto fue un cambio de estructura social y psíquica que no se dio en otras partes del mundo.

La sentencia bíblica doble ya que es para el hombre y para la mujer nos da nitidez sobre en que sustenta el poder del padre las religiones judeo-cristianas:

"Vuelto a la mujer, dijo: Multiplicare los trabajos de tus preñeces. Con dolor parirás a tus hijos y no obstante tu deseo te arrastrará hacia tu marido, que te dominara".

"Al hombre le dijo: porque has seguido a la voz de tu mujer y porque

has comido del árbol que te había prohibido comer, maldita sea la tierra por tu culpa...¨

Sentencia de dios padre que se encuentra en el inicio mismo del libro, Génesis 3, 16-17. Este pronunciamiento dado por algún profeta u hombre de la antigüedad pasara a ser la justificación de nuestras sociedades patriarcales.

El patriarcado implicará negarle a la mujer no solo poder sobre sí misma, sino derecho a tener palabra, no solo a la mujer sino también a los niños. La idea tan arraigada y generalizada en nuestra civilización de que el hombre manda, parte de esa etapa infantil, donde el padre como portador del falo separa al niño de la madre, dejando en el niño una marca psíquica de por vida. El hombre en una generalización heredará esta ¨naturalización¨ de mando. Acerca de esa ausencia de derecho de la mujer a tener palabra y decisión sobre su vida, Freud responde con un criterio totalmente pos revolucionario, no solo se puso a escuchar a las mujeres, sino además a las histéricas. Además hay que agregar que Freud supo escuchar el deseo sexual de la mujer, otro aspecto reprimido desde el patriarcado y el machismo. Freud en esto fue un verdadero revolucionario y seguramente el psicoanálisis colaboro para que la mujer tenga derecho a expresarse en lo social. Tener derecho a hablar, a expresar, a pensar, a hacer ciencia, a escribir, es tener derecho a ser, aquellos que desde el psicoanálisis extrañan el poder del padre olvidan cuanto de ese poder limitó a las mujeres de su época.

Es difícil pensar el patriarcado sin machismo ya que se tratan ambos del falocentrismo (el pene como falo imaginario), dando una imagen de completud que cae con la castración del padre. El falo simbólico nace de esa castración del padre mostrando que si el rey perdió su cabeza, todo se puede perder. Y las mujeres de la época fueron las primeras en captar esta situación del surgimiento del falo simbólico.

Las mujeres participaron activamente de la revolución francesa, manifestándose y dando a conocer sus pensamientos, aun cuando se les negara participar de las decisiones políticas y de la asamblea. El pensamiento androcéntrico de la época rechazo los movimientos de mujeres y cerro sus clubes, donde se re- unían a debatir. Querían imponerles su rol clásico, el hogar, los niños, recluirlas al ámbito familiar. Pero fueron las primeras en iniciar varias revueltas en Paris e incluso en ir a Versalles para llevar a Paris al rey y a María Antonieta. La revolucionaria, Olimpe de Gouges, partidaria de la división de poderes de Mon- tesquieu, redactará la Declaración de los Derechos de la Mujer y de la Ciudadana, trascribiendo la Declaración de los Derechos del Hombre y el Ciudadano, incluyendo a las mujeres en dichos derechos. Defenderá la igualdad entre mujeres y hombres dando inicio a la lucha de las mujeres por sus derechos. También en la revolución independentista latinoamericana se verá la par- ticipación de las mujeres, en una sociedad donde el hombre tenía un total dominio sobre las mujeres y las propiedades. ¿Por qué por primera vez las mujeres participan en política e incluso en la defensa armada? Buscaran dejar atrás su antiguo lugar de sometidas a la sociedad patriarcal. Porque también hay una operación lógica en ellas, las mujeres también buscan castrar al tirano y así liberarse del dominio patriarcal y del hombre. Y allí donde el falo se manifiesta simbólico, la mujer ya no se percibe como un ser castrado, sino un ser humano sexuado con derechos y deberes sociales semejantes a los del hombre. Las mujeres anhelan tanto como los hombres liberarse del tirano y pasar a la ley. El machismo de la época no les permite aun en- tender que las mujeres sufren el sometimiento igual o más aun que los mismos hombres. Por eso, la revolución es la búsqueda de la libertad por todos los ciudadanos. Incluso los niños están sometidos a los mandatos del tirano, careciendo de leyes que los protejan.

Pero no hay verdadera liberación del protopadre si no es liber- ando la sexualidad, ya que uno de los mandatos del tirano es que las mujeres les son restringidas a los hombres. Así que para que haya una verdadera liberación sexual que el protopadre está prohibiendo, es necesario liberar a las mujeres. Esto solo se logrará separando o promoviendo la libertad personal sobre las iglesias cristianas. Son las iglesias las que actúan prohibiendo la libertad sexual, por lo que la revolución deberá seguir por el camino ya sea del ateísmo o de la no obediencia a las imposiciones de la iglesia. Esto se logrará recién en el siglo XX, luego de que filósofos como Nietzsche y Marx hagan una crítica profunda y extrema de la religión. La revolución por la libertad no solo involucrara a las leyes y a la política sino también a la sexualidad y a las creencias religiosas. Necesariamente para lograr la absoluta libertad del tirano es preciso la liberación de las mujeres, porque la libertad sexual no es posible en un mundo de mujeres reducidas a la vida hogareña, sometidas a todo nivel.

* * *

Las leyes no necesariamente tienen que tener una sola forma de construirse o crearse, a veces fueron hechas por los poderosos para someter al pueblo, otras veces, por el pueblo para someter a los poderosos, claro ejemplo de esto último, la revolución francesa y las revoluciones americanas. Esta idea de que la ley puede provenir del padre o de los hijos y que suele ser un punto de lucha por quien se impone a quien, se da a nivel social, pero habría que ver qué sucede a nivel del sujeto, de lo individual.

Se puede pensar que en la historia pudo ocurrir así:

La ley de madre o matriarcado, terminó con el patriarcado imponiéndose.

La ley del rey o paterna, terminó con los hijos imponiéndose.

La ley de hermanos, ¿terminará con la ley de la madre imponiéndose? Si así fuera cerraría un circuito de poder y con la consiguiente posibilidad que vuelva el patriarcado a someter a todos nuevamente. No hay que descartar la fuerza del mandato materno en la subjetividad, si alguien pudiera limitar a los hijos evidentemente ya no sería la decaída autoridad paterna tan vapuleada y ante la cual se ha producido la reacción. Si la madre se levantara como autoridad, de hecho la hermandad es la carencia de una figura fuerte de autoridad, siempre estaría el riesgo que nuevamente el padre aparezca limitando a la madre. Pero si eso ocurriera podría ser porque la madre se excedería en su poder, aunque viendo en la historia la forma en que cayó el patriarcado, aparentemente no es suficiente el exceso de poder, es necesario que otro sector social aspire al poder.

Actualmente vemos como las mujeres cada vez mas aspiran al poder y este sistema de poder de hermanos que necesariamente incluye a las hermanas, es un sistema que libera a la mujer también del sometimiento patriarcal. De todos modos, el matriarcado no es el poder de las mujeres, sino es el poder de la madre, que se podría entender como un freno a los excesos de la hermandad. No hay que subestimar y en esto el feminismo es un claro ejemplo, la aspiración de poder que hay en las mujeres y que podrían caer en su propia tiranía, sometiendo al hombre. La aspiración de las feministas extremas es en algún punto someter al hombre, con lo cual ya no se podría hablar de igualdad de derechos.

Sería interesante pensar otra posible situación, sobre si se está, como dijo Freud en su mito, en el poder y en el acuerdo de los hermanos o se está yendo hacia un poder compartido por las tres partes. Si hay una combinación de poderes que se balancean y que dan libertad e igualdad entre las partes. Es una posibilidad ya que la revolución de los hermanos o los hijos, aun cuando traían leyes más inclusivas para todos, más justas y con mayores libertades, tiene el grave problema de la ausencia de figuras con autoridad, una cuestión que aun no está resuelta en nuestras sociedades. La rebelión y la aceptación de una autoridad son casi opuestas y en algunos casos las dos son igualmente necesarias.

Y combinando ideas resulta extraño pensar en una autoridad paterna imponiendo a los hijos sus propias leyes, el padre como tirano ha quedado automáticamente desautorizado, pero a la vez es la cara paterna que sigue generando castración. No es ni la madre ni los hermanos quienes generan castración en el psiquismo individual, lo que nos deja en claro que el patriarcado en algún punto sigue vigente.

Esta estructura social de hermanos no cierra a la perfección y quizás sea la consecuencia de la aceptación de la castración paterna. Añorar el padre en este punto sería añorar su completud, algo a lo cual al menos en Argentina ya nadie quiere volver, porque la completud del padre acarrea su absolutismo. Estamos en un tiempo donde la castración del padre nos obliga a aprender a auto regularnos, ya no hay un padre en el cielo o un rey o un tiránico padre de familia que este controlándonos, determinando y decidiendo en nuestras vidas.

Aunque Freud haya aclarado que su relato de Tótem y Tabú es ficción, es importante determinar que partes de esa ficción fueron reales en las sociedades humanas. Y vemos que es la estructura básica del mito patriarcal la que se halla en lo sucedido en la revolución francesa, es decir, los hijos e hijas, que matan o participan desde la convicción de la muerte del padre rey e imponen sus nuevas leyes, pero donde las mujeres con el tiempo y mientras evolucionen los significantes en la estructura, no son objetos de reparto, sino sujetos de derecho. Si bien toman algunas de las leyes pre existentes o como decía Freud, las leyes del padre, las nuevas leyes que surjan de la revuelta de hermanos serán las que construyan una nueva sociedad y un nuevo estado, sobre el cadáver del padre muerto. Justamente las leyes del padre en las cuales se sostenía su poder, son las que aborrecidas por los hijos dejaran de regular la sociedad, porque no solo desaparecerán las leyes que sostenían el poder del rey, sino además las leyes que daban el poder a los padres de familia sobre su mujer y sus hijos. Ser ciudadanos cambia la categoría de los hijos y de las mujeres, llevándolos al mismo nivel de derechos para todos. Este proceso ira realizándose a lo largo de más de dos siglos, en algunos países de occidentes antes y en otros más tarde.

¿Cuál es la ley del padre? Según Freud la prohibición del incesto y el parricidio, que son en realidad las leyes fundamentales de nuestra cultura. Estas leyes perdurarán en la democracia, pero no así las leyes que daban al padre el mando autoritario de la familia. Esto nos deja a las claras que el orden social no es una cuestión del padre, sino de la ley de la cultura y que ya no podemos decir que sea lo mismo en todas las culturas. La teoría desarrollada por Freud y Lacan es conforme a nuestra cultura, no es una verdad universal. Las culturas se han constituido de formas diferentes, aunque podemos decir que comparten la misma problemática con respecto a la pulsión. Que si es universal en la especie humana.

Lo que describió Freud en su mito fue el origen del sistema republicano y democrático, uno de tantos sistemas que existen de poder y de imponer la ley. Evidentemente estas estructuras de poder varían y hay un número determinado de formas de presentarse.

A nivel social, aquí en Argentina, por momentos parecería que estamos en una hermandad que ha logrado dominar al padre tirano a través de nuevas leyes que lo limitan. La ley primordial de este sistema es ¨todos somos iguales ante la ley¨, sin excepciones, las mujeres ya no quedan por fuera de esa igualdad, como ocurrió en los inicios de la revolución francesa y también incluso de las revoluciones americanas. Así el derecho de poder del padre está totalmente cuestionado por los hijos, es algo generalizado. Argentina nace como país porque debió reaccionar contra la monarquía y la tendencia al anarquismo y a generar caudillos fue la clara expresión de hermanos en disputa. Aunque desde el regreso de la democracia en 1983, se va acentuando y fortaleciendo esta nueva estructura a nivel político y social. Esta ausencia de autoridad fuerte que significa la hermandad, genera revueltas y termina por volverse entorpecedor del funcionamiento social. Como si el matriarcado y el patriarcado surgieran como una necesidad de colocar a alguien allí donde el vacio no se soporta y a la vez la rebelión de los hermanos surgiera ante un poder opresor que tampoco se soporta.

Nuestra civilización está muy lejos de poder tener un orden en la anarquía, la autorregulación significa un funcionamiento apropiado del superyo y una voluntad de acción beneficiosa en función del grupo que no siempre está presente. La figura de autoridad genera el límite que la sociedad y el sujeto parecen necesitar, ya que parece que en general a los sujetos les resulta mas fácil ser impuestos desde afuera, que autoimponerse un orden. Pero la figura de poder suele ser boicoteada por el beneficio extra que obtiene el que ejerce el poder en perjuicio de los dominados. No es porque sí la lucha de poder a muerte que ha habido a lo largo de la historia, es porque el poder implica beneficios extras y esto se presenta en todas las áreas de la vida donde alguien ejerza poder sobre otros.

La muerte de Luis XVI es casi un mito para occidente, una nueva civilización se construye sobre su cadáver. Hay algo que dice Freud con respecto a el parricidio que cometen los hermanos, dice que luego de matarlo lo comen, realizan canibalismo, de ese modo toman aquellos atributos que veían en el padre. Toma esta idea de el ritual totémico, donde luego de sacrificar el animal es comido por el clan, ya sabemos que los sacrificios animales y humanos implicaban en tiempos arcaicos la devoración canibalista. No se ve esto en la muerte de Luis XVI, no comen su cuerpo los franceses, pero hay que ver lo que dicen que ocurrió en ese momento, algunos de los presentes que se encontraban cerca de su cuerpo sangrante, tomaban la sangre con sus dedos y la bebían, otros mojaban pañuelos con su sangre.

¿Se puede o no considerar canibalismo el beber su sangre? Recuerda a Cristo ofreciendo su sangre, a Vlad Tepes bebiendo la sangre de sus víctimas. Claramente es un acto canibalístico. El canibalismo es un acto asociado al sacrificio, es incorporar las cualidades del muerto. Considero que sí es a lo que hace referencia Freud, en el inicio del sistema republicano y democrático, los hijos cometen un acto sacrificial y canibalista con el padre. Lo incorporan, hacen parte de si al tirano y de ese modo se hacen cargo de imponer la ley. La ley pasa a ser responsabilidad de todos los hermanos. La organización y orden ya no es responsabilidad del rey porque está muerto, sino de los ciudadanos. Ese acto de beber su sangre intenta mostrarse como una burla a un rey absolutista y completo que de pronto muestra toda su castración, su humanidad, pero su significado es mucho más profundo. Muerto el rey, la ley es un compromiso de todos los ciudadanos, ya no estará el rey y su guardia tiranizando, sino que cada uno tendrá un tirano en su interior que la imponga.

Otra cosa importante de destacar es que se hace evidente que la humanidad luego de haber podido renunciar al canibalismo con tanto esfuerzo, puede regresar en un instante de locura a la era más arcaica. Los significantes que sostienen la salida de lo real en un instante pueden desmoronarse y dar regreso al acto reprimido. Las represiones más originales pueden caer, de pronto la más antigua de las leyes deja de funcionar. Eso solo puede suceder si se desarma todo el tejido social, cae por completo un orden y aun no se ha podido imponer otro.

Este regreso al canibalismo, nos muestra el regreso a una primitiva prohibición que viene desde la prehistoria, recuerda a la caída en el sacrificio humano de Jesús. Algo a nivel de la estructura misma se ha roto y necesita ser resignificada o reestructurada y requiere volver al inicio mismo. La sangre del rey fue embebida en los pañuelos y bebida su sangre, el ritual sacrificial y canibalístico se expreso sin miedos ante los franceses. Y sin dudas el sacrificio y el canibalismo asociados al parricidio en su más clara expresión social.

Nuevamente algo ha hecho caer el s1 y se ha regresado a lo real, como veíamos que había sucedido con Jesús de Nazaret. El s1 que es la ley que prohíbe el sacrificio y el canibalismo. Pero es también un s1 la ley de prohibición del parricidio, todas caen y se vuelve a lo real, al sacrificio, al canibalismo y al parricidio en lo social. Algo hace que la ley no pueda seguir siendo sostenida en ningún nivel, lo que está sucediendo en Francia en esos días hace que la ley ya no sea suficiente fuerte como para sostener el entramado social. La desgarradura social es tan profunda que llega hasta los cimientos mismos de la civilización.

La guillotina se volvió un símbolo de la revolución francesa y se presentaba como un sacrificio igualitario, los nobles ya no serian ejecutados de manera privilegiada con espadas o hachas, mientras que los plebeyos morían atormentados con tremendas torturas previas. Ahora todos por igual eran ejecutados en la guillotina. Sin dudas, esas ejecuciones serán la versión política y profana de los sacrificios humanos religiosos. Como se suele decir, ¨hecha la ley, hecha la trampa¨, porque mientras Yavé dictaba la ley que prohibía los sacrificios humanos a Baal, y a lo largo de los siglos las religiones judeo cristianas prohibían los sacrificios humanos en los rituales religiosos, la crueldad sacrificial pudo continuarse en su versión política y judicial, ya que los estados nunca prohibieron las ejecuciones cruentas. Lo máximo que hizo Roma fue prohibir las ejecuciones en la cruz en consideración a la muerte del Mesías. Sin embargo, esos sacrificios nunca provocaron un derrumbe del orden social, sino que eran parte de la estrategia de conservar el control sobre los plebeyos.

La ejecución de Luis XVI fue un sacrificio humano, un ritual sacrificial que da inicio a una nueva estructura de poder, la república. El mismo ayudante Edgeworth le dirá unos instantes antes de su ejecución que ese será su ¨sacrificio final¨. El rey muere por ser representante de la figura paterna absolutista. Pero al ser destituido demuestra ser un castrado más, un hermano más y una vez que está totalmente derrotado y se decide su ejecución, es nombrado por los revolucionarios como el ciudadano Luis

Capeto. Monsieur o Luis para sus guarda cárceles. Todos los simbolismos de rey y de noble son perdidos en el nacimiento de la
republica francesa.

Pero ¿por qué se llega a todo esto? ¿Por qué la sociedad francesa
cae estrepitosamente en el sacrificio, el canibalismo y el parricidio social del rey? Se ha buscado doblegar al rey a la nueva ley
de la asamblea, pero lejos de someterse ha buscado la complici-
dad de los países vecinos, esto ha sido sentido como una terrible
amenaza. La ley con la cual la asamblea buscaba dominar y someter al rey absolutista, se ha vuelto insuficiente. Su vida misma
se ha vuelto un peligro para la nueva Francia, países europeos
podrían atacarla para defender la monarquía. Esto exaspera a
los revolucionarios y se decide su ejecución.

Así como en Jesús cae la prohibición y algo lo deja por fuera de
la ley del padre. En la escena de la muerte del rey caen las leyes
más básicas de la cultura, la represión más primigenia y hace
hundir a los presentes en el agujero real del canibalismo. Beben
la sangre del rey en un ritual sacrificial, en unas pocas horas todo
el sistema simbólico se derrumba o mejor dicho, lo que quedaba
de él. ¿Que produce esa caída? ¿Por qué la ley del canibalismo y
el parricidio? Algo del sacrificio se asocia nuevamente al canibalismo. Más de mil setecientos años de cristianismo no alcanzarán para sostener la represión.

Como pensar este desmoronamiento de la estructura y la necesidad de armar otra en base a un nuevo sistema de poder, la republica. Parecería que el sacrificio del padre rememora a la del
hijo o al menos alguna conexión metonímica las relaciona. La
victima hijo a la cual estábamos acostumbrados en la antigüedad, es sustituida por la victima padre, pero a nivel de lo real.
Es la nueva comida sacrificial, el sacrificio del padre es la nueva
significación que se monta sobre la antigua práctica que era el
sacrificio del hijo. Por primera vez a nivel social el sacrificio
del hijo es sustituido por el sacrificio del padre. El hijo como
comida sacrificial es sustituido por el padre como comida sacri-

ficial. Es a partir de este hecho que una nueva estructura pondrá al padre como víctima sacrificial y alimentaria de los hijos. El padre muerto y devorado ya no tiene chances de regresar a pedir sacrificios. El tiempo de los reyes absolutistas se termina. Ya no podrá revivir y ocupar su puesto de absoluto tirano. Esto es un cambio de estructura social y psicológica, un cambio que hace a occidente separarse de la antigua cultura patriarcal que compartía con medio oriente.

A partir de Luis XVI, bebiendo su sangre, como hijos de su sangre, el padre muerto no dejara de ser parte de la estructura, sino que será incorporado como el tirano interno, ya sea superyoico o aquel que impone la ley del padre, la que prohíbe el incesto y el parricidio. Ser padre e hijo a la vez, es la gran confusión del poder de los hermanos que se hicieron del poder social, que atacando la figura milenaria del padre, se hicieron del mundo para sí.

¿Reprimió reduciéndolo al inconsciente este hecho el histórico sacrificio del hijo? ¿Lo convirtió en algo arcaico y olvidado? Como los sedimentos de la tierra se van acumulando unos sobre otros, o como las capas arqueológicas, así un hecho se monta sobre otro, un significante se acomoda sobre otro enterrándolo. ¿Es desde entonces que simbólicamente se devora al padre, se lo internaliza, en tanto tiránico y en tanto legal en el superyo?

Recordemos las palabras de Jesús ¨Tomad y bebed, esta es mi sangre que será derramada para el perdón de los pecados¨. Jesús habla desde el lugar del hijo sacrificado, que reconcilia con su dolor al padre con los hijos. Pero la sangre de Luis XVI lejos de reconciliar las partes lo que hace es manifestar el triunfo de los hijos sobre el padre. Los hermanos se hicieron de todo el poder y son los legisladores de la ley. Los hijos decidieron dejar de ser la victima sacrificada por el padre (sacrificador) y se impusieron sobre este. Si bien la ley judeo-cristiana prohibía el sacrificio de hijos, el fantasma del sacrificio perduraba en los mártires cristianos. Los estados monárquicos siguieron practicando los sacrificios humanos de los plebeyos y recién las republicas y las democracias fueron terminando con las ejecuciones públicas.

La rebelión de los hijos, cambia el fantasma social y esto permite comprender la consecuente desorganización social que provocó. El sacrificio del padre estará exclusivamente en relación al ámbito social y político. La política se vuelve el camino de cambio que antes se daba a nivel religioso. Para que las republicas y democracias sean posibles algún tirano tendrá que ser derrocado. Alguna figura paterna tiránica tendrá que ser sacrificada por el pueblo, para que los ciudadanos accedan al poder.

Ya no habrán tantos predispuestos a martirizarse por la fe. Y aunque los rituales sacrificiales de criminales hayan sido prohibidos por los estados modernos a partir de los derechos humanos, la trampa del superyo esperará allí, donde el sacrificio reencontrara su cauce por causas políticas, morir o matar por alguna ideología política sigue siendo una realidad en nuestro mundo actual.

Si el sacrificio cristiano se vuelve antiguo para los tiempos modernos, es porque perpetúa el sacrificio del hijo como modo de reconciliar al hijo con el padre. Pero la hermandad actual no acepta reconciliación, sino dominio sobre el tirano que pide sacrificios. Cuando Nietzsche dice "Dios ha muerto", nos marca que la filosofía y el pensamiento occidental ha reflejado el cambio de estructura realizado a nivel político social. El fin de los absolutismos ha tocado a la misma filosofía.

DEMOCRACIA

Wikipedia: "Mediante El Contrato Social, Rousseau le abre paso a la democracia, de modo tal que todos los miembros reconocen la autoridad de la razón para unirse por una ley común en un mismo cuerpo político, ya que la ley que obedecen nace de ellos mismos. Esta sociedad recibe el nombre de república y cada ciudadano vive de acuerdo con todos. En este Estado social son necesarias las reglas de la conducta creadas mediante la razón y reflexión de la voluntad general que se encarga de desarrollar las leyes que regirán a los hombres en la vida civil. Según Rousseau, es el pueblo, mediante la ratificación de la voluntad general, el único calificado para establecer las leyes que condicionan la asociación civil".

La democracia y la republica es una estructura de poder social, es el gobierno del pueblo, la unión en la ley de los ciudadanos en contra de los tiranos. Hacer leyes fundantes de una nueva sociedad como es el funcionamiento del estado, acordar leyes que incluyan a todos, es una nueva visión histórica del poder. El escenario inicial sobre la que se inaugura la democracia es el asesinato del padre tirano, aquel que establecía las prohibiciones a todos los demás. En la Biblia y la religión judeo cristiana, el padre tirano habla a través de la Biblia y sus profetas. El tirano muerto también hablara por un buen tiempo a través de los monárquicos que querrán reinstalar la monarquía, o incluso en nuestros países americanos, a través de aquellos individuos que anhelan los gobiernos dictatoriales. Pero mientras las mayorías rechacen los discursos absolutistas y el estado democrático tenga la fuerza suficiente como para sostenerse en el poder, permanecerá como un discurso sofocado por las nuevas leyes democráticas. Hay que reconocer que los tiranos tienen sus adeptos y que siempre están esperando el momento oportuno para reinstalarlos en el poder.

La idea fundamental de la democracia es considerar que la ley proviene de los mismos ciudadanos, siguiendo a Freud, la ley de los hermanos. Sabemos que la ley es muy anterior a la democracia, incluso a la monarquía europea, la ley es anterior a Roma y seguramente la tomaron de otras civilizaciones anteriores, por lo menos en parte, pero la ley en si es algo muy primitivo su origen y vemos en el consejo de Jetró como pudo iniciarse la creación de leyes. Hablar de la ley de los hermanos o ciudadanos, es ignorar que la ley de todas maneras viene impuesta desde tiempos inmemorables. Hay leyes nuevas que se generan en la democracia, sin dudas, pero las leyes básicas son muy antiguas. Como se vio en el matriarcado y luego en el patriarcado, la ley es adjudicada a aquellos que toman el poder.

En la republica los asambleísta o parlamentarios hacen nuevas leyes y muchas veces el pueblo no está de acuerdo con las leyes del legislativo. La idea de Rousseau de que ¨las reglas de la conducta creadas mediante la razón y reflexión de la voluntad general que se encarga de desarrollar las leyes¨, son una utopía. Las leyes no siempre tienen origen en el pueblo, aun en democracia, es solo una ficción, una creencia semejante al que se da en el matriarcado o el patriarcado. Influye más sobre los legisladores la opinión de expertos o las conveniencias políticas y económicas a la hora de dictar leyes, que muchas veces la opinión popular.

Este pasaje de la monarquía absolutista a la republica iniciado con el asesinato de Luis XVI por el pueblo francés, representa la historia que Freud buscaba en las hordas primitivas, solo que de un modo mucho más complejo, porque se trató de un hecho que implicaba muchísimas más leyes que las que plantea Freud en la horda y además, un sistema social y de poder, sumamente complejo y evolucionado que terminó a la larga volviéndose una republica democrática. Freud no lo pudo definir en su mito, si lo hubiera pensado, seguro lo hubiera visto fuera del tiempo histórico, el pretendía algo mucho más antiguo. Parecería que Freud tenía la idea de que el padre simbólico había existido desde el inicio de los tiempos y para siempre, sin embargo, parecería que los significantes se van formando a lo largo de la historia. Lo que Freud intento explicar allí fue la forma en que se produce el origen del poder de los hijos, que castran al padre e imponen la ley. Claramente se trata de la democracia, solo que Freud por llevarlo a niveles primitivos acudió al totemismo.

El mito de Freud le cerraba, le completaba ciertas hipótesis sobre la neurosis, pero no pudo resolver como toda esa historia totémica de unión de los hermanos, parricidio y ley del padre, terminaba en un matriarcado. Hay ahí una inconsistencia teórica que supo disimular muy bien. Él mismo en Tótem y Tabú reconoce que eran clanes matriarcales, en todo caso Freud estaba buscando el origen del patriarcado, no del matriarcado. Por otro lado, como se veía anteriormente, es impensable que el tótem represente al padre, cuando ese concepto no existe en el clan matriarcal. Pese a todas esas falacias, Tótem y Tabú expresa lo esencial de nuestra cultura patriarcal, pero es un mito del patriarcado moderno, no antiguo, porque además fue deducido del psiquismo del hombre moderno. El padre antiguo esta mejor expresado en los mitos de Urano y Saturno, incluso en el mito cristiano, el padre de la antigüedad es al principio un padre meramente biológico para pasar a ser sacrificador. Incluso el judaísmo pese a que ha logrado prohibir el sacrificio humano ritual, sigue teniendo en Yavé un tirano al poder, no ha logrado superar esa instancia. En Tótem y Tabú el sacrificado es el padre tirano, y es a las claras el mito iniciador de la democracia.

Ese ataque de los hijos al padre como lo plantea Freud en su mito, no se encuentra en la historia como algo que sucediera con frecuencia, ni se encuentra en mitos ni en libros religiosos. No se encuentra registro de eso como hecho social histórico, lo que podría ser esperable, ya que hay una tendencia de repetirse a lo largo de la historia las estructuras sociales. Cuando se encuentra en los mitos la lucha contra el padre, es de un hijo, no de una unión de hijos y esto marca una diferencia abismal, porque la lucha de una unión de hijos que luego comparten el poder, es el acceso a la democracia. Lo que se ve en la historia hasta el cansancio es el enfrentamiento de grupos, buscando derrocar un gobernante, lógicamente guiados por un líder que busca hacerse del poder. Esa búsqueda de querer ocupar el lugar del poder es característico de la historia de reinos e imperios. La diferencia es que solo en el origen de la democracia se puede ver a los hermanos derrocando al rey, esa es la forma de estructurarse la ley de los hermanos, que no permiten que otro en calidad de líder ocupe el lugar de rey, de hecho la figura presidencial o de primer ministro, nada tendrá que ver con la de un rey.

Hay una ecuación que no cierra, ¿Si la ley es de los hermanos, qué lugar queda para el padre? ¿Cómo ser padre y hermano en la ley a la vez de hijo? Si el poder y la ley se asienta sobre la unión de los hermanos, ya no sobre el padre, la tradicional autoridad del padre pierde consistencia, esto evidencia que si la paternidad es una construcción significante, también se puede deconstruir. El patriarcado como sistema de poder ha sufrido una deconstrucción parcial, lo que indica que el patriarcado y en si la paternidad es en su origen y por lo tanto en su base, ante todo una cuestión legal o de derecho. La democracia moderna al quitarle legitimidad al derecho de poder único al rey y al padre, creando un nuevo derecho de compartir el poder a nivel social con el pueblo y en la familia con la madre, ha deconstruido en gran parte las cadenas significantes que sostenían al patriarcado.

Así como se construye un significante o una cadena significante, la misma se puede deconstruir, un ejemplo social posible seria el pasaje de algunas sociedades matriarcales a patriarcales, de la filiación materna a la filiación paterna, una cadena significante viene a reemplazar a otra desarmando o disminuyendo el valor de su sentido. En este pasaje del matriarcado al patriarcado seguir la filiación paterna generaría una nueva sociedad con padre reconocido, cambia los sentidos y genera el concepto de familia implicando al padre.

Otro ejemplo de deconstrucción que cambia la historia de occidente en este caso a nivel religioso, Jesús en la última cena deconstruye el significante judío de ¨ Isaac salvado del sacrificio - cordero sacrificado ¨ para reconstruirlo colocándose él en ese lugar del sacrificio, construyendo otra cadena significante y de ese modo otra religión, con las metáforas de Jesús - cordero - pan y vino. Es aquello que se presenta en la mesa pascual que comparte con los discípulos, el cordero sacrificado de la pascua judía y el pan y el vino que comparten esa noche en la mesa. Todo está sobre la mesa para ser la comida de esa celebración. Sobre esa mesa se resignifica la pascua judía y Jesús es el reformador y creador de los significantes que fundan una nueva religión. No se puede hablar de una estructura nueva, pero si de una reformulación de la estructura, que agrega elementos, como la metáfora del pan y el vino, pero principalmente el significante Mesías. Jesús reformula con los alimentos de esa mesa al judaísmo pero ya con la presencia del Mesías, así el Mesías ya no es una esperanza a futuro, sino que se vuelve parte del ritual, es un hecho consumado. Quizás sea lo más maravilloso que pudo hacer un hombre a nivel del significante, en especial por la trascendencia que ha tenido para la humanidad.

También la monarquía absoluta se deconstruye en su valor de verdad con los nuevos significantes de la democracia, los nuevos ideales, nuevas ideas filosóficas. Las cadenas significantes en las cuales se sostenía pierden legitimidad, nuevas leyes, con nuevos sentidos, restan valor a los significantes que sostenían a la monarquía. En la historia se producen estas modificaciones que son evidentemente estructurales o que generan estructuras nuevas, esto nos lleva a pensar que podrían surgir significantes nuevos que aun no hemos producido y que podrían generar sistemas de poder o una sociedad diferente o un nuevo mito religioso.

En lo que sería la hermandad democrática, las bases sobre las cuales se sostenía la autoridad patriarcal caen y quien gobierna un estado no puede ser un padre autoritario, sino un hermano en la ley, un igual, en el mejor de los casos un padre en la ley, al cual se le delega el poder por un corto periodo de tiempo, terminado ese tiempo debe devolver el poder o mejor dicho lo pierde y pasa a ser nuevamente uno más. De este modo el poder se comparte y se limita, sería el nuevo concepto de derecho de poder. Por el momento conocemos tres tipos de organizaciones sociales en relación a la autoridad, el matriarcado, el patriarcado y la hermandad democrática.

Los hermanos se imponen límites, también se permiten más libertades, llegando en muchos casos a la ausencia de autoridad. Lo que genera no solo las transgresiones sino la permanente búsqueda del límite. En la ley propia de la autoridad paterna las mujeres permanecían relegadas y sometidas a conveniencia del hombre. Los hijos, veían limitada su capacidad de elección en la vida, seguir las directivas paternas y ser su continuador, es lo que normalmente sucedía. La paternidad llevo hasta tal punto su dominio que término creando un mundo para su propio beneficio.

Los hermanos en la ley, también son padres de familia, es decir, que algo de la autoridad paterna se supone que debería conservarse, aunque cada vez más en un pie de igualdad a la autoridad materna. La libertad de la hermandad corre el riesgo del libertinaje, la debilidad de la autoridad paterna generara una sociedad más madura donde los individuos aprendan a auto regularse o se volverá a caer en los autoritarismos. La democracia es justamente el debilitamiento del poder del padre, su castración e incompletud, aprender a tolerar la imperfección de los gobernantes es el único camino posible para evitar las tiranías.

DIFERENCIA CON LA DEMOCRACIA ATENIENSE

*L*a principal innovación de Clístenes fue establecer como principio básico la «isonomía» o igualdad de todos los ciudadanos de Atenas ante la ley. Este principio menospreciaba los derechos en virtud de la herencia familiar (aristocrácia) o de la riqueza (timocrácia de Solón) ¨.

Extraído de la página web Wikipedia.

La igualdad ante la ley es la idea central en la democracia. En las monarquías, no existe la igualdad ante la ley, de hecho el rey está por sobre la ley y la nobleza tiene privilegios. La historia humana ha sido una historia de privilegiados y perjudicados, no solo a nivel económico como bien lo percibió Marx, sino a todo nivel, cultural, educativo, laboral, judicial, político, legal, etc. La dignidad humana no ha pasado por la condición humana, sino por la condición de estatus socio económico. Aun hoy vemos estas diferencias, entre las clases medias y altas y la clase baja, especialmente entre los habitantes de las villas, donde el estado no interviene ni para lo más básico, como es el aporte de agua potable, cloacas, trazado urbano, salud, trabajo, educación. Siguen siendo los perjudicados y no tan iguales de nuestro tiempo histórico.

También en Atenas la idea de igualdad ante la ley tenía un límite, la igualdad ante la ley tenías sus excepciones por el hecho de que no todos los seres humanos eran considerados iguales, mujeres, pobres y esclavos no eran iguales. La igualdad ente la ley civil surge como un nuevo concepto o significante a partir de la revolución francesa y se vuelve incompatible con la noción de un rey o una nobleza que tuviera privilegios. Esta igualdad ante la ley terminara incluyendo a las mujeres y niños a lo largo de los siglos siguientes.

También en Atenas se llega a la democracia derrotando tiranos, como en Francia, derrotando el absolutismo. La imagen del tirano es de aquel que ha llegado al abuso de su poder y los "hermanos" así denominados desde el Tótem y Tabú, políticamente definidos como plebeyos o en la democracia como ciudadanos, se ven en la necesidad de defenderse ante la situación de inferioridad política, económica y jurídica en la que han quedado. De esta manera la primera ley que crean es "Todos somos iguales ante la ley", la democracia se levanta sobre este principio de base. Mientras que la monarquía se sostiene en un derecho divino, hay alguien que tiene un don especial, es un supuesto inicial, dios ha querido que el rey sea el rey.

Si vemos en el ámbito religioso, el cristianismo que es la religión del hijo parte de esta idea, "Todos somos iguales ante dios", igualmente amados por el Padre Dios, igualmente juzgados ante él. Por esto el cristianismo promete justicia para los pueblos, es la religión de los hermanos pero sometidos al Padre. La democracia va a esquivar esta situación de la religión porque se va a producir a nivel político social, obviamente a la divinidad no se la puede rebajar al nivel humano, pero si al rey.

La igualdad de la que se habla en Francia desde Rousseau va a la esencia en tanto que todos somos seres humanos, mientras que en Grecia iba a un punto de ciudadanía, de igualdad dentro de la casta. En Grecia el concepto de igualdad entre humanos no existía, porque la igualdad entre humanos será un concepto que hará nacer posteriormente el cristianismo y más tarde la filosofía de Rousseau a nivel político. Todos los cristianos sea de la clase social que sea, somos iguales ante Dios, somos creados por igual, juzgados por igual, amados por igual. Jesús planteaba una igualdad ante el Padre aun cuando reconocía las diferencias sociales como inevitables, ¨siempre habrá pobres entre Uds.¨ No hacía referencia a una igualdad social sino ante la ley de Dios. Jesús no fue comunista porque no creía posible la igualdad social, solo creía en ese padre dios ley. Así plantea una hermandad donde la ley de dios es para todos los seres humanos del mundo por igual. Jesús en esto de la igualdad ante la ley del padre es un revolucionario en su tiempo, porque los judíos no creían en esa igualdad ante dios, para los judíos ellos eran los elegidos de dios, por lo tanto gozaban de ciertos privilegios antes el omnipotente. Pero Jesús crea una nueva idea de igualdad que a nivel político se traducirá posteriormente en la democracia. Jesús planta la semilla de la igualdad en la historia, que se reflejara en las sociedades democráticas modernas en un código legal que incluye a todos por igual. Mientras que los hebreos tenían una ley para los sacerdotes, otra para los hombres, otra para las mujeres, otra para los esclavos, etc.

En el cristianismo están ya implícitos muchos ideales de la democracia. Una ley ante la cual todos somos iguales es un ideal democrático y de la sociedad de los hermanos. Las ideas del pensamiento religioso cristiano serán reinterpretadas y llevadas al plano político social. A partir de la revolución francesa la idea de igualdad ante la ley ya no será ante la ley de dios, sino ante las leyes civiles. Las ideas surgidas en la dimensión religiosa de la prédica de Jesús de Nazaret serán trasladadas y reinterpretadas a la dimensión política, quizás no de manera conciente, pero ya están planteadas en la prédica de Jesús. ¨La verdad los hará libres¨, ¨amar al prójimo como a si mismo¨, se traducen en los conceptos de libertad, igualdad y fraternidad. Premisas de una revolución que debilitara la autoridad paterna a través del magnicidio del rey, pero nacidas en la religión, allí donde a la vez se promovía el sometimiento al padre.

Así podemos concluir que las creencias religiosas son en definitiva trasladables a la política, porque la estructura religiosa y política hacen alusión a lo mismo, al padre ideal y a como los pueblos nos relacionamos con él.

DEVORAR AL TERRIBLE ENEMIGO

INDIOS GUARANÍ

C omo se vio anteriormente cada grupo humano, cada cultura fue encontrando diferentes modos de prohibir o permitir los distintos actos humanos donde se manifiesta la pulsión en la estructura social. Hay rituales o formas culturales características que se presentan con regularidad en las diferentes culturas. Veremos ahora como se encontraban en los indios Tupinambá a la llegada de los españoles, los modos de expresión de la pulsión de muerte, la prohibición o aceptación cultural del canibalismo, los sacrificios, el incesto y el parricidio.

Los indios Guaraní eran monoteístas, su dios se llamaba Tubá, pero tenían una visión del mundo animista, lo consideraban habitado por espíritus buenos y malos, esta división entre seres bueno y seres malos es la clásica división primitiva, tanto intrapsíquica (M Klein) como proyectada sobre el mundo. El chaman o brujo era quien ejercía el poder espiritual. La organización del poder político implicaba un cacique de característica hereditaria. Con respecto a la organización social eran polígamos aunque solo los hombres más pudientes podían ser polígamos. (Obtenido de la pagina web ¨Culturas del litoral y Mesopotamia). Eran exogámicos y el incesto estaba absolutamente prohibido, el incesto podía llevar a mortales castigos por parte de los espíritus, no solo a quienes cometían incesto sino a toda la parentela, la prohibición del incesto llegaba hasta los tíos y primos. (Pagina web: ¨El concepto de deseo según el grado de civilidad¨. Norberto Levinton)

En los indios Guaraní el dar muerte a un enemigo y devorarlo dará paso al lugar social de hombre y padre, constituyéndose así el sujeto social. Se puede leer en la página web : ¨Guerra, canibalismo y venganza colonial¨ de Perusset y Rosso: ¨una vez adulto, el rompimiento del cráneo del primer enemigo que matase le permitía acceder a la condición plena de hombre, esta era la primer venganza, primer renombre, primer acceso a una mujer fértil, primera paternidad, era el ingreso como hombre adulto a la sociedad tupinambá¨. ¨El canibalismo formaba parte de la lógica de la venganza, la que era el núcleo principal de la sociedad tupinambá. El hecho de matar y comer al enemigo era un proceso único, donde solo se tenía por venganza el comer al contrario, no meramente el hecho de matarlo¨. Curiosamente los indios Guaraní habían prohibido el incesto pero no el canibalismo. Mientras que el canibalismo se justificaba en la venganza, la prohibición del incesto permitía organizar lo social de forma exogámica.

Los indios tupinambá eran una tribu patriarcal, exogámica, canibalista y con una forma de vida absolutamente primitiva. La venganza era el centro sobre el cual se organizaban socialmente, el enemigo eran las tribus vecinas. Y esto lleva a preguntar quién es el enemigo para el ser humano. No tomando la teoría de Marx para explicarlo, no desde lo económico o la competencia por los bienes materiales necesarios para la subsistencia, que en este caso sería la selva, los animales, el agua, que posiblemente eran motivos de disputa. Sino que intento responder esta pregunta desde el psicoanálisis. ¿Qué lugar a nivel de la subjetividad puede llegar a ocupar el enemigo? En el caso de los guaraní el enemigo es aquel que les mostraba la muerte, el dolor, las perdidas, en definitiva la castración. Todo el odio y deseos de venganza recaían sobre el enemigo vivido como cruel y castrador. En sociedades tan distintas, en estructuras sociales tan distantes en tiempo y espacio, vemos aparecer el mismo conflicto. En Francia el rey que busca aliarse con países vecinos en contra de su propio pueblo, para los hebreos el faraón. De pronto en las sociedades alguien toma la forma del enemigo, un enemigo que se vuelve monstruoso y merece la peor de las muertes. Para la tribu tupinambá, eliminar al enemigo implicaba el intento de deshacerse de aquellos que continuamente los amenazaban. Alguien terrible y temible contra el cual hay que alejarse, luchar, vengarse o matar y que lograr vencerlo significaría el ingreso a una nueva organización social.

Dicho esto, se puede intentar la hipótesis de que en estas tribus el padre terrible podría estar representado por el enemigo y la vida social y exogámica comenzaba luego que se hubiera logrado matarlo. De un modo primitivo y rudimentario se puede diferenciar al padre terrible, el temible enemigo del simbólico, aquel en que se podía convertir cada hombre de la tribu como defensor de la ley exogámica, es un pasaje que cada hombre integrante de la tribu debía realizar.

Se puede pensar en este caso al enemigo como la presentificación de lo que en psicoanálisis llamamos el padre terrible, porque presenta características que lo llevarían a ese plano, castra en lo real, es temido y que al lograr matarlo, el sujeto pasaba a otra lógica social, a la pareja, a la paternidad, a garantizar la exogamia. El problema para esta tribu era que la cuestión no terminaba allí, matando a un enemigo, sino que la venganza era algo de por vida, la necesidad de matar y vengarse sería algo que no tenía fin y aquí es donde se ve que hay una falla en lo simbólico. El padre terrible no terminaba nunca de morir, reaparecía en cada nuevo enemigo que hubiera que enfrentar. El pueblo permanecía en una lucha a muerte, sin poder matar definitivamente al padre terrible, cada individuo de las tribus vecinas les representaba siempre lo mismo.

Se mantenían en una etapa sacrificial y canibalista, en venganza por aquellos seres queridos perdidos. Castrando a los castradores, permaneciendo en un plano de identificación a ese padre terrible, lo que significa caer en lo más aberrante que puede llegar el ser humano. La venganza de comerse al castrador, era algo que los tupinambá saboreaban sin pretextos ni culpas. Negociar, realizar un pacto, establecer límites territoriales, hubiera sido poder acceder a una instancia culturalmente mas evolucionada, así hubiera sido posible castrar simbólicamente al enemigo, humanizarlo y pacificar la vida de la tribu. La negociación, el pacto en sí, ya hubiera sido lograr un avance sobre lo simbólico, una forma de establecer vínculos pacíficos con las tribus vecinas. El límite territorial es una franja imaginaria que posibilita la paz, el pacto en lo simbólico.

Cada cultura tiene una forma propia de organizarse, de poder o no limitar la pulsión de muerte que es universal, porque es de toda la especie humana más allá del tiempo y el lugar, que se expresa en actos de violencia, canibalismo, sacrificios. Cada civilización tiene su manera de tratar estos conflictos que nacen de las relaciones humanas y si comparamos el totemismo de los Ojibwa con la organización Guaraní tenemos tres diferencias estructurales. Los totémicos de la tribu Ojibwa no practicaban el canibalismo, son matriarcales y además, la actitud hacia el tótem es afectuosa o de respeto, es un igual, como ellos mismos lo refieren, es decir, no tenían un dios como los tupinambá, sino ancestros a los cuales rendían culto. Son puntos que diferencian al totemismo de estas otras tribus americanas de tipo animista.

Mientras que se asemejaban en prohibir el incesto como algo que debía ser severamente castigado. La tribu guaraní seguía las características de las culturas patriarcales de la idolatría, con un hombre ejerciendo el poder al que llamaban cacique, una divinidad y una relación padre-hijo proyectada en la relación violenta con el enemigo.

Hay una fundación social muy básica en estos pueblos indígenas aun canibalistas, sin escritura ni complejidad religiosa, se conservaban en una organización inicial muy elemental. Es lo social más primario que he podido encontrar.

Freud piensa en su mito la identificación al padre como una incorporación canibalística. Si bien no hemos visto en ningún mito esto que plantea Freud, quizás podamos encontrar en esta tribu de manera proyectada esta situación. Tomando en cuenta que es una tribu patriarcal y como tal es de suponer que se produzca la rivalidad del hijo con el padre. Si es así, ¿qué debería estar sucediendo en los tiempos del canibalismo en esta tribu de Sudamérica? Se trataría del tiempo que se puede considerar de la primera identificación al padre. Los caníbales creen incorporar las virtudes del que es comido, comer al enemigo terrible seria obtener sus virtudes de fuerza y sadismo, es decir, una primaria identificación al padre terrible. La separación oral con la madre seria vivida tiránicamente y la identificación a quien se vive como agresor porque genera la separación y la renuncia de goce, seria a nivel sádico oral. La identificación al padre simbólico recién podría ser posible en el tiempo del edipo, en la etapa fálica. Hay una primera separación que marca una prohibición de la madre a nivel oral que sería vivida tiránicamente, donde el padre es percibido como un rival terrible, porque el niño vivencia esa separación, de acuerdo a como lo expresan desde la teoría de Melanie Klein, como una destrucción de su subjetividad, denominada ansiedad de destrucción. Y otro momento de separación o prohibición de la madre que instaura la prohibición del incesto, para luego pasar a otra etapa, donde el padre pasa a ser un representante de la ley.

Aun en nuestra sociedad tan avanzada simbólicamente, suele haber forclusión en la instauración de la prohibición del canibalismo o forclusión de todo el sistema de prohibiciones, incesto, parricidio, hechos aislados que suceden en nuestra sociedad y que se perciben como patológicos para el resto social. Pero en este caso la forclusión no seria sobre el padre simbólico, no se trata de que no se haya logrado la castración del padre tiránico, sino que sería algo anterior. Lo que sucede es que el padre tiránico no impuso su prohibición. Es decir, no estamos hablando de que no se logro castrar al padre y así ver la falta en el Otro y considerar al padre solo un representante de la ley social. Sino que se trata de la ausencia de la inscripción de la prohibición ya sea del canibalismo, de asesinar, o del incesto o el parricidio, no se produce la inscripción de la prohibición, mucho menos aun represión. Y esta falla se produce en el padre tiránico, estaría un paso antes de lo que Lacan llamo forclusión del Nombre del Padre. ¿Por qué en los ejemplos que se estudian sobre la psicosis como Aimé o Schreber no se producen ya sea incesto, canibalismo o parricidio? Esto se puede explicar desde el punto en que hay prohibición inscripta en ellos, sí hubo un padre tiránico imponiendo la prohibición, pero hubo ausencia de inscripción del padre simbólico. Desde esta visión lo que sucede en ellos es que hay forclusión del significante Nombre de Padre, entonces el tirano no ha sido castrado y permanecen sometidos a sus mandatos. No llegan a percibir las prohibiciones como leyes sociales, sino como mandatos. Como sucedía en los tiempos del absolutismo, el sujeto vive recién su propia castración cuando reconoce la castración del padre. Registra su falta en ser, cuando el padre revela su falta. Cuando hay prohibición la misma permanece conciente, porque la represión la genera el tiempo del padre simbólico, momento en que se reconoce la castración y la ley social. Por esto es que los psicóticos como los primitivos son concientes de muchas cosas que el neurótico ha reprimido.

Cuando no hay padre tiránico que imponga prohibiciones, quedan a nivel del goce sin límites, propio del tiempo del padre terrible. Tiempo representado por Saturno. Donde no se instauró la prohibición pueden ser capaces de llegar al canibalismo, o los sacrificios humanos y animales, al incesto o el parricidio. También el sadismo sacrificial es una prohibición que se ejerce sobre los niños, es necesario crear una empatía con el otro y con los animales para que el niño comprenda la necesidad de renunciar a su crueldad. La prohibición también recae sobre la etapa libidinal sádico anal.

Como en la paranoia no hay posición fálica, no logra identificarse al tirano, sino que queda sometido sin capacidad de ponerle límites. A diferencia de como se veía que sucedía en los tiempos de las tiranías, un tirano asesinaba a otro, quedándose con su poder y su lugar fálico de completud. La gran diferencia entre quedar sometido al tirano sin poder ponerle limites y asesinarlo ocupando su lugar de tirano, es el estar o no en la posición fálica. Así la posición fálica se relaciona con el poder y con la tiranía, mientras que en la paranoia el sujeto no podría entrar en la rivalidad edípica haciéndole frente al tirano. Para poder rivalizar con el padre el hijo debe sentir que tiene valor fálico para la madre, sino queda por fuera de la triangulación edípica.

Por otro lado hay en la cultura representación de un ser terrible que impone su goce sin límites, que desconoce toda ley posible y que es dominado solo por su impulsión a gozar. El Otro malvado está representado desde las creencias míticas por el demonio o por el enemigo impiadoso. Todo mal se representa como originado en ese ser demoníaco. Observable aun hoy en la maldición irrefrenable de las películas de terror, un ser humano o ser sobrenatural, que no es capaz de tener un instante de empatía y que carece de cualquier orden posible. Nadie sabe a qué orden aspira el demonio, solo sabemos que quiere gozar haciendo el mal. Esto difiere con el padre tirano del mandato que si bien, él queda por sobre la ley, establece un mandato para los demás y logra establecer un orden. Cierto orden social del cual él queda como privilegiado por fuera, es el padre del mandato. Tiránicamente impone prohibiciones, pero al estar él por sobre la ley es un personaje perseguidor, ya que sus leyes no lo incluyen. Pero además, estas dos fases del padre difieren a la vez con el padre en la ley, es decir, un padre simbólico que no es el dueño de la ley, sino un sujeto más sometido a una ley entendida como impersonal.

Si pensamos que las fases del padre son tres, podemos comprender que el padre tiránico del mandato vino a limitar algo que sucedía en una etapa previa, algo que sucedía antes de él. Una etapa que es necesario definir, que sería del padre terrible por fuera de todo orden. El inicial estado de goce puro es limitado por un tirano. Es así que el bebe que se mueve sin límites por el goce, de pronto tiene un límite establecido por un mandato, impuesto por alguien más poderoso. Es en la cultura la situación de una etapa temprana de sacrificios, canibalismo e incesto que ira quedando atrás en el tiempo, a medida que se vaya internalizando la prohibición en la mayoría social.

Es la situación propia de los dioses deseosos de sacrificios o de un grupo social que se entrega al goce sacrificial sin lograr una forma de limitarlo, como se sabe sucedía en las culturas Mayas y Aztecas, con numerosos sacrificios humanos que luego eran devorados. Esto sería el registro psíquico del estado de goce puro, que ha sido limitado por el padre que tiránicamente impone límites a la pulsión. Las culturas americanas lo vivenciaron con la imposición del cristianismo. Luego si la cultura lo posibilita, hace aparición el padre simbólico en la ley, que viene a sustituir o a reprimir al padre tiránico del mandato, así la prohibición que es conciente pasa a ser reprimida, a ser parte del inconsciente y se registra como una ley social razonable y naturalizada. Esta forma de clasificar en tres etapas permite ordenar el salto evolutivo simbólico que se produce entre lo terrible del goce sin límites, a la tiranía del mandato y al padre simbólico en la ley.

El padre del mandato está a un paso del padre terrible y esto lo podemos observar en la biblia, donde ese dios padre ordenador, dictador de mandatos y también incluso leyes, puede volverse violento y vengativo en algún momento de ira. Destruir Sodoma y Gomorra, generar el caos del apocalipsis en todo el universo, para luego recuperar su propia ley y reordenar nuevamente el cosmos. Así vemos que en la biblia también aparecen las distintas versiones del padre como sucede con Caelus, Saturno y Júpiter, solo que todo presente en el mismo personaje de Yavé.

En nuestra cultura judeo cristiana, ese lugar de padre terrible sin ningún orden, donde prevalece el caos, pertenecerá a Satanás, allí donde todo es solo el mal y el daño. Y denomino como padre terrible a Satanás, porque el mismo Jesús lo nombra así, cuando hace la diferencia entre ¨hijos de Satanás¨ e ¨hijos de dios¨, en Juan 3,10. Los evangelios nombran cuatro veces a los hijos del diablo o a aquellos que tienen por padre a Satanás. Es decir, aquellos humanos que realizan el mal sin límites.

Ese tiempo sin orden o límites al goce, donde el sadismo es invasivo para el psiquismo del niño, Melanie Klein lo ha estudiado en los primeros meses de vida. Es para algunos autores kleinianos una etapa de puro Ello, casi sin división con el yo. Sin embargo, para Melanie Klein desde el nacimiento el niño tiene un yo. Un yo si lo hay, absolutamente primario, apenas diferenciado de la madre. El niño proyectara ese sadismo afuera de él y así el terror es expulsado de él, pero a la vez el mundo se vuelve depositario de ese terror. El animismo primitivo da cuenta de este movimiento proyectivo. En esta etapa el goce pulsional gana a todo posible orden o limite que se quiera imponer al niño. Los aborígenes Tupinambá están con respecto a sus enemigos a este nivel, la situación de enemistad con las tribus vecinas es caótica, no existe ningún tipo de límite al goce de la pulsión de muerte, ni ninguna prohibición que signifique algún tipo de piedad hacia el enemigo.

El padre tirano no es algo que el hijo pueda generar con alguna operación lógica propia, sino que se lo vivencia como proveniente de otro. El padre impone o no un mandato, en el caso en que el padre o alguna figura no cumpla esa función, el niño es incapaz de llegar a vivenciar al mundo como ordenado de alguna manera. El niño de nuestra cultura necesita la experiencia del padre tirano para poder renunciar a la pulsión, mecanismo para el cual es necesaria la prohibición. Si bien esta experiencia del padre tirano tendrá consecuencias tanto a nivel psíquico como social, no vivirla en la experiencia implicará algo peor. Es el caos y en el caos lo que triunfa es la pulsión de muerte. Se impone no solo como goce, sino como intento de destruir violentamente a los demás, única forma de sobrevivir en el caos. De aquí es explicable que en las religiones siempre estén presentes los dioses del mal o espíritus malignos, seres que no se guían por ninguna ley, sino solo por su capricho. Estos son los dioses, proyectados por los chamanes o sacerdotes antiguos que promovían los sacrificios humanos y que la religión judía con su dios Yavé logrará prohibir, iniciándose como un mandato a Abraham, para terminar siendo una ley bíblica.

Esto nos indica que hay una fase del padre más antigua que la que había definido Freud, una fase de locura total, donde el sadismo de la pulsión de muerte es la lógica que domina el cuadro. Cuando hace su aparición el padre tirano es porque ya hay un intento de orden, aun cuando el padre este por encima de su propia ley. Estas tres fases del padre permiten entender mejor lo proyectado a nivel de las religiones y sus rituales. La manera en que se van sustituyendo los rituales religiosos y como a partir de la existencia del padre en la ley, luego de el surgimiento de las republicas y la democracia, la religión cristiana va perdiendo consenso social. Es porque el mandato de un dios ya no es necesario para dominar al padre terrible, al goce sin límites, porque la forma del estado republicano y las nuevas leyes sociales han logrado una forma más eficaz de dominar al estado de goce sin límites y de la pulsión de muerte. Dominio del padre tanto en su versión terrible como tiránica.

Así se podría pensar que del padre tirano se puede retroceder, por alguna situación social, que haga caer la prohibición y volverse a un tiempo de lo terrible, una etapa de goce sin límites y perder de ese modo toda intensión de ordenar. Situación que describí en la revolución francesa, queriendo limitar al rey absolutista, al padre del mandato tiránico, cuando la ley de la Asamblea General, que era el mecanismo superador del absolutismo, no fue suficiente, los mandatos del padre tirano son claramente desobedecidos. El rey pone en peligro de vida a Francia y la republica al buscar ayuda de los reinos europeos, la ley no logra dominar al padre tiránico y para hacerlo caer se retrocede directamente al tiempo del goce sin límites. Así cae el padre tiránico y con él las prohibiciones que imponía, esto llevará a los franceses a etapas primitivas reflejadas en el canibalismo y el parricidio social. Luego de la muerte del rey Luis XVI la sociedad entra en una etapa caótica, que los historiadores expresan como una etapa donde ya no se temía ni se respetaba al padre y donde la familia se hallaba en peligro y se temía por su disolución.

Los militares argentinos durante la dictadura pasaron de tiranos que derogaron la constitución para instaurarse ellos como la ley, hasta retroceder más en la organización, llegando a volverse ellos mismos en terribles. Torturadores, asesinos gozadores que ya no buscaban solamente imponer un orden propio sino desatar todo goce pulsional. Mucho más claro es lo que sucedió en los campos de concentración nazi. Si bien los soldados cumplen órdenes y mandatos, las mismas se pueden volver, como decía anteriormente, en situaciones de goce puro. Los soldados no tienen en su deber matar o torturar personas civiles, ni prisioneros de guerra. Por lo tanto lo sucedido en los campos de concentración es una clara transformación del mandato que busca un orden, en este caso de la primacía aria, en el terrible goce puro de la pulsión de muerte. El padre tirano que prohíbe el incesto y el parricidio, que busca imponer su mandato para ordenar lo social y familiar limitando la pulsión, no es lo que está operando en los campos de concentración. Lo que actúa en los campos de concentración es lo diabólico mismo, un goce de la pulsión de muerte irrefrenable.

Si son tres los momentos o fases de la organización pulsional, entonces se trata de un proceso paulatino donde el límite al goce va ganando terreno poco a poco. Del tiempo del puro goce, que se podría llamar padre terrible, se sale con el padre del mandato que impone prohibiciones y de allí un paso más al padre en la ley, donde se vivencian las prohibiciones como leyes sociales. Relacionándolos a la pulsión oral, anal y fálica.

Los aborígenes guaraníes presentan en lo social una organización muy primaria. Estaba prohibido el incesto, lo cual indica ya la presencia de una prohibición del padre tiránico, que organiza las relaciones parentales. Pero no estaba prohibido el canibalismo. Esto nos demuestra que algo de la pulsión puede permanece a nivel de lo terrible mientras que otras pudieron haber sido prohibidas. No habría encadenamiento progresivo en esto. Es decir, la prohibición del canibalismo, los sacrificios y el incesto se producirían separadamente unas de otras, alguna de estas pulsiones podría no estar prohibida y otras sí. Por esto hay sociedades que prohibieron el incesto pero no el canibalismo, como los tupinambá o prohibieron el canibalismo pero no los sacrificios, como los adoradores de Saturno o Baal. Reflejo en lo social de la organización pulsional humana, como exprese anteriormente, del canibalismo en la etapa de la organización oral, sacrificio en la etapa anal e incesto en la etapa fálica. Un neurótico en situación de guerra o de extrema desesperación o violencia social, podría llegar a realizar actos que lo lleven de regreso a ese tiempo primario. La prohibición cae o mejor dicho por tratarse de neuróticos, caería la represión primaria de la pulsión. A esto lo podemos saber por casos ocurridos en la historia, canibalismo en situaciones extremas de hambre, sacrificios en grupos que caen en el anarquismo y se van animando mutuamente hasta llegar a la crueldad. Gerard Haddad describe una situación vivida por un grupo de judíos donde la creencia en la llegada del Mesías derivó en la caída de la prohibición del incesto. Situaciones especiales, pueden derivar en la caída de las prohibiciones fundantes de nuestra sociedad.

1er tiempo. Goce puro. Padre terrible.

2do tiempo. Inscripción del mandato. Padre tirano.

3er tiempo. Castración y reconocimiento de la ley. Padre en la ley.

Volviendo a la pregunta para ampliar la respuesta ¿Qué estaría sucediendo en la etapa canibalística? Freud habla de una identificación al padre de manera intrusiva canibalística, como si el niño se tragara al padre. M. Klein plantea que se introyecta el pecho malo a manera también canibalística, a la vez que también se lo proyecta. Quizás sean dos formas de referirse a lo mismo, esa situación inicial de goce en el bebe que se da sin palabras, sin el registro simbólico. Sea que se nombre como el pecho malo o el padre terrible, son formas de intentar nombrar un goce mortífero en el bebe, que desorganiza todo su psiquismo y para el cual aun no hay palabras para nombrarlo. En la cultura se han llamado demonios, dioses sacrificadores, espíritus malvados, brujas, hechiceras, etc. Es un intento de personificar algo que es puro goce de la pulsión de muerte que no pudo ser puesto en palabras en su momento original. Los nombres surgen como abstracciones posteriores, que buscan darle un sentido ya sea religioso o en este caso psicoanalítico. La identificación al padre ya sea tiránico o simbólico, es algo ya posible de ser dicho, porque se produce en una etapa donde ya el niño está en el registro de la palabra.

El canibalismo sacrificial está manifestando no solo la pulsión en su goce puro, sino además una introyección del Otro malvado. Mecanismo de introyección y proyección que describe Melanie Klein. El Otro malvado está encarnado y proyectado en el caso del enemigo odiado, pero también cuando el sujeto en un ritual actúa diabólicamente o poseído por un espíritu diabólico, él mismo se ha transformado en el Otro malvado.

La primera incorporación del Otro es canibalística. El padre en este modelo de incorporación oral es entendido como caníbal y se identifica al padre en ese punto, por ser el goce en esa etapa del bebe fundamentalmente oral. No es necesario que el padre sea un caníbal, sino que el niño interpreta de ese modo al goce paterno, que es en sí pura proyección, porque de lo que se trata es de su propio goce. El niño es el caníbal que se alimenta del pecho de la madre. Si no fuera por la prohibición, del mandato inicialmente y de la ley posteriormente, el niño tendría el destino de un caníbal, ya que es la primera identificación que realiza a nivel del objeto de goce. Esta primera identificación al padre realizada sobre la base de una fantasía oral, iniciará un proceso que pasara por la etapa sádica anal, con fantasías de dominio y tiranía y posteriormente en la etapa fálica, un padre legal, que no se conduce por goces sádicos.

SOCIOLOGÍA DESDE EL PSICOANÁLISIS II

EVOLUCIÓN SOCIAL

En un primer momento en la revolución francesa la Asamblea General empieza a hacer leyes contrarias al poder del rey, el hacer leyes fue el camino que utilizaron para limitar (castrar) al rey, las leyes actuarán con ese fin, pero la actitud negativa del rey, su resistencia al cambio que se estaba produciendo, terminó generando el magnicidio. Las leyes fueron las armas que se utilizaron desde un primer momento para terminar con la monarquía.

Para el momento en que Luis XVI es guillotinado la constitución ya estaba escrita y la nueva forma republicana ya se había fundado, la ley en sí, su formulación y creación, actuaba como un método de castración y parricidio en un nivel simbólico. Consistió en destituciones parciales, paulatina pérdida de derechos y de poderes a lo largo de un tiempo. La muerte física del rey será posterior, cuando el mismo se niegue a ser limitado por las nuevas leyes. Sin dudas, Luis XVI no se pudo imaginar siendo otra cosa que no fuera el rey absolutista de Francia.

Con destitución me refiero tanto al derrocamiento del rey, como hecho histórico político, así como a una posición subjetiva ante su autoridad. Es justamente la pérdida de autoridad a nivel social y subjetivo, que se dará previamente y que terminará desencadenando su degradación a ciudadano y finalmente la muerte.

En el ideal de la republica, la que ocupa el lugar de poder absoluto es la ley, ya no es una persona, faraón, rey, emperador o militares, sino que el poder circula entre los ciudadanos. Esta abstracción del poder de toda persona, es lo que permite hacer circular la ley, ya que no queda fijada a nadie. Lo que Freud buscaba en Tótem y Tabú era el origen de la democracia, su mito no remite a un pasado pre histórico, sino a algo mucho más cercano en el tiempo. Porque la característica esencial de su mito es el asesinato del padre para que rija la ley entre los hermanos. Quién gobierna una vez muerto el padre tiránico, es la ley, no se instaura otro tirano que lo reemplace, sino que la ley es lo que regula a la sociedad.

Comparando esta nueva estructura social que surge en Francia con lo que sucede en el mito de Moisés, vemos que Moisés al dar la ley al pueblo, lo que está haciendo es instaurar un padre simbólico sobre la figura derrocada del faraón. Luego, la ruptura de las tablas de la ley, es el parricidio simbólico del padre simbólico y como veíamos antes esto genera tiranía, generará la tiranía de Moisés que el mismo limitara con nuevas tablas de la ley. Mientras que en la revolución francesa la ley genera el pasaje del absolutismo (tiranía) a la republica, es decir, sería el parricidio simbólico del padre tiránico. Pero es el acto de atravesar la castración, en el caso de los hebreos cruzar el mar rojo y en los franceses la decapitación del rey, que da muerte al tirano, en argentina perder Malvinas, es decir, hay un hecho físico concreto que resta poder definitivamente a los tiranos, para dar paso a la nueva ley social sostenida ya en ideales de los hermanos.

La ley vendría a sustituir en el poder al tirano. La completa destitución legal es posible luego de que el tirano queda castrado. Por lo tanto el triunfo de la ley sería el triunfo de lo simbólico y en este punto podría considerarse que la evolución en lo social solo podría ser simbólica, cuanto menos evolucionada simbólicamente, más pegada a lo real o al S sin sustitución metafórica. De alguna manera los gestos, los rituales, los actos y las palabras estarían sustituyendo la violencia y evitándola, así la evolución es creación en lo simbólico.

Entonces, es necesario un hecho que limite concretamente al tirano pero para que no se instaure otro tirano es necesario el pasaje a la ley. La declaración de independencia y la constitución son en nuestras sociedades occidentales la manera en que se fue dando la destitución a la tiranía. En el caso de toda América, fue la forma en que las colonias buscaron deshacerse del los reinos de Europa, claro que fue necesario recurrir a una castración concreta de poder, a través de la guerra. Los reyes europeos tampoco aceptaban el límite a la tiranía que exigían las colonias. Es necesario iniciar el camino de la ley para poder realizar la destitución simbólica de los tiranos, a través de declaraciones y nuevas leyes, lo que significa necesariamente una revolución contra el poder vigente.

La constitución es el centro fundacional de este nuevo sistema social. Un siglo y medio después de la revolución de Mayo, derogar la constitución fue el mecanismo utilizado en Argentina por los militares para hacerse de todo el poder tiránico, la constitución ha sido la línea divisoria entre la tiranía y el gobierno del pueblo, que entendido desde el psicoanálisis seria la línea divisoria entre el mandato del padre tiránico y la ley de los hermanos. Entonces, si la castración despoja de poder a un tirano, la constitución o ley sustituye su poder. Tirano no solo es un gobernante o un sujeto con poder sobre lo social, sino todo ser humano que pretenda someter a otros pero no en nombre de la ley, sino de sus mandatos, por eso el sujeto debe estar regulado de manera subjetiva por la ley. Las leyes lo que construyen es un padre simbólico, es decir, el padre en la ley. Un padre en la ley es de alguna manera uno más, en este punto el padre en la democracia es también un hermano en la ley y como veíamos justamente lo que carece la democracia es la imagen de un padre con autoridad fuerte. Derogar la constitución significo asesinar al padre simbólico e instaurar la tiranía militar. Por algún motivo, el tirano recobra completud y tiene el poder de derogar la constitución. Es como decía anteriormente, un proceso social reversible y si es posible en lo social, es porque en lo subjetivo también está sucediendo a nivel colectivo.

Como veíamos en los rituales religiosos, también sucede en lo político. Lo simbólico, el s1, luego el s2, viene en ayuda para poder salir de lo real. Veíamos que se podía considerar la muerte del rey semejante a un ritual idolátrico, como algo en lo real, es un extremo en el que cayó la sociedad francesa al quedarse sin recursos simbólicos (o legales) para poder liberarse. En Francia el posible pacto del rey con países vecinos contra el nuevo estado francés y toda su población revolucionada, dejaba por fuera toda posibilidad legal de limitarlo, la ley como s1 se hace ineficaz para castrar al rey. La guerra que buscaba hacerle el rey al nuevo estado, claramente demostraba que no reconocía la nueva constitución. La ineficacia de la ley ante el rey genera un regreso a lo real, llegando al magnicidio en la guillotina, comparando con Argentina, aquí no fue necesario dar pena de muerte a los dictadores, se sometieron a la voluntad popular de volver a la democracia. Así vemos que la ley y la constitución de la Asamblea General buscaban ser un s1 del real ¨magnicidio¨, del acto parricida social. La revolución hubiera logrado su objetivo de ir destituyéndolo de a poco, si no fuera porque el rey no acepto su destitución legal, así la violencia y el odio de la sociedad fue aumentando hasta la rebelión total y la castración absoluta del rey.

Parecería que cuando el S1 o S2 pierden la fuerza o quizás se deconstruyen y no logran el objetivo para el cual fueron formados, se regresa a lo real. Lo vemos en Jesús, su regreso al sacrificio cuando la ley del padre no logra implicarlo y ahora en la revolución francesa y el magnicidio del rey. La caída de la ley los lleva a la pulsión de muerte, al sacrificio o al parricidio, si la ley no implica al hijo o no logra castrar al padre. La ley es el gran logro simbólico y se trata de la ley que castra al padre y castra al hijo. Al hijo prohibiéndole tomar lo que es del padre y al padre limitándole su poder a través de leyes sociales establecidas.

Podemos comparar así lo que ha sucedido a nivel religioso con el hijo, con lo sucedido en la dimensión política con el padre. La ley que prohíbe el sacrificio del hijo genera un dogma religioso que sostiene una nueva creencia, un libro de la ley de dios, que es la Biblia y que contiene y enseña esa nueva mitología. Mientras que la ley que prohíbe el magnicidio o parricidio a nivel político, esa ley es un s1 que sería la que sostiene el lazo social unido al estado, la sociedad se unifica al aceptar al estado como sistema de gobierno único. Nace la ley social, con un nuevo libro de la ley que derivó con el tiempo en la constitución, más todo un cuerpo teórico que es la justificación de el sistema de gobierno.

- Prohibición del filicidio: Área religión. Libro de la ley: Biblia. Nuevo dogma religioso.
- Prohibición del magnicidio: Área política. Libro de la ley: constitución. Nueva teoría social.

Así como en la idolatría tenemos un sistema de padre tiránico que sacrifica al hijo, en el absolutismo monárquico también tenemos un rey tiránico que somete a un pueblo, quizás a la guerra, al hambre, a una justicia cruel y abusiva. Mientras en esa etapa de la cultura humana quien sea el sacrificado sea el hijo, la tiranía seguirá vigente. La diferencia se logró cuando el sacrificado fue el rey, surgiendo la republica, una nueva teoría política

(S1). El magnicidio o destituciones en Europa lo que produjo fue una refundación de las sociedades, a partir de los nuevos conceptos filosóficos sobre el poder y sobre los derechos de los ciudadanos, atravesando periodos de anarquía y caos.

También a nivel religioso está prohibida la muerte o fin de un dios rechazándolo o negándose a darle culto. Uno de los grandes pecados que la biblia adjudica al pueblo judío es el haber olvidado a Yavé o haberse negado a rendirle culto. Quizás este reclamo venga de algo más profundo, cuando el pueblo renuncia a Baal y comienza a rendir culto a un nuevo dios más poderoso, más justo, más bondadoso, que impone una nueva ley. Vemos la semejanza en el esquema de ambos sistemas, el religioso y el político, donde se cambia de figura poderosa y con ella todo el sistema y las ideas que la sostienen. Esta es nuestra evolución social, compleja y que se nos ocultaba porque estaba en lo real.

Pasar del S al s1 es un acto creativo posible en el significante. Pasar de la pulsión de muerte claramente manifestada en el sacrificio del hijo en la idolatría, al S1 que es ya la creación mítica-religiosa, con un nuevo rito religioso que renuncia al sacrificio humano, es lo que llamo una evolución de la estructura social.

Las sociedades actuales canibalísticas se han estancado en ese periodo y no han podido encontrar la forma de hacer construcciones simbólicas que le permitan ir dejando atrás esa etapa en lo real. De esta manera se podría decir que el canibalismo es no haber podido dar ningún objeto de sustitución al goce de la pulsión de muerte oral. Que el canibalismo les signifique tomar atributos del muerto para nada significa que el goce oral este simbolizado, estará en todo caso justificado, de manera delirante. Entre la leche materna y la carne humana ingerida por los caníbales parece haber metonimia pero nunca metáfora, la metáfora significa cierta renuncia al objeto de goce.

Actualmente se puede ver en el planeta la evolución cultural en sus distintas etapas, algo que en occidente se considera del pasado, aun hoy se puede encontrar como forma de vida en otras partes del mundo. Aquí podemos calcular la importancia del mito en las culturas humanas. La evolución social que se puede observar tomando la teoría psicoanalítica es de carácter simbólico y legal y las distintas etapas que se encuentran en el mundo tienen que ver con distintos procesos represivos. El hombre en la edad de piedra (indios amazónicos o tribus africanas) y el hombre moderno conviven hoy en el planeta. También el hombre de la edad media con el pensamiento mágico religioso presente en los fundamentalismos islámicos, las tiranías y absolutismos, etc. Lo que es pasado o estudiado como pasado para occidente, es actual en otras regiones del mundo. Estudiar los distintos elementos simbólicos como rituales o leyes, que sostienen y dan forma a las sociedades del mundo sería una interesante investigación que se podría realizar desde el psicoanálisis y seguramente aportaría conocimientos sobre los procesos represivos y las construcciones significantes en la humanidad. Los mitos, los rituales de sociedades primitivas actuales nos aportarían más datos sobre cómo se lleva a cabo este proceso de salida de lo real.

Tienen que darse ciertas condiciones para que una sociedad pueda generar algo nuevo a nivel del pensamiento o de lo simbólico, una sociedad que ha naturalizado el acto caníbal difícilmente pueda renunciar a él, la moral a pesar de que ha sido tan cuestionada por las excesivas represiones que ha generado, ha sido un motor de cambio en estas situaciones. Solo un gran sufrimiento humano pudo generar el cuestionamiento moral, esto ha podido producir el cambio y se lo ve en el origen de los rituales religiosos.

Esta falta de cuestionamiento moral fue vista por los conquistadores españoles en los indios Guaraní de Sud América, el canibalismo era la venganza que se realizaba al enemigo por la muerte de amigos y parientes en las luchas tribales. Un pueblo que ha tomado el canibalismo como agresión al enemigo, es imposible que lo vivencie como sufrimiento y que realice una cuestión moral y renuncie a esa forma de atacar al enemigo. La evolución social, simbólica y religiosa de estos pueblos era realmente muy básica.

Las creaciones simbólicas son las que han permitido evolucionar a las sociedades, lo que ha permitido la salida del primitivismo de la pulsión, como el pasaje del ritual idolátrico al religioso. En el caso de Israel, de la adoración al becerro de oro, al cual se le hacían sacrificios humanos, a la pascua donde se sacrifica un cordero, sería el pasaje de la idolatría a la religión.

Con respecto a la evolución de los mitos, los hebreos y cananeos no pasaron previamente por una etapa totémica, de hecho no hay evidencias de evolución del totemismo a la idolatría y luego a la religión. Los cambios serian tan extraños que nada prueba que eso haya sucedido, porque pasar del totemismo a la idolatría implicaría el pasaje del matriarcado al patriarcado y no hay evidencias de matriarcado en esos pueblos y porque con el becerro de oro hay incesto y en el totemismo está prohibido, lo cual sería una regresión imposible de imaginar ya que el totemismo tiene una prohibición del incesto con castigos extremos, las diferencias son demasiadas como para pensarlo de esa manera.

Como ya decía anteriormente entre la idolatría y el totemismo tienen grandes diferencias estructurales que hacen pensar en orígenes históricos y geográficos diferentes. A diferencia de lo que sucede con el tótem, donde la tribu es descendiente del tótem, no hay nada que haga pensar que el pueblo judío se haya considerado en algún momento descendiente del becerro, quizás esta característica diferente es lo que le permitió a la idolatría del becerro derivar en una religión, porque el origen del pueblo y de la humanidad procederá de un Padre. Tanto para el mito idolátrico de Baal como para el judaísmo el origen humano es por creación de dioses. Quizás esta diferencia le permitió volverse una religión, cosa que no pudieron realizar las sociedades totémicas. Es decir, que descender del animal totémico generó un estancamiento en esa idea que no permitió generar un cambio hacia un solo dios creador, que significaba una estructura absolutamente diferente en cuanto al concepto de origen. Esta podría ser una posible explicación, pero habría que estudiar con más detalles las diferencias entre la idolatría a Baal en los hebreos y los de otras regiones para ver que pudo generar el cambio de divinidad y sin dudas sobrepasa el interés de este trabajo, que va más dirigido hacia el origen de la paternidad.

La sociedad no es más que el reflejo de lo que sucede en la subjetividad y el universo simbólico que estas posean. Si ha habido una moralidad sexual represiva a nivel social, es porque la neurosis individual ha generado lo mismo, cada individuo se ha reprimido. Habría que investigar que causo en determinado momento histórico esa moralidad, la moralidad sexual cristiana, posiblemente tuviera que ver con limitar los nacimientos fuera de los matrimonios o la necesidad de ser más responsables con los niños recién nacidos. Sabemos que la moral cristiana acerca de la vida ha buscado ser superior y distinta a la que tenia la antigua Roma, donde los niños no deseados eran abandonados en lugares apartados. La vida humana para los cristianos fue adquiriendo con los siglos un valor que hasta entonces no había tenido. Por lo tanto la represión sexual fomentada desde la iglesia seguramente tuvo alguna otra intensión más allá de la mera represión, algo que respondería en su origen a una necesidad social.

La evolución social está relacionada a la evolución simbólica. Cuanto más compleja la sociedad en sus formas de pensar y en sus conocimientos, mayor es la red significante en la cual se despliega, mas capacidad creativa. Cuanto más básicas sean sus ideas o pensamientos, mas en la base de lo real permanecen, menos conocimientos y menos tecnología.

Con evolución social me refiero a la capacidad que tuvo

una civilización o sociedad de crear o realizar construcciones simbólicas que le hayan permitido salir de lo básico de lo real y de ir internalizándose en el mundo del lenguaje y de los símbolos de maneras cada vez más complejas. Se puede ver que ese progreso en lo simbólico, en la ley y en el dominio de la pulsión es algo que una sociedad puede perder en determinados momentos extremadamente límites. Una sociedad avanzada en el dominio de lo simbólico como era la francesa del 1793 de pronto pudo regresar en pocas horas a etapas iniciales de la humanidad. Esta pérdida de la ley y de todos los recursos simbólicos se ha visto también en situaciones de guerras, donde los soldados son participes de sucesos que jamás en su vida hubieran imaginado, violaciones, crímenes de niños, devoración de los cadáveres de los compañeros muertos, suicidios, etc. El edificio simbólico que llevó miles y miles de años en construirse, se desmorona como un castillo de naipes, tanto a nivel subjetivo como social. Es un gran esfuerzo el que le lleva a una sociedad reconstruir la legalidad, el orden del poder y las cadenas significantes rotas luego de una guerra o de una tiranía y claramente luego de ese acontecimiento no volverá a armarse de la misma manera, no volverá a ser igual.

METÁFORA DE LA BANDA DE MOEBIUS EN LO SOCIAL

En la banda de Moebius, hay un punto donde el adentro y el afuera se unen. Siguiendo esta metáfora, la ley es un punto de conexión entre lo social y el sujeto, entre lo sociológico y lo psicológico. Además de la ley, las dos versiones del padre también se construyen entre lo social y lo subjetivo. Estos elementos surgen en esta interacción, en esa región donde estas dimensiones se entrecruzan.

Es por esta interrelación entre lo subjetivo y lo social que la ley determina o delinea la realidad y la posibilidad en el sujeto de comprender dentro de qué parámetros se debe hacer la realidad. La ley ordena y da pautas al sujeto. Esta característica de la ley de ser subjetivada y a la vez ser parte de lo social, posibilita que el sujeto este sincronizado con el todo social. El sujeto que no logra esta sincronización es declarado psicópata o esquizofrénico, dependiendo de las características del caso.

Si vamos a las leyes fundacionales de la cultura, en nuestra sociedad, por ley, el canibalismo es algo que no debe suceder en la realidad y a diferencia de otros pueblos primitivos, prácticamente en nuestra sociedad no sucede, salvo en casos que consideramos de grave patología psíquica y que desde el psicoanálisis se puede establecer como un gran déficit simbólico. Entonces no es que la ley sea la realidad sino que la ley es el marco, término utilizado por Lacan. El marco que nos delimita aquello que debería o no suceder, que nos indica lo que podemos o no hacer, luego teniendo ese marco como parámetro, sucede el todo social, aun lo que legalmente no debería ocurrir. Aquellos que no cumplen la ley o la desconocen, que se escapan del marco, son los que la sociedad busca encerrar, como dice Foucault, ya sea en la cárcel o en los manicomios, ya que la ley no los contiene, los contienen los muros. Como parte del marco de la realidad, en nuestra cultura habría que agregar que Lacan también incluye el objeto a, la prohibición del incesto y la salida a la exogámia. Esto delimita en nuestra cultura las relaciones de pareja y por lo tanto demarca la realidad. Esto que plantea Lacan, no es más ni menos que una de las leyes fundamentales de nuestra cultura. La ley en su sentido más abarcativo es para la sociedad el parámetro de la realidad, a nivel subjetivo la ausencia de este parámetro significa pérdida de la comprensión de la realidad, tal como es entendida por los neuróticos.

La interrelación entre lo subjetivo y lo social genera también el motivo por el cual al caer la ley externamente o en lo social, la realidad interna también se ve afectada. Supongamos en casos de guerras o bombardeos, donde se genera un caos en la población, se pierde la organización social, causa ansiedad paranoide colectiva y la falta de ley, que es el marco que delimita las acciones y contienen la pulsión de muerte, se combina generando el terror. Se siente en riesgo la vida, no es algo que se observa, sino que se lo vivencia. La ley se incorpora como propia, se subjetiviza y cuando deja de ser el orden social que regula las relaciones entre las personas, intentando acomodarse, el sujeto necesita realizar también un cambio interno. Pero cuando el terror imposibilita la acomodación a la nueva situación, lo que surge es la paranoia colectiva, es decir, que puede haber psicosis colectiva ante la caída de la ley. Ya Freud planteaba la identificación histérica como algo que puede suceder en un grupo, de una joven que recibe una carta de amor y la lee a sus amigas, identificándose todas a la dueña de la carta. También suceden reacciones colectivas generadas por una experiencia en común, generadas por la caída de la ley que regula lo social.

Esta caída de la ley a nivel social, que tiene consecuencias en lo subjetivo, puede llevar a que la gente grupalmente realmente se transforme, que haga cosas que jamás harían individualmente. La historia está plagada de estos hechos, en las revoluciones, en la desorganización y violencia que lleva a matar o morir. También en los linchamientos, el grupo pierde el control porque pierde la ley, interna y externamente. El psiquismo de los sujetos pueden desestructurarse colectivamente y es justamente la multitud la que se va impulsando para llegar cada vez más lejos. El desborde y la caída de la ley es justamente la caida en el goce de la pulsión de muerte.

Así es como la realidad externa al sujeto, a través de la ley, es posible de ser ordenada y comprendida y vivenciada como algo que también genera un orden interno. Así como la realidad externa sin ley es un caos, el mundo interno sin ley también es un caos. Saber que allí afuera todo está funcionando desde la ley es tranquilizador, pero cuando algun acontecimiento hace caer la ley, el sujeto internamente también vivencia esta caída. Los crímenes producidos por ¨emoción violenta¨ o los robos por saqueos a supermercados, son expresiones de caidas de la ley en la subjetividad pero ante todo en el medio social.

La ley ordena el mundo social de una determinada manera propia a cada sociedad o cultura, dependiendo del tiempo histórico, un mundo que propicia o respalda el canibalismo o el incesto, no puede pretender un sujeto estructurado psíquicamente de una forma diferente en su orden interno. La capacidad de una sociedad de darse leyes moralmente más exigentes depende de los sujetos que la componen, pero a la vez los sujetos dependen de la ley social que aprenden desde la infancia. Es decir, que la realidad externa y la realidad interna están profundamente conectadas e interrelacionadas.

Sin embargo, sociedades legalmente muy avanzadas contienen y generan individuos que carecen de esa legalidad internalizada y aquí es donde podemos ver que cada sujeto es un caso, una situación aparte. Que una sociedad sea avanzada legalmente no significa que todos sus individuos estén en la misma situación. Aunque se pueda estudiar lo social desde el psicoanálisis, la generalización que significa una sociedad no puede ser lo que dirige el estudio de los sujetos, que será diferente, desde la clínica no se puede dejar de pensar en el caso por caso.

EVOLUCIÓN DE LOS SIGNIFICANTES

ESTRUCTURACIÓN PSÍQUICA

Cuando parece que se ha llegado a un conocimiento, a comprender algo, de pronto todo cambia, lo que se entendía de un modo ya no está más, desaparece y aparece otra forma. El pensamiento humano no tiene una continuidad progresiva, tiene una lógica metonímica y metafórica, pero no es continua. No es como una numeración 1, 2, 3, etc. Los significantes no se enfilan con tanta simplicidad que nos permitan conocer su curso a lo largo de la historia. Visto así, las cadenas significantes y sus significaciones, que implican pensamientos o conocimientos, no solo en las religiones, también en la historia de la filosofía y de los conocimientos científicos, no siguen una continuidad que se pueda leer y seguirles el rumbo sin cortes, sin fisuras. Sino que saltan a algo quizás opuesto o tan diferente que solo tienen por unión un elemento quizás metonímico imposible de hallar. Esa continuidad no siempre es por similitud, también puede ser por oposición, como por ejemplo, pasar de la esclavitud sostenida en la idea de la superioridad de unos sobre otros, a la idea de la libertad como derecho natural para todos igual. Oposiciones y metonímias que significan conceptos y formas de sociedad muy diferentes. Así van surgiendo los cambios de pensamientos sostenidos en algo anterior y luego pueden ser retomados o nuevamente transformados en otra cosa. El significante ¨superioridad¨ha tenido diferentes significados dependiendo de en que contexto fue planteado, en el esclavismo, en el religioso, en el nazismo o en las castas sociales. Un significante que ha permitido justificar diferentes ideologías y sociedades y que cada tanto es desenterrado por algún iluminado.

Los significantes en la historia aparecen como en una excavación arqueológica. Distintas capas de tierra, de objetos o mejor dicho pensamientos, producidos en diferentes tiempos, quizás con miles de años de diferencia, en pocos metros de profundidad, todo cambia, así sucede con la historia social de la humanidad. Nada aparece que conecte un tiempo de otro, una organización de otra. Una capa sobre otra, que va enterrando el pasado, reprimiéndolo, olvidándolo. Al intentar conocer la arqueología y la historia del psiquismo humano aparece esa dificultad, una quisiera poder seguir el origen y surgimiento de un significante y ver como se fueron desarrollando las ideas en relación a ese significante, como fue evolucionando, que hechos lo hicieron evolucionar, pero continuamente se encuentran cortes, limites en la posibilidad de seguir su curso histórico. Entonces solo queda estudiar estructuras, recortes que hacen a ciertos momentos de la historia y comparar, por ejemplo las democracias, en Grecia y en la actualidad, tomarla como una estructura a analizar, que tiene su reflejo en la subjetividad. Qué puntos en comun tenemos con los griegos de hace mas de 2.000 años. Qué puntos conectan aquella estructura con la actual.

Los significantes en lo social se asemejan a lo que planteaba Freud sobre el psiquismo, se van estructurando como capas. Se forman unos sobre otros, no están todos encadenados entre sí, sino que van apareciendo nuevos en base a una existencia previa de sentidos que los posibilitan, pero que al reaparecer lo hace generando formas nuevas, topologías nuevas. Cuando se van levantando las capas van apareciendo aquellos sentidos cada vez más primarios que fueron quedando por debajo de ideas más complejas, más elaboradas. Pero no se puede determinar en qué momento se produjo el salto evolutivo, algo así se observa también en biología. Por ejemplo, esto se ve en las religiones judeo cristianas y la vinculación de sentidos profundos que presentan con la idolatría. Donde aparece un corte en las cadenas significantes de la idolatría, se generan metáforas y a partir de ellas un mundo nuevo, una civilización nueva. También se puede observar en las distintas culturas como la totémica, el tótem es una representación metafórica del semejante. A nivel de la política, se puede intuir como el sacrificio del rey padre viene a convertirse en el opuesto del sacrificio del hijo en el surgimiento de un nuevo sistema de gobierno, donde los hijos toman el poder social y destituyen al padre. En el falo y sus tres registros, donde la castración del rey hace surgir el falo simbólico generando un profundo cisma en el patriarcado, produciendo también este hecho una nueva civilización. Todas esas cadenas simbólicas fueron dejando residuos simbólicos en la cultura, desde el Neandertal con su animismo y su pensamiento mágico, la mitología antigua, las religiones monoteístas, nada ha desaparecido del todo, sino que permanece ya sea como imaginario o transformado en algo más complejo o incluso en su opuesto.

Se puede ver que un pensamiento o un significante vino a colocarse sobre el otro, de alguna manera a reemplazarlo, sustituyendo el modo de comprender las cosas, de vivenciarlas. Pero esta en claro que no se puede organizar un significante sino es sobre una base previa. No solo Freud y Foucault percibieron esto, de alguna manera esto plantea Piaget cuando describe a las distintas etapas de la inteligencia, cómo cada etapa se va estructurando en base a otra previa, aunque no sea o no tengan una continuidad simple. Lo que hace Piaget, desde mi punto de vista es más que estudiar la inteligencia, es estudiar cómo se entiende la realidad en las distintas etapas de la niñez, las cosas, el mundo y esos pasos que se van dando en la niñez para tener una comprensión cada vez más compleja y elaborada de las cosas y de las relaciones entre las cosas. Se dan saltos progresivos, transformaciones en la estructura pero que no se logra aun establecer sobre que columnas se sostienen los cambios.

Por esto es que cuando se trata de entender una etapa previa de la cultura o un tiempo histórico mítico diferente, desde un pensamiento estructurado bajo otros significantes es que aparecen contradicciones y proyecciones equivocadas. Por ejemplo, se ve en la proyección sobre el significado del tótem que hace Freud, busca al padre allí donde nuestra cultura espera que esté, pero resulta que los sujetos que hablan del tótem dicen expresamente otra cosa, otro significado inimaginable para nosotros. ¿Entonces como interpretar esto? Desde el psicoanálisis lo importante es lo que dice el paciente, no lo que supone el analista. Esto demuestra que cuando se busca entender una estructura más antigua o en este caso también diferente, hay que tratar de encontrar el significado que tenía en aquel momento para aquellos sujetos. Es decir, no manipular las cosas para que la teoría psicoanalítica encaje en las estructuras que estudiamos, sino todo lo contrario, ver la estructura, analizarla y a partir de allí utilizar la teoría para entenderla o en todo caso hacer teoría.

Es destacable el aporte que hace Rousseau para la formación de una nueva civilización. Pero ¿Qué llevo a Rousseau a escribir sobre la "igualdad, la libertad y la fraternidad"? Estas nuevas significaciones que realiza sobre esos antiguos significantes, que se le ocurrió por algún motivo a Rousseau, corta con el absolutismo histórico del poder. Conceptos nuevos, cadenas significantes nuevas que cambian la historia de la humanidad, generan una nueva capa construida sobre otras. Pasar del absolutismo a la republica y a la democracia, es un cambio impactante en la historia de la humanidad y solo se sostiene en palabras, en ideas, en la infinita posibilidad de combinar significantes, ampliar sus sentidos y complejizarlos.

El surgimiento de la ciencia también generó un cambio de orientación en el pensamiento, sepulta el pensamiento mágico como modo de comprender el mundo. El pensamiento empírico científico no admite lo ilógico del inconsciente, aquellas pulsiones que se expresaban tan expuestas en los mitos y religiones, en nuestra sociedad actual parecen impensables y aberrantes. Qué ha pasado con toda esa expresión del Ello, con toda esa pulsión expuesta en los mitos, lo habremos elaborado en lo simbólico o aun permanece desde el inconsciente generando efectos que no asociamos con aquello.

Nietzsche como también Foucault plantean que no hay progreso, que no existe la evolución, sin embargo algo hay, porque hoy el ser humano ha llegado a el espacio, es algo que los hombres antiguos no podían hacer, entre otras cosas. Hay un mayor dominio tecnológico de la materia y la energía, un dominio que ha permitido hacer cosas que antes se presentaban como fantasías. Pero esto no ha significado una modificación de fondo del ser humano, el Ello, la pulsión de muerte, sigue presente en cada niño que nace y por lo contrario, el mayor dominio sobre las leyes naturales ha puesto en mayor peligro a la existencia humana. Si algo de la pulsión se ha tramitado en lo simbólico, tiene la fragilidad de un cristal, la más mínima violencia lo rompería para hacer surgir la pulsión en su desnuda expresión, volver al primitivo, al cavernícola, es una amenaza permanente que cualquier guerra o dictadura deja en evidencia. El progreso tiene la fragilidad de la palabra.

¿SE PUEDE HABLAR DE PSIQUISMOS PRIMITIVOS Y PSIQUISMOS MODERNOS?

El psicoanálisis es una técnica para acceder a una verdad, una verdad que está presente en el sujeto que habla. Pero el psicoanálisis al ser una teoría que estudia una parte de lo humano, es relacionable con otras ciencias humanas, por ejemplo, la historia. Y como técnica que sigue el curso de los significantes, también podría ser útil para extraer una verdad de la historia humana. De hecho confieso que es mi ambición, porque sería maravilloso poder aportar desde el psicoanálisis aquello que falta en la historia tradicional. Incluso usar su teoría para hacer historia que no sería como la historia clásica, sustentada en hechos relacionables por causa efecto, sino una historia de lo profundo, de una lógica del inconciente. Por ejemplo, las modificaciones histórico sociales del patriarcado o del poder o una história de la represión de la pulsión.

Pero más interesante aun sería poder hacer una historia del psiquismo y para eso habría que tomar los conceptos del psicoanálisis, analizarlos, establecer su surgimiento y sus variaciones en el tiempo, e incluso en su ausencia en otras culturas. Se puede hacer una historia del psiquismo occidental. Conceptos como el inconsciente, el superyo, el falo, la función paterna, van surgiendo en el tiempo y a partir de qué hechos. Qué sucesos sociales los desencadenaron. E incluso poder establecer aquello que es universal. Universal es aquello que no cambia, aquello de lo humano que no es modificado ni por el tiempo ni por el lugar geográfico. Sino que lo encontramos tanto en los hombres africanos, como americanos o europeos, en todos los continentes y en todos los tiempos. Desde el psicoanálisis se necesita estudiar lo social y la arqueología para poder hacer una historia del psiquismo.

Se puede hablar de psiquismos primitivos o modernos en tanto reconocemos que hay una diferencia estructural, pero donde el psiquismo moderno encuentra sus bases en formaciones originadas en el pasado, como la ley, la represión, el origen del superyo y la simbolización, que fueron cambiando la estructura, la complejizaron. No se puede decir que el psiquismo es el mismo en todos los tiempos o en todas las geografías, pero sus bases arcaicas aun están y las encontramos más claramente en algunas patologías extremadamente graves. Lo que en el pasado fue en nuestra cultura un hábito social conocido por la antropología como el canibalismo, los sacrificios, los parricidios, incesto, hoy por efecto de la ley y la represión que ha generado, nos resultan actos aberrantes, inimaginables y esto no es solo una cuestión de costumbres, es un cambio de estructura tanto social como psíquica. Un cambio en los sistemas legales de la sociedad que determinan un cambio en el psiquismo. Explicado con la metáfora de la banda de Moebius, el sujeto se sincroniza con el afuera social.

Lo primitivo es ante todo carencia de recursos simbólicos. El progreso se trata de construcciones simbólicas, pero justamente la carencia simbólica es la característica del primitivo y por este motivo presenta menos posibilidades de generar pensamientos e ideas, el primitivo es un hombre carente de complejidad simbólica. La matemática, la filosofía, el dogma religioso, el mito, el conocimiento en si es construcción simbólica.

La religión pone de manifiesto que tanto el hombre antiguo como el hombre actual hace lo mismo ante lo sobrenatural, las premoniciones, predicciones y presentimientos son tanto antiguos como modernos. Es la educación la gran diferencia, pero la educación en sí qué es sino el aporte de recursos simbólicos, no solo escolares sino también familiares, principalmente de los significantes primordiales de nuestra cultura.

Siguiendo la misma línea de pensamiento con respecto a lo expresado sobre el tema de los caníbales y como va evolucionando la mente humana en el tótem y en el cristianismo, alejándose cada vez más de lo real, se puede decir que lo primitivo es vivir en lo real. En la escasez de simbolización y en la pulsión sin ley que la controle. La moral en primera instancia viene a cuestionar ese goce de la pulsión generando un goce de forma sustitutiva, en un objeto que no es el original pero que disminuye la violencia. Sacrificar y devorar el animal totémico es para la tribu menos violento que sacrificar y devorar un semejante. Disminuye la violencia permitida entre los miembros del clan producto de una visión más valorativa del otro, así la vida propia y del otro adquiere un valor sagrado.

Llegar a saber cómo se pasó del animismo a los mitos y de la idolatría a las religiones es lo que nos permite conocer lo que se puede denominar la historia arqueología del psiquismo o historia de la formación estructural del psiquismo. Porque esos pasos en las creencias están indicando cambios sociales y psíquicos de cada época histórica. Entre lo social y el sujeto se produce un intercambio de significantes que permite comprender la interrelación y la interacción entre lo social y el psiquismo, así el sistema de creencias, el sistema de poder, son expresiones reflejas de lo que la humanidad internamente fue en determinando tiempo histórico.

Estudiar el surgimiento de significantes o incluso de la gran producción de lo imaginario en la vida psíquica humana, porque debemos pensar que inicialmente, en el ser humano primigenio no existía lo simbólico, solo el mundo físico. Surge la pregunta de en qué momento y a partir de qué hechos surge también por ejemplo, el falo imaginario o qué permitió creer en la completud del gobernante que parecería ser una simple proyección del padre ideal, pero que no sufrió cuestionamientos hasta que por algún motivo se llego al magnicidio. O el falo simbólico, que genera castración y una falta que conduce al deseo, más allá del goce de la pulsión. Mucho más da para preguntarnos en nuestra cultura el surgimiento del padre imaginario y el padre simbólico ante la llana biología reproductiva. La evolución psíquica es algo que no podemos desde el psicoanálisis obviar. Lo que sucede en el niño actual, debió suceder en el pasado de alguna manera, experiencias que generaban cambios en el psiquismo. Si fue posible en la historia, además de en el niño, por qué dar por imposible que se pueda producir también en las psicosis. Primero deberemos tener muy en claro qué cosas produjeron la evolución estructural del psiquismo, para luego poder intentar algo en las psicosis. En primera instancia sabemos que un niño debe ocupar un lugar fálico con respecto a la madre para poder ser castrado y que en los tiempos de los sacrificios de hijos justamente lo que estaba faltando era ese lugar fálico. Por qué no aspirar a lograr de manera artificial esto en las psicosis, anhelando producir un padre simbólico.

Evolución psíquica no es lo mismo que la evolución del SNC o del cerebro. Lo que desde el psicoanálisis deberemos estudiar es el surgimiento de aquellos contenidos surgidos de la experiencia de vida y que se van transmitiendo entre las generaciones. Si nos remontamos a Atenas, hace 2500 años aproximadamente, vemos surgir un tipo de pensamiento lógico racional, el primer paso dado en la salida del pensamiento mágico. Una forma primaria de democracia, de ciencia, de pensamiento lógico, de filosofía que seguramente no por casualidad, se presento en un tiempo democrático. ¿Cuál es la relación entre democracia, filosofía y ciencia? Lamentablemente no es este el lugar para analizarlo.

FUNCIÓN PATERNA EN
NUESTRA CIVILIZACIÓN

L acan plantea que la prohibición impuesta por la función paterna, lleva a la separación del niño de la madre y de ese modo solo le queda la posibilidad de ingresar al significante, a la cultura.

El concepto de Lacan de función paterna, está definido de manera tan amplia que implicaría que incluso en las sociedades donde la paternidad no existe, ni como conocimiento de reproducción, como en muchas sociedades totémicas y en las matriarcales, lo que se instaura es la función paterna. Desde una mirada antropológica, donde el psicoanálisis tiene para aportar, es necesario reconocer las diferencias culturales. No se puede delimitar la función socializante que realiza como exclusiva de nuestra cultura o del patriarcado, es correr el riesgo de dejar afuera un concepto más general y que implica también a las sociedades donde la paternidad es desconocida.

Esa función que Lacan llama función paterna, también se instaura con ciertas diferencias en el matriarcado. Varía dependiendo de qué civilización se trate y a quien se le adjudique el principio de la ley. En nuestra cultura, que sigue inmersa en los significantes paternos, también la ley es impuesta desde la hermandad, que ha puesto al padre en la ley al matar el tirano y que a escala social está representada por la democracia y que atenúa la autoridad paterna al ser regulada por un cuerpo de leyes de la políticas y sociales. El padre de familia ante la ley es un igual, aun cuando Lacan plantea que en el primer tiempo del edipo el padre sea el interdictor, pero el sujeto adulto comprende que la ley es algo que en definitiva corresponde a todos los ciudadanos. Es decir, estar en una sociedad de ciudadanos iguales ante la ley, también ha modificado la función paterna, porque nos ha permitido castrar al padre como autoridad absoluta de la familia, como sucedía en épocas pasadas. Los absolutismos de poder se han limitado a partir de que los ciudadanos dominaron y castraron al tirano en lo social.

Es necesario no confundir los conceptos, poder diferenciar lo que Lacan denominó ¨ser padre¨, que solo es posible en los patriarcados, de la función socializante, que en definitiva de lo que se trata es de instaurar en el psiquismo del niño las prohibiciones o leyes de su cultura. Lacan toma este concepto a partir de los análisis, nos explica como se presenta en el sujeto de nuestra cultura patriarcal, pero si queremos llevarlo e insertarlo de un modo más amplio a la cultura humana, inevitablemente hay que ampliar la visión sobre este tema. La instauración de la ley, la genealogía y la filiación no son propiedad exclusiva del patriarcado, en nuestra cultura se dio que la paternidad fue el significante alrededor del cual se construyo toda la organización del poder y la autoridad, mientras que en los matriarcados esta misma organización se generará alrededor de la figura materna. Matriarcado y patriarcado intentan instaurar las prohibiciones y la ley y otorgan un derecho al poder que establezca límites a la pulsión y permitan ordenar lo social. Ambos también establecen la línea de descendencia a través de significantes representativos que dan identidad. En el patriarcado el apellido paterno, en el matriarcado la pertenencia al tótem materno. Lo que Lacan llama función paterna es en realidad una función socializante de la cultura humana que necesita un orden y una organización para poder funcionar y se presenta tanto como proveniente del padre como de la madre, porque es una función simbólica, no un rol propio a cada sexo.

La función de separación del niño de la madre no es solo un logro propio del patriarcado. Claramente las distintas culturas humanas demuestran que no es imprescindible la figura paterna para que se produzca dicha separación, hay otras maneras también eficaces de generar la exogamia y la prohibición de las distintas mociones pulsionales, pero que de todas maneras es necesario que alguien o un grupo ejerza como autoridad, imponiéndose sobre cada sujeto.

El padre como lo entendemos no es algo natural. No hay padre simbólico en la naturaleza de los primates, solo reproductores o macho dominante de la manada. El padre es una invención de la cultura que da un lugar al hombre en la sociedad y la familia. Nuestra cultura ha inventado al hombre civilizado y también al padre, se le ha adjudicado una función mas allá de la reproductiva creándole un lugar en la familia. Si bien lo ha sacado del instintivo lugar de macho dominante de la manada, le ha dado a cambio por mucho tiempo el poder sobre la mujer y los niños, un poder que se ha naturalizado por muchos milenios en nuestra civilización, pero que no puede ser más que una conducta en su origen de los primates. Si el instinto propio de los primates lleva a buscar el dominio como modo de conservar la vida, el patriarcado por mucho tiempo abaló ese instinto de dominio transformándolo en algo siniestro, dando al padre incluso poder sobre la vida de la mujer y los hijos. Esto hoy choca contra el ideal de libertad y el derecho de la mujer a ser un sujeto emancipado. La cultura que transformo el instinto como conservación de la vida de la manada en pulsión de muerte, hoy reconoce que ya no hay hembras a las cuales someter, ahora hay mujeres, la cultura por fin reconoce que la mujer existe, que no es un hombre castrado como decía San Agustín. La cultura ha cambiado, ha puesto a la mujer en el derecho y hay un nuevo universo simbólico que está determinando las conductas. Pero los instintos no mueren solo se transforman en pulsiones, son llevados por el universo simbólico a la dimensión de la pulsión. La pulsión que está entre lo orgánico y lo simbólico, deberá ser llevada a una represión en tanto se haya vuelto pulsión de dominar hasta la muerte, algo que no solo se da en los femicidios, sino también en las guerras y conquistas territoriales. Esto permite pensar que cuando se habla de pulsión de vida, ya está actuando la prohibición, ya que la parte simbólica de la pulsión no puede escapar a la ley, esto se justifica en el planteo de Lacan, que la pulsión de muerte está en lo real.

A nivel natural o primate, entre el macho y la cría hay una distancia, esa distancia entre dos seres masculinos implicará rivalidad, la cultura ha cambiado esta situación natural a través de construcciones simbólicas, con prohibiciones, funciones legales, líneas de descendencia, derechos de poder y autoridad. En biología se llama padre al organismo masculino que genera el esperma, pero esa función biológica masculina es solo una parte de lo que llamamos padre. En nuestro mundo simbólico, proceder de un determinado organismo masculino no nos hace necesariamente su hijo ni tampoco el no proceder de su biología, nos impide ser su hijo. La paternidad que surge como conocimiento de la reproducción sexuada, que tiene una vertiente biológica, se ha convertido en una creación significante sostenida en leyes y en un sistema de organización social, puesto que la paternidad como función e incluso como rol, solo existe como un invento abstracto de nuestra civilización, ni siquiera de todas las civilizaciones humanas.

El patriarcado también ha creado al padre ideal, de nivel imaginario, nos ilusiona con que nos va a guiar y conducir por el buen camino, resolviendo todos los problemas sociales. Lo cierto es que los caminos del patriarcado han sido históricamente violentos, abusivos y desconsiderados. Aceptar la falta, la carencia de existencia del padre completo, será más conveniente que caer en los absolutismos. El tirano intenta darle un cuerpo al padre, hacerlo completo, no castrado.

La paternidad es un significante que se presenta en nuestra civilización en tres niveles. A nivel familiar, alrededor del padre de familia que constituyó el poder sobre el grupo familiar. El patriarcado a nivel social ha organizado el poder político alrededor de figuras masculinas y el padre como divinidad organiza lo subjetivo social y nos integra a una familia universal y un origen común. Estas tres instancias donde la paternidad ha gobernado, dejarán históricamente por fuera a la mujer de cualquier inferencia sobre lo social y religioso.

PADRE EN LA FAMILIA:

Siguiendo un poco el tipo de formulación que realiza Lacan sobre la mujer, se podría decir que el Padre no existe, no existe un padre instintivo, existen los papás de familia y que intentan llevar adelante una función, que sirven como modelo de identificación, pero aun así cada uno tendrá que crearse como padre. Para eso contará con la arquitectura social que le dará una genealogía y filiación desde la cual sostenerse, pero el ¨ser padre¨, sobrepasa lo legal y lo biológico. Ser padre es una creación psíquica, un deseo que también manifiesta una falta y una ecuación niño-falo, que las evidencias indican que no es exclusiva de la mujer.

El padre como hombre en el segundo tiempo del edipo, aparece portando el falo, como aquello que la madre desea. Es el hombre en relación con la madre. Esto mismo se estructura en las sociedades matriarcales, donde el hombre de otro tótem aparece en lo deseable para la madre, pero sin ser el padre. Tanto Freud como Lacan hablaron del padre para pensar este momento estructural, pero estas culturas que desconocen lo paterno, hacen pensar que lo que aparece allí es lo masculino, independientemente de que se trate o no del padre.

El matriarcado es también una invención cultural, aunque la relación inicial del niño con la madre la ubica naturalmente en un lugar de poder, pero en el matriarcado el niño una vez adulto no disputa el poder a la madre, acepta la autoridad matriarcal. Hay una relación natural desde lo biológico del embarazo, el amamantamiento y la crianza, propio de todos los mamíferos de la tierra, la enseñanza del niño es una conducta materna en la naturaleza. Aunque desde el psicoanálisis ya no sea considerado instintivo, porque en cultura entran en juego otras variables, como el deseo y la pulsión, aun seguimos siendo seres de la naturaleza. Aquí el instinto, en este caso materno también lleva a la conservación de la vida, mientras que la pulsión de muerte puede llevar tanto a la muerte del hijo como de la madre, en un aborto. Pero aunque la posición de la madre inevitablemente sea de poder, incluso poder sobre la vida del niño, aun así el matriarcado no es algo natural, al estar en lo simbólico es también una construcción significante, al establecer la filiación a partir del tótem y donde la autoridad materna va mas allá de la etapa de crianza, es la autoridad que organiza lo social.

La separación de la madre es algo que se da en todos los animales y es generada por la misma madre, en especial el destete, aunque claramente los animales no perciben el incesto como algo prohibido. El matriarcado en este punto debería ser la expresión cultural de algo natural, sin un padre que sea el interdictor, el incesto debería ser algo ni siquiera percibido como tal. Si fuera imprescindible la función paterna para que se produzca la separación, entonces ¿qué sucedería en los matriarcados? serían sociedades incestuosas y la realidad es que mayormente no lo eran. La prohibición del incesto es social y cultural y el matriarcado ha demostrado que no hace falta la estructura edípica para prohibirlo, que hay otras formas posibles de generar la exogamia. Lacan quiso instalar aquí la figura del avunculado, la autoridad del tío, pero el avunculado no es una costumbre exclusiva del matriarcado, ni todos los matriarcados la presentan, por otro lado al tratarse del hermano de la madre y las relaciones incestuosas están prohibidas, carece eficacia como objeto de rivalidad. El tío materno aun teniendo autoridad, carece del segundo tiempo del edipo, allí donde el hombre portador del falo es deseable para la madre. Así el tío materno aparece más como un apoyo, un auxiliar que reconoce y refuerza la autoridad matriarcal, que un padre imponiendo la ley.

La visión del padre que nos dieron tanto Freud como Lacan en algún punto sigue la línea del mito del Padre, como aquel único capaz de ordenar la vida social y psíquica de los seres humanos. EL matriarcado nos deja la evidencia que el padre como el que ordena el mundo tanto subjetivo, social y cósmico es un mito.

PATRIARCADO EN LO SOCIAL:

A nivel de lo social el patriarcado se ha impuesto como forma de organizar el poder y el gobierno. Históricamente en la zona de medio oriente y Europa los gobernantes mayormente han sido hombres y con el desarrollo de un poder extremadamente despótico. El poder del gobernante no solo llegó a determinar leyes y mandatos sobre el pueblo sin ninguna posibilidad de cuestionamiento, sino un poder sobre la vida misma de la población. ¿Cómo se fue estableciendo un sistema de poder tan tiránico sobre la población? ¿Por qué la población acepta perder la libertad de la naturaleza para pasar a vivir bajo regímenes que los someten? Solo es posible bajo un sistema de opresión extremadamente violento y poniéndolos al límite de perder la vida. Situación que las mujeres no solo han vivido a nivel social sino además a nivel intrafamiliar, la sumisión de las mujeres no ha sido voluntaria, sino impuesta por un sistema de poder tiránico.

EL PADRE EN LA RELIGIÓN:

Esta estructura del padre como autoridad no está presente solo en el psiquismo del sujeto, la familia, lo social y en lo político, sino también en la religión. Si bien en la política se impone este mismo esquema, del gobernante que determina los destinos de toda una población, el Padre a niveles divinizado repite el mismo patrón, agregándole ese lado mágico, omnipotente, que lo vuelve la justificación de todo un sistema de dominio centralizado en la figura de un hombre. Este dominio se justificaba en algo superior y por lo tanto incuestionable. Es necesario recordar que Adán fue castigado por obedecer a una mujer, esto en las mentes antiguas significaba una lección muy clara, era un mandato del padre Yavé a que el hombre domine a la mujer.

La religión monoteísta, crea un Padre omnipotente, le da existencia en la palabra. Esta abstracción de la paternidad, genera la idea de que hay un Padre muy poderoso que nos observa desde lo alto. Una mirada invisible, nos controla, nos guía, nos enseña, nos castiga, pero también nos venga de las injusticias. El Padre, omnipotente y omnipresente, que se manifiesta protector del pueblo. Ese reclamo del pueblo al padre, expresado por boca de los profetas, como se lee en la Biblia, pedidos de ayuda y socorro, manifiesta la fragilidad humana ante la omnipotencia de un padre que se ausenta. Entonces sí, si el Padre no existe, se lo inventa.

Este padre divinizado no es una metáfora, es decir, no es un significante que sustituye a otro, en realidad es la invención de un significante que viene a donde no hay nada. El Padre divinizado, es un significante mayor que contiene a muchos otros significantes. Sujeta un grupo de significantes bajo su nombre y este mecanismo es el que se carece en la psicosis, esta noción de Padre conteniendo una serie de significantes, es la que no aparece en la psicosis. Cuando aparece la idea de dios, como en Schreber, para nada esta agrupando significantes que lo protejan de las amenazas de la castración, del temor que la muerte ha causado desde los tiempos del Neandertal. Dios para Schreber, en ningún momento es un Padre que proteja de la castración. ¿Quién es Dios para Schreber? Un personaje que en nada se parece a lo que dicen las religiones monoteístas que es, la idea de Padre en la religión judeo cristiana se define con determinadas características, es un dios con determinadas implicaciones invariantes. Cuáles son estas cualidades que se le adjudican al padre, la de establecer las leyes, proteger, la de ser bondadoso, piadoso, adepto al perdón, pero también castiga y venga a los inocentes. Claras cualidades de un gobernante ideal de aquellos tiempos, pero que aun hoy se lo necesita para los momentos en que se experimenta la castración. Así la fe en un Padre superior se ha vuelto una búsqueda de protección ante lo terrible que puede sucedernos en la vida, aunque en otros tiempos, ese mismo padre Yavé era quien enviaba los castigos, asique adorarlo era un modo de apaciguarlo. Schreber no ha superado el tiempo del dios terrible, la ley no ha logrado regular a su padre.

A la vez, Schreber no hace de ese Padre dios una lógica común, tiene una personalidad extraña inventada por él, no es lo enseñado por el dogma religioso. Y en Schreber, así como la paternidad no está estructurada de acuerdo a la lógica religiosa judeo cristiana, tampoco lo está en su visión social, familiar y subjetiva. Su dios quiere destruirlo, no protegerlo de la castración, es un dios que lo goza. Aquí es donde se ve claramente la forclusión de los significantes paternos de nuestra cultura, no ha construido al padre simbólico. El Padre de Schreber no tiene las características del Padre del monoteísmo y que es el eje que le permite al neurótico entenderse con los demás, compartir una misma cosmovisión, el mismo mundo, una misma realidad, los mismos rituales, mitos, oraciones y así sentirse parte de lo social. Schreber ha creado a su propio Padre dios a imagen y semejanza de su experiencia infantil y no de acuerdo a lo que nuestra cultura establece, un Padre que garantice apaciguar los temores de la castración. Schreber no tiene quien lo proteja de ese padre sin ley, porque dios mismo no está regulado por la ley.

En el politeísmo la existencia de muchos dioses, incluso diferentes paternidades como podían ser Urano, Saturno y Júpiter, no unificaban en la sociedad los significantes de la paternidad. Porque por ejemplo, Caelus es un dios incestuoso, Saturno un dios caníbal y cruel, Júpiter instauraba un tiempo de ley, es decir, ¿Qué significantes eran los propios de la paternidad? Claramente había dispersión significante. A nivel general de la mitología, tampoco la multitud de dioses unificaban los significantes dignos de adoración. Cada sujeto de la época podía elegir que características de los dioses le resultaba digna de adoración. Se podía venerar el canibalismo en Saturno o adorar el amor en Venus o la guerra en Apolo, no estaba unificado en lo social. Cada dios tenía sus adoradores, sus rituales, sus templos, sus sacerdotes, había una gran propagación de significantes.

El monoteísmo ha derivado en una unificación de significantes a nivel social. Como dice Lacan, una carretera principal. El Padre simbólico del neurótico es de alguna manera una norma, algo que se puede tener en común, sin pertenecer a la Iglesia o incluso declarándose ateo. El Padre divinizado no es una creación individual, no se pueden agregar cualidades al Padre por fuera de lo que marca la religión, dios Padre no es modificable a gusto de cada uno. Sino que está en relación y concordancia con los padres de los otros niveles y así es una sola estructura que se presenta en nuestra sociedad y subjetividad. El Padre judío divinizado en su versión simbólica, es a quien se recurre ante la castración. El Padre nos puede ayudar por amor, pero también nos puede castigar ante el error. Esta visión del mundo única que ha creado el monoteísmo nos ha permitido tener una visión bastante compartida de la realidad.

Lacan plantea a nivel del Edipo, que el padre existe incluso sin estar. Esto es posible decirlo en nuestra cultura, que está estructurada de acuerdo a los significantes paternos. Existe sin existir, está sin estar, en tanto que existe en lo simbólico. Su presencia física, como dios, no es necesaria para darle existencia en el lenguaje. Su ausencia nos muestra que es mera función. Está en el lenguaje y no está físicamente, eso lo vuelve posible como función. Cuando un hombre dice ser dios, como ha sucedido en algunas sectas, esta función de ¨todos en la ley¨ se suspende y se cae en lo tiránico, incluso en lo terrible. El lugar del Padre ideal debe estar vacio para que sea posible la ley. Lo que Lacan llamo función paterna, es la función de la ley o del límite, que nadie lo es, pero que cualquiera la puede ejercer.

Lacan creía que la religión vencería al psicoanálisis, se refería a que sobreviviría más tiempo que el psicoanálisis, que el psicoanálisis podría desaparecer pero la religión nunca. Eso dependerá de si el psicoanálisis logra esclarecer que es la religión y si el mito sigue representando mejor que el psicoanálisis lo más profundo de nuestra cultura. Vale el intento de hacer que el psicoanálisis sea el que sobreviva, pero eso dependerá de que la humanidad no vuelva a caer en las tiranías.

MITO DE LIBERACION EN
NUESTRA CULTURA

El mito de Moisés y el pueblo hebreo escapando del dominio del faraón, es el mito de liberación del pueblo hebreo, pero su creencia se ha hecho extensiva a nuestra cultura a partir del momento en que occidente se convirtió a la religión cristiana. La transmisión del mito a través de la Iglesia Católica influyo en la cultura occidental y narra una forma de entender la libertad para los pueblo. El mito relata la situación de esclavitud y sometimiento en la que puede estar un pueblo con respecto a un tirano. Y claramente expresa que la liberación está en relación a la pérdida de poder del tirano, generando a partir de ahí la creación de nuevas leyes. El patriarcado tendrá esta manera de expresar el poder, en el sometimiento y la libertad, mientras el sometimiento está impuesto por el mandato, la libertad estará regulada por la ley.

¿Cómo se libera un pueblo de un tirano? Asesinándolo, como ha sucedido en la revolución francesa o escapando de un determinado territorio donde el tirano tiene poder o destituyéndolo al vencer su ejército, como ha ocurrido en América. En una Europa feudal o de reinos absolutistas, era prácticamente imposible para el pueblo escapar hacia otro territorio o vencer a su ejército, la forma en que se presentaba era el asesinato del tirano.

Este paradigma que se encuentra en el mito de liberación hebreo, lo veremos reeditarse milenios después en la dimensión política. Cuando ciertos conceptos son resignificados al ser sacados del marco religioso para ser parte de conceptos filosóficos y políticos, no solo el de libertad, también el de igualdad y fraternidad. Luego de un largo periodo donde el sistema de gobierno era la monarquía, donde los pueblos yacían bajo el poder tiránico, ya que carecían de cualquier decisión sobre lo político, al recrear o reinventar esos conceptos y ser puestos al servicio de las ideas socio políticas dan un nuevo resultado inesperado, la revolución francesa y las revoluciones americanas.

Este paradigma del mito hebreo de liberación social, se verá en las revoluciones americanas. La distancia geográfica del rey marcará ciertas diferencias con lo sucedido en Francia. El continente Americano no deberá enfrentar las monarquías y la nobleza en su propio territorio. El derrocamiento del rey de España será venciendo a su ejército, en batallas realizadas en territorio americano.

En Argentina en 1810 comienza la revolución e inicia el surgimiento del estado argentino y su primer gobierno elegido por criollos. Ya no gobernara un virrey designado por el rey español. Para esto fue fundamental que el rey de España Carlos IV y su hijo Fernando VII, hubieran abdicado ante Bonaparte en Bayona. En 1810 se inicia la revolución y en el 1811 se escribe el primer Reglamento de división de podes. Son los primeros pasos de un pueblo que busca liberarse del poder del rey. Recién en 1816 se proclama la independencia e inicia la guerra contra el reino de España. El espíritu independentista de la época, presenta el mismo esquema de un pueblo sometido que busca liberarse de un déspota explotador. Así surgen las nuevas republicas americanas, con un pueblo que ansía la libertad y la necesidad de crear nuevas leyes que los incluyan, escribir una constitución e implementar un nuevo sistema de gobierno.

Tres décadas antes, año 1783, EEUU firma el tratado de Paris con Inglaterra, reconociendo así la independencia. En 1787 los estadounidenses redactaron la constitución. De este modo, con ese pacto, EEUU termina con el poder del reino de Inglaterra.

Vencer en la guerra, el pacto destituyente y la formulación de la primera constitución republicana, es el camino a la libertad. Nuevo sistema de gobierno y nuevas leyes que representaran los intereses de los habitantes de esas tierras, ya no todo pensado en función de la corona inglesa.

Ningún país de América necesitó asesinar al rey para alcanzar la libertad, pero fue necesario vencerlo a través de sus ejércitos, eliminar su poder sobre el pueblo y escribir una constitución y leyes, que reorganicen a la sociedad bajo un nuevo sistema. Esto nos indica que de lo que se trata en esencia es de un padre tiránico destituido, que significará una reconstrucción simbólica erigida sobre el tirano al cual se le haya hecho perder el poder.

El mito bíblico es el claro paradigma de un esquema que se repite en el patriarcado, es necesario que exista un tirano y de hecho nunca falta aquel que quiera serlo. Es la fórmula fundacional que se refleja inicialmente en el mito de Moisés donde el tirano destituido, es decir el faraón, es sustituido por las tablas de la ley, lo que desde el psicoanálisis llamamos el padre simbólico. Es una formula porque tenemos esos dos mismos movimientos, el ahogo del ejercito del faraón será la manera en que se produzca su derrota. Se crean las tablas de la ley, pero la ausencia de ideas y pensamientos como los de Rousseau, Montesquieu y Voltaire, que sostuvieran un nuevo estado y estilo de poder, no permitieron que se genere una republica y una democracia. Los hebreos no pudieron realizar una republica democrática, cuando tenía todo el terreno para hacerla, pero el sistema de poder no era imaginable de otra manera en aquel tiempo. En lo político volvieron a instaurar un rey en sustitución del faraón, volviendo a restringir la libertad que habían conquistado. El rey hebreo no era considerado un dios, como el faraón, el rey debía responder a la ley de Yavé y en lo religioso se organiza la nueva religión del dios Yavé. La religión hebrea nace de la derrota y castración del tirano y sus leyes son a la vez la creación del padre simbólico. Se ve algo de esto en la religión romana, cuando Júpiter derrota a Saturno y este sale a establecer leyes sociales en Lacio, pero nunca es tan acabado este proceso. En Yavé las leyes son de él y no hay otros dioses que lo contraríen. Su poder es único y omnipotente.

El mito de Moisés es el mito de nuestra cultura, no porque los países occidentales compartan esa historia mítica de origen con los hebreos, sino porque compartimos el arquetipo que el relato expresa, para fundar nuestras republicas patriarcales. La fórmula del mito de fundación y liberación que repetimos incansablemente porque es nuestra estructura patriarcal, nuestro paradigma. Este mito de origen y liberación de nuestra cultura, seguirá repitiéndose en las revoluciones libertadoras de toda América. Sostenidas en las nuevas ideas de los filósofos de la ilustración, que permitirán constituir un nuevo sistema para el poder donde no se reemplaza un rey por otro, sino por el poder del pueblo.

Todo mito tiene la característica de repetirse en los rituales, Saturno devorando niños se reedita en los rituales sacrificiales de las saturnalias, el sacrificio de Cristo en la consagración del pan y el vino, Abraham sacrificando el cordero en el rito pascual judío. El mito se repite y revive en cada ritual. La rebelión contra el tirano es casi un ritual que se repite en la cultura occidental patriarcal. El ritual de dar muerte a un tirano o mas atenuado, cada vez que un pueblo lo destituye. Así se refunda lo social, estas destituciones se presentaban antiguamente sustituidas por una nueva monarquía renovada, un periodo imperial o una nueva republica. El poder seguía sin recaer sobre el pueblo, como sucedía en el mito hebreo. Las monarquías europeas sustituían un tirano por otro. La semejanza de la revolución de los pueblos americanos con el mito estará en la primera parte de la narración, allí donde el pueblo se libera del tirano y se crean leyes. El patriarcado occidental presentara este paradigma de lucha por el poder, ya sea en semejanza total o parcial al mito de origen hebreo.

El mito como paradigma funciona tanto en las sociedades antiguas como también en nuestras sociedades modernas. Nuestras sociedades republicanas se reiniciaron siguiendo la estructura del mito de Moisés, miles de años después seguimos viviendo y reviviendo el mito hebreo. El ritual de asesinar o destituir al tirano es lo que se repite en nuestra historia. Estas semejanzas entre el mito antiguo y lo sucedido en nuestras revoluciones libertadoras de América, nos demuestran que nuestro mito es estructural y que el camino que recorremos para llegar a la ley, es un patrón repetitivo del cual no hemos podido salir nunca.

Aunque atenuado por las leyes de la republica y los tratados internacionales, el poder del padre tiránico esta siempre en latencia, nada nos asegura de no regresar a las tiranías o volver a ser colonizados o dominados por alguna potencia. Es una fase, uno de los perfiles del padre de nuestro mito social y subjetivo. La tiranía es parte componente de la compleja estructura del patriarcado y solo se la puede limitar a través de la ley. La democracia ha logrado hábilmente dominarlo pero sigue en la estructura, siempre propenso a regresar, es un fantasma inextinguible que persigue desde las sombras.

MITO DEL PADRE

El Padre del judaísmo es un mito. Dice Lacan, el padre existe sin estar. Esto es posible porque es un mito, en los mitos se admite como existente lo que está ausente, lo que nunca jamás nadie vio y se organiza una cosmogonía a partir de esa existencia imaginaria. Así es como vivimos en el mito, nuestra cultura es la del mito del Padre, comparable para tener dimensión de esto, al totemismo, que es la cultura del mito del tótem, donde se cree que se es semejante al animal totémico.

Nuestra religión nos ha enseñado que somos hijos del Padre divinizado, ese es nuestro origen, esa es nuestra narrativa y nuestro paradigma. Aun cuando tengamos la ciencia y hayamos aprendido a pensar de un modo lógico racional, seguimos viviendo en el mito del padre y podemos seguir creyendo que el padre existe aunque no esté. El modelo o paradigma del padre y el hijo es el eje de toda nuestra civilización, así como hay un padre en el cielo del cual todos somos hijos, hay un padre en la familia y a la vez un gobernante que ejerce el poder sobre lo social. La línea de poder y de autoridad sigue ese esquema que se presenta como incuestionable. La figura mítica del padre se reserva el poder y la ley para sí y esta es ha sido la justificación última del patriarcado.

A partir de el acto sexual biológico que parte de la humanidad descubrirá en la prehistoria como el origen de la fecundación femenina, se generará una narrativa que creará un lugar social de padre, necesariamente relacionado al matrimonio y un dios padre que garantice el lugar y la autoridad paterna. Lo social construirá una narrativa con objetivos semejantes a los de otros mitos de la historia, según Leví –Strauss, buscando dar respuestas a interrogantes existenciales. El mito es así respuestas imaginarias a preguntas existenciales.

El ser padre ha ido cambiando a lo largo de los tiempos, no era lo mismo ser padre hace 5.000 años o en la edad media, que en la actualidad, incluso se puede decir que los primitivos no eran padres, en todo caso lo eran en tanto sacrificadores. Estas variaciones evidencian que nuestra especie de origen primate, no tiene genéticamente establecida la paternidad. Sin embargo, de alguna manera hemos podido acceder al patriarcado, formando así nuestro mito, el que nos ha organizado como sociedad. Será nuestra particular manera de crear el edipo, la familia, lo social y establecer un sistema de poder y autoridad. El interrogante que evidencia un vacio de saber, es rellenado con la narración o lo que se podría llamar el delirio neurótico, creer que el padre existe es la ficción de nuestra cultura.

El niño al pasar a hombre en los matriarcados sigue siendo hijo, ser hombre e hijo no es incompatible en esa cultura. En los patriarcados el hijo debe asumirse como padre, incluso en la mujer hay una identificación a la función del padre, todos somos un poco padre, porque todos tenemos una profunda identificación en sus dos fases, la tiránica y la legal. Incluso el psicótico es parte en el mito a nivel del padre tiránico.

Pero ¿Qué es el padre? ¿Cuál es el padre utilizado como modelo?, en los totemismos hay un animal o una planta o un objeto que con sus características hace de modelo. El padre es algo indeterminado porque no se trata de un objeto natural, es decir, que carecemos de un original, lo cual nos ha llevado a tener que crearlo. Y no es una creación fija y para siempre, sino que ha pasado por transformaciones en el tiempo. Estas transformaciones nos muestran en última instancia las dos caras características del padre, tiránico y legal. En definitiva tiranía y legalidad son dos conductas que se presentan en cualquier ser humano de la cultura patriarcal, más o menos acentuada una que otra, dependiendo del tiempo y la geografía que se observe.

El mito del padre que es una narración paradigmática, nos hizo configurar el entramado social y el patriarcado en los tres niveles, social, familiar y subjetivo. En nuestros libros religiosos vemos esta construcción narrativa. Nos dice Jesús: "Sean perfectos, como vuestro padre del cielo lo es". Ser perfectos para Jesús es permanecer en su ley. Esta recomendación es para todos, hombres y mujeres. Lo interesante de esto es que nos pide que seamos como el padre, aquí se expresa el paradigma. La historia mítica nos narra (nos inscribe) qué modelo debemos seguir y cómo debemos ser. Debemos ser como el padre, una figura abstracta, que nunca nadie vio pero que existe en nuestra imaginación. Pero las palabras de Jesús nos conducen a lo netamente simbólico porque nos marcan la carretera principal de la ley. Pero el padre simbólico, incluso la función paterna y la carretera principal se sustentan en última instancia en una narrativa mítica, ha sido el Padre Yavé quien ha impuesto nuestras leyes de la cultura, prohibiciones como el canibalismo, sacrificios humanos, incesto y parricidio. La Biblia da cuenta de eso.

Nos recomienda Jesús que seamos perfectos siguiendo la ley del Padre, toda mujer para ser como el padre, tendrá que tener un punto de identificación a él y este es el descubrimiento de Lacan, la niña pasa por una etapa de identificación al padre. Si bien es el hombre quien representará al padre, una función que todos debemos ejercer pero, según dice el mito, pertenecería al hombre. De aquí que nuestra cultura y sociedad se estructura legalmente tomando como eje la ley en relación a lo masculino, y lo femenino, el otro polo sexual ha sido en gran parte de la historia occidental, anulado por el polo masculino. Claramente ha habido un desequilibrio y una asimetría entre los sexos que se ha expresado en lo político, en lo social y lo familiar. Así la mujer que debe ser parte en la función paterna, seguir la carretera principal, que debe estar en la legalidad identificada a lo simbólico del padre, queda por fuera del poder desde lo mítico, esto significa que mientras el universo significante la integra, algo en lo imaginario impide reconocerla. Desde el mito el poder era derecho del padre de familia, la mujer debía cumplir la ley pero no ejercer el poder. En la página web, el diccionario Oxford define al mito como ¨Historia imaginaria que altera las verdaderas cualidades de una persona o de una cosa y les da más valor del que tienen en realidad¨. Este privilegio del padre a nivel social y familiar, someterá históricamente a la mujer a un papel no solo secundario, sino de casi esclavitud. El engrandecimiento del padre será a costa del empequeñecimiento de la madre. El patriarcado ha sobrevalorado al hombre e infravalorado a la mujer.

¿Cómo se llega a esta diferencia entre los sexos desde la antigüedad? Porque el poder del hombre es legitimado desde la divinidad. Solo la caída del mito del padre como verdad absoluta, manifestado en la política con la caída de las monarquías absolutistas, posibilitó liberar el poder de la exclusividad del padre. Si dios Padre ya no es quien designa cual será el próximo monarca, sino que el poder es del pueblo y lo concede por un tiempo a algún gobernante elegido, entonces ya no hay un mandato superior que establezca que el poder es exclusivo de los hombres. Ya no está el mandato de Yavé de que la mujer solo debe obedecer. Al caer parte del mito, cae también algo de lo que estaba determinando en lo social.

En el matriarcado la figura paradigmática es la madre, la ley, el orden social, pasa por su autoridad y fácilmente se podría conjeturar como en un reflejo, que los hombres están en algún punto identificados a ella, a nivel de realizar la función simbólica de prohibición. Sabemos que en general fueron sociedades totémicas donde el modelo de identificación era el tótem y por eso aspiraban a tener las cualidades de su animal totémico. La ausencia de padre los llevo a la identificación con el semejante y con el animal totémico. Esta identificación a las cualidades exaltadas del tótem parecería ser el recurso de los hombres totémicos ante la ausencia de figura paterna de identificación, ya que no hay un padre al cual personificar. Para el hombre totémico ser en el mundo, es ser como el animal totémico. Sin embargo, la función de imponer la prohibición en un matriarcado, es de la madre y quizás en modo inverso a lo que sucede en nuestra cultura, estar en la ley signifique identificarse a la madre en esa función, pero claro, carezco de pruebas, son solo conjeturas lógicas y la lógica no siempre es lo que sucede en la realidad.

En nuestra civilización, si todos debemos aspirar a ser ¨perfectos como el padre¨, entonces claramente la divinidad paterna es nuestro modelo, a quien debemos seguir si queremos salvar el alma. De alguna manera nuestro ¨tótem¨, que no es una piedra ni una árbol ni un animal, sino una figura antropomórfica, construida mitológicamente. A diferencia del tótem, el Padre prácticamente carece de representación, puede ser un anciano con barba, así lo describe un pasaje bíblico, o como lo pinta Miguel Ángel, en la representación de la creación del hombre, imaginamos un ser antropomorfo de quien provenimos. Quizás un poco más humano que un tótem, pero aun así claramente fantástico. Por esto, la aparición de Darwin ha sido un gran cambio para la cultura, de imaginar un Padre creador que no necesito del polo femenino para generar la vida, se pasa a un nuevo conocimiento del origen de la vida en nuestro planeta.

Hombres y mujeres desde la tiranía del mandato o desde la ley seremos semejantes al padre, aun cuando se trate de una función abstracta simbólica, la misma está representada en la figura paterna. Así cualquiera puede cumplir su función, también cualquiera puede realizar la función de madre, lo que no puede hacer cualquiera y es irremplazable, es la madre que gesta, la que amamanta, por eso es curioso que se haya llegado tan lejos en la fabricación del padre, al punto de sobrepasar a la madre en la trascendencia social. Una figura antropomorfa masculina que no ha necesitado de lo femenino para generar la vida, ha logrado imponerse sobre las primitivas diosas femeninas de la fertilidad. Solo un poder con un interés particular de imponerse pudo lograr esto.

El padre Yavé es una narrativa que justificó el poder político social hasta el inicio de la republica y la democracia, donde el poder político ya no se justificara en la voluntad de un dios todopoderoso sino en el derecho de los ciudadanos. Así el mito por primera vez en la historia enfrentara un límite a nivel del poder social, cae la justificación en un dios omnipotente y la humanidad comprende que el poder es algo que se presenta en el mundo como una lucha de intereses. El poder no era un derecho divino, sino una apropiación, ya sea de grupos o de personas, los pueblos democráticos al apropiarse del poder comprendieron el grado de manipulación al cual se pudo someter a la humanidad en la historia.

Volviendo al mito. El Padre existe en la Biblia, por la fe que en el libro se deposita. El origen del mito del padre en nuestra civilización judeo-cristiana tiene dos claras narraciones en los cuales se sustenta, en el Génesis, donde el padre crea al mundo y a Adán y Eva y en el mito de Abraham, donde se realiza un cambio en la relación entre el padre y el hijo. Estos mitos dan una característica particular a nuestra concepción de lo que es el padre en tanto divinidad y en tanto modelo humano.

Vemos en la Biblia la creación misma del mito del padre, la idea de un padre de todos, dios como creador de todo y padre de Adán, que será a la vez padre de todos los humanos. Aun cuando el mito de Adán y Eva tenga semejanza con el mito de creación de Babilonia, habrá una gran diferencia en la deidad creadora. En la Biblia el creador es un único padre que crea un único hombre, que será el primer padre de todos los humanos, así la línea padre-hijo se sigue fielmente. Mientras que Enki, el dios sumerio crea a la humanidad de manera muy distinta al padre judío, es una divinidad antigua, con la característica pagana de nunca ser el dios único que todo lo puede. Enki se encargara de que otras divinidades creen siete hombres y siente mujeres que darán inicio a la humanidad, a partir de la carne y la sangre de un dios sacrificado, crear a la humanidad no será una obra personal y única como lo fue para Yavé. Enki no será un padre, sino un creador indirecto. El paganismo cuenta con múltiples dioses con relaciones de parentescos y donde múltiples padres, madres e hijos comparten el poder y las virtudes.

Solo la religión hebrea conserva el patriarcado con extrema rigidez, sostenido en un monoteísmo absoluto, estableciendo así una sola carretera para todos, la del padre, mientras que los caminos significantes de la idolatría son variados. El padre simbólico no estaba totalmente creado o impuesto en el paganismo, la paternidad era conocimiento sobre una relación biológica y de un absoluto poder que incluía la vida del hijo y que no daba a la filiación paterna la importancia que le dará el judaísmo. El origen de la humanidad no se asociaba a la figura de un padre como será en el judaísmo, en el politeísmo la vida será originada por los dioses.

Cuando la Biblia nos narra que el Padre Yavé elige a Abraham como ¨padre de multitudes¨ o ¨padre de un nuevo pueblo¨, está gestando algo nuevo que será el mito del padre como lo entenderá el judaísmo y luego el cristianismo, separándose de las paternidades paganas. En el mito, Abraham es padre de los hebreos, fundando así un nuevo linaje, una nueva religión y un nuevo ritual. En Abraham se nos dice que no se puede ser padre sacrificando al hijo, una nueva paternidad con características diferentes aparece en ese mito. El padre como aquel que genera una descendencia con una genealogía y filiación, que introduce al niño en las leyes del padre divinizado y del pueblo. Yavé Padre divino del pueblo judío, dará a Adán y luego a Abraham legitimidad como padres del pueblo y de esta manera cada padre de familia hereda ese lugar asignado de alguna manera por el mismo dios. La paternidad es así para el mito, una creación de dios y no el padre Yavé una creación del hombre.

La Biblia es el libro de la creación del mito del padre, que nos dice cómo debe regirse una sociedad bajo el mando del padre, a nivel divino, social y familiar. El mito es un paradigma y el padre es nuestro gran paradigma social. La Biblia es el medio de transmisión del mito y en ella hace aparición el padre simbólico, estableciendo las cuatro leyes primordiales que hemos heredado, una extrema prohibición del canibalismo, sacrificios humanos, incesto y parricidio.

Así el mito judío del padre, está de acuerdo a lo que dice Mircea Eliade sobre los mitos. ¨Es una historia sagrada que narra un acontecimiento primigenio, en el que el mundo no tenia aun su forma actual¨. El mundo anterior a Abraham será muy distinto al que nacerá con su mito. En aquel tiempo los padres sacrificaban sus hijos al dios Baal, los hombres salvo en las clases altas, no seguían la línea de descendencia y aun en ellas la herencia no recaía sobre el hijo a menos que el padre así lo decidiera. La elección de este primer padre hebreo generará un nuevo modo de paternidad y de estructura social.

Los mitos dan origen a nuevas formas sociales, no se tratan de metáforas ni tienen la estructura de un síntoma, sino que son formaciones que buscan dar una estructura lógica y un determinado sentido a ciertos aspectos de la vida humana. El mito del padre permite que el hombre pase a ser parte integrante de la relación ya existente entre el niño y la madre, generando así la familia y el triangulo edípico. Además, el mito instaura la ley en lo social, a partir de Abraham el sacrificio de hijos quedará prohibido.

* * *

Lacan resalta una particularidad del Padre, deduce que es inconsciente y que por eso no existe. En esta expresión se puede confundir al Padre con Dios. Es necesario separar el patriarcado que es un orden social y político, de cualquier creencia que podamos tener sobre la existencia de un Dios, un espíritu que existe por fuera de este mundo. Son dos conceptos diferentes que en el judaísmo aparecen unificados. Sin embargo, el concepto de Dios en otras religiones presenta otras características de acuerdo a su cultura. Como se veía anteriormente, en el matriarcado Mosuo, Dios es una divinidad femenina, el concepto de Dios como un ser espiritual, sobrenatural, es lo único que comparten con el judaísmo o ciertas corrientes budistas, lo que varía fundamentalmente son las características antropomorfas que se le adjudican.

Es un error deducir que Dios no existe porque el Padre es inconsciente, manifiesta cierta confusión conceptual, porque se trata de dos significantes diferentes que se fusionan en el judaísmo. No podemos decir científicamente si Dios existe o no, no hay experimento que nos pueda informar sobre una u otra cosa, lo que si podemos decir, es que el Padre Yavé es una creación simbólica realizada por los hebreos y que hoy continuamos viviendo en ella, una narración que creemos fue originada en algunas personas que los judíos llamaron profetas.

Si Dios existe como espíritu es otro tema, espiritual, no psicológico y que no necesariamente tiene que estar de acuerdo a nuestros conceptos humanos de lo que debe ser un Dios. Dios no tiene por qué ser como se describe al dios Yavé o al dios Saturno. Un ser espiritual no tiene necesidad de ser de acuerdo a nuestros conceptos culturales y a nuestras funciones y roles sociales o familiares. En los hechos es evidente que no lo es, Dios no está ante nosotros como padre o madre, para nada participa de esta dialéctica.

No se puede decir científicamente si Dios existe, pero si podemos decir que se trata de un Dios que no se ha mostrado a la vista, al menos no de todo el mundo. Creer que existe o no es una cuestión de fe, mientras que la existencia del Padre Yavé no es una cuestión de fe, porque existe a nivel imaginario y simbólico y con eso ya es suficiente para organizar el patriarcado.

No sabemos si Dios en tanto espíritu tiene intensiones de venir al mundo y establecer justicia. El mito cristiano considera que el Padre Yavé sí, porque nuestro concepto de Padre nos ha hecho creer en un Dios legislador y juez, impartidor de justicia con premios y castigos. Así Dios entendido como Padre, se convierte en un espectador de la vida humana, un simple ser al servicio de la humanidad, juzgando conductas e impartiendo sentencias. Es difícil creer que un ser omnipotente y omnisciente este al servicio de los humanos, más bien deberíamos ser nosotros los que estemos al servicio del él, si es que Dios fuera tan poderoso y humano como lo presenta la Biblia, deberíamos ser sus siervos o esclavos, lo cierto es que la humanidad ha sido y es, esclava de sí misma. Nada nos hace pensar que el Padre Yavé sea mejor que los humanos, al destruir bajo la lava ardiente a Sodoma y Gomorra (aun no existían las bombas atómicas), nos indica el grado de violencia y prejuicios sexuales que sufre, porque nuestro Padre Yavé sufre cólera, arrepentimiento, tristeza, anhelos de venganza. Por esto es que los humanos modernos también nos sentimos con derecho de juzgarlo a él, por presentar emociones y conductas humanas de bajo nivel, propias de los criminales. Debemos darnos cuenta que nuestra cultura occidental que se ha creído la verdadera y la mejor, es tan mítica y primitiva como cualquier totemismo. Al adorar al Padre Yavé, sin dudas hemos adorado solo a los significantes del patriarcado, por cierto, nada digno de adoración, porque ha significado mucho sufrimiento y sometimiento a un poder que solo disfrutaron unos pocos. Adorar el sacrificio de la cruz, o castigos eternos o derrotas y hambrunas, adorar el sometimiento y la obediencia al poderoso por miedo a algo peor, solo manifiesta el grado de problemática psicológica que tiene la humanidad y como poseer el poder se ha vuelto algo crucial para los pueblos. Sin dudas, la evolución filosófica y moral de occidente ha dejado a la biblia y a los evangelios, al menos en ese punto, como algo prácticamente de otra civilización.

* * *

Habría dos teorías sobre el padre, para Freud se trata de un Padre muerto y para Lacan de un Padre que es inconsciente. Freud hace referencia al protopadre, al tirano, que habría sido asesinado al principio de los tiempos, mientras que Lacan plantea que el Padre es una operación lógica inconsciente, no sé establecer si se refiere al tirano o a ambas fases del padre. Trataré de armonizar estas dos teorías, como decía anteriormente, el padre es nuestro mito cultural estructural, nuestra narrativa, todos nos identificamos un poco al padre, así como los tribales se identifican al tótem. Y esta idea del padre como un mito, permite entenderlo desde una perspectiva cultural más amplia.

Entonces lo que intentan determinar Freud y Lacan sería, cuál es realmente el lugar del padre, si una tumba o el inconsciente. Si es una tumba, tuvo que haber un parricidio que cambio la historia social. Freud, incluye la historia, algún parricidio social debió ocurrir para que sea creada la ley. Lo que nos dicen las evidencias de la historia, es que no hubo un parricidio sino una gran cantidad de parricidios sociales, porque no se creó el padre simbólico de una vez y para siempre, el proceso de creación de leyes fue largo y cada vez más amplio, se fueron haciendo gradualmente, hasta llegar a limitar al mismo tirano. Además aun las leyes más fundamentales pueden caer y con ellas la represión, así la lucha contra la pulsión es algo continuo en lo social y lo subjetivo, no hay ninguna guerra ganada, solo batallas.

Por otro lado, desde Lacan, si es inconsciente, en el inconsciente la muerte y el tiempo no existen. Asique según la teoría de

Lacan, el padre tirano permanecería reprimido, solo que controlado por lo simbólico de la ley, por la operación lógica que lo ha castrado. Pero si es así, esa castración es vulnerable a lo que suceda en lo social, la operación lógica se mantendría mientras haya un marco legal social que la sostenga. Si en lo social la ley cae, ya sea por una guerra o por alguna situación extrema, el padre tirano recuperaría su fuerza y emergería ayudado por la pulsión de muerte.

Ambas teorías parecen ciertas, desde Lacan, porque el Padre en sus dos versiones permanece presente en el psiquismo a nivel inconciente. Y esta permanencia la podemos comprobar en lo social, cuando las democracias se transforman en tiranías, cuando la ley cae para dar lugar a las expresiones de la pulsión. Ambas teorías se ven ciertas, porque desde Freud se incluye lo social y por su parte Lacan, apunta más hacia lo subjetivo, asique no se contradicen entre sí, sino que se complementan.

Al intentar determinar qué es el Padre, llegamos a que el Padre es el personaje principal de un mito, una construcción narrativa, pero dicha construcción presenta contenidos imaginarios. Entendido así el lugar del Padre es lo simbólico y lo imaginario. Ya sea vivo o muerto desde Freud, conciente o inconsciente desde Lacan, el padre es posible por la narración que entrelaza lo simbólico con lo imaginario, lo social con lo subjetivo. Presente en el mito que cada uno ha creado subjetivamente o en el libro del Padre que sustenta al patriarcado, que es la Biblia. La ausencia de una parte de ese mito en el psiquismo Lacan la llamó forclusión, a la no inscripción del padre simbólico, aun así en las psicosis existe la narrativa del tirano, Schreber lo expresa en su delirio. Lo llamamos delirio porque ese padre tiránico no ha podido ser reprimido por la castración que impone la ley, sino que tiene existencia plena en la psicosis, el padre para el psicótico no es un padre que haya ingresado en la regulación de la ley.

Es necesario el universo simbólico en tanto ley, para castrar al padre imaginario. La ley restringe el pensamiento mágico, por esto la ley llega más lejos que un mandato, la ley genera represión y por lo tanto convicción moral, mientras que el mandato solo se obedece desde el miedo.

En nuestro mito social existe un crimen inicial, al cual lo interpretamos de acuerdo a nuestra narrativa como un parricidio, como veíamos en la revolución francesa, el crimen del rey que los franceses entendieron como parricida y que toda nuestra cultura occidental dimensiono de esa manera. Para concebir a un rey como padre o a Dios como padre, hay que desprenderlo de lo real reproductivo, llevándolo a ser una función social o espiritual, lo que lo vuelve padre es el poder que ejerce. De hecho quitándole la narrativa la muerte de Luis XVI es la muerte de un hombre más, de los tantos que murieron en Francia en esa época. Pero ¿por qué ese hombre, Luis XVI, es considerado especial? ¿Por qué su muerte implica un antes y un después en la historia de occidente? Algo más muere con ese hombre. Lo que muere allí es lo que representaba, el tirano, una fase del padre previa a la ley que lo va a regular, pero que perdurara en el inconsciente como el tirano castrado por la ley. Aquí entre lo social y lo subjetivo hay contigüidad y es difícil establecer los límites, como en la banda de Moebius, el adentro y el afuera no se sabe en qué momento se invierten. Algo semejante sucedió en nuestro continente con la monarquía española, la revolución sustentará a partir de allí la intolerancia a los tiranos. Aun cuando podamos caer en ellos nuevamente, los pueblos trataran de imponerles la ley, esa operación lógica una vez que existe, difícilmente se pierda para siempre, aunque tampoco se puede asegurar eso, dependerá de los recursos que aun tenga una sociedad para controlar la pulsión de muerte.

El mito del Padre es un paradigma que nos da toda la visión cosmogónica de nuestra cultura, que nos narra sobre los orígenes de la naturaleza y de la vida, que establece un sistema de poder y autoridad y que ordena nuestras relaciones sociales y familiares. Como todo mito se sostiene solo en la creencia y la estructura social patriarcal responde aun hoy a esa creencia que viene desde la antigüedad. El ser humano necesita darle sentido al mundo, explicar algo sobre la vida, encontrar formas de organizar lo social, porque nada está pre establecido es que necesita crear la cultura.

EL PADRE YAVÉ, GRAN OTRO

El padre Yavé ha sido en nuestra cultura el gran Otro del poder, claramente no se trata de otro semejante sino de un lugar simbólico que organizo el poder social y político hasta el inicio de la democracia, donde el poder ya no se justificará en un dios todopoderoso sino en el derecho de los ciudadanos. Tanto el poder político como el poder del padre de familia encontraban su justificación en un dios omnipotente que había determinado como seria el reparto del poder en lo social y familiar. La Iglesia, el reinado y la patria potestad del padre de familia, son los lugares de poder del patriarcado por voluntad de un padre todopoderoso superior.

De la misma manera el padre Yavé sería el gran Otro del saber instaurando sobre los evangelios, la única verdad a seguir, solo los evangelios y la Iglesia poseían la sabiduría. De esta manera no estaba ni en la ciencia ni en la filosofía la expectativa del saber. Solo había un conocimiento y era el que el padre había brindado a la humanidad, pretender saber más allá de eso era un pecado de soberbia humano.

Pese a todo, nuestra cultura no es solo la del mito cristiano sino que el mito mayor al cual viene a justificar el cristianismo es el mito del padre. Jesús es Jesús porque hay un padre que lo envía, que le da un lugar en la creación, que sostiene su misión. En el cristianismo el ser central sigue siendo el padre omnipotente y todo sapiente. Recién en 1882 Nietzsche nos dirá ¨Dios ha muerto¨, expresión que nos indica el fin de una civilización y el comienzo de otra. Lo que nos marca en la sociedad un cambio de Otro, en lo cual la revolución francesa marcará miticamente un momento clave de cambio definitivo.

EL REY DE ESPAÑA EN LA CASA
DE LA INDEPENDENCIA

9 de julio de 2016

Hace 200 años en ese mismo sitio, la llamada ¨casa de la independencia¨, en la provincia de Tucumán, los diputados de las distintas provincias declaraban la independencia del reino de España. La revolución se iniciaba contra la poderosa y tiránica figura del rey de España y su ejército real. El triunfo de la revolución independentista de varios países de la colonia española Latinoamérica, llevará a castrar la figura del rey español. Como el faraón egipcio, el rey quedara del otro lado de las aguas, esta vez, del mar Atlántico.

En el 2016 para los festejos del bicentenario de la declaración del la independencia los argentinos vemos una escena impresionante, el rey de España Juan Carlos I, es invitado a la casa de la independencia, allí donde los congresales de cada provincia hace 200 años se reunieron para declarar la independencia. Allí mismo, en la misma sala, se reunían los gobernadores y el presidente de la nación para firmar un acuerdo nacional ante las narices del rey. Repetición de la escena de hace 200 años, donde los representantes de las provincias unidas firman un acuerdo, pero esta vez, con el rey de España presente aceptando la declaratoria.

¿Qué hacía allí el rey de España? ¿El rey de España estaba como figura decorativa o como garante de la independencia? Se presenta como aquel que ha aceptado la castración, pérdida de poder sobre una colonia que hizo su revolución hace 200 años. Un padre castrado y vencido que acepta dócilmente la rebelión de los hijos, hijos que han forjado su sociedad en base al padre simbólico. No hubo muerte del rey en lo real, hubo castración en lo simbólico. Si hubo muerte de soldados del ejército en lo real, de hombres sin nombres, como suele suceder en las tiranías, solo el tirano tiene un nombre, los demás son soldados o desaparecidos, los sacrificados no tienen nombre, a veces solo un número.

En esta reedición, mientras todos los presentes, gobernadores y el presidente estaban de pie, el rey estaba sentado, reconociéndosele su dignidad de rey. Cada tanto el presidente Macri se acercaba y tocaba su hombro como signo de amistad y quizás consuelo por la humillación. Parecía decirle: ¨Usted no es la ley y el poder en estas tierras, usted es uno como nosotros, aun así es nuestro rey padre destituido¨. Los hijos pese a las peleas internas en algo se pusieron de acuerdo, el poder del padre ahora les pertenece. Es claramente una organización, una estructura de poder absolutamente diferente a la vieja monarquía absolutista. Aquella que llevo a Luis XVI a la guillotina por no aceptar el lugar del rey castrado.

Sabía actitud del rey de España que ha moderado el orgullo de rey para lograr un acuerdo con los ¨hijos¨ de Latinoamérica. Nunca mejor expuesto en una repetición de escena el pacto de los hermanos, pero esta vez, en las narices del padre vencido. Una resolución histórica mucho más sana y constructiva que el asesinato del padre en lo real que plantea Freud en Tótem y Tabú. Hoy se ha evidenciado que el rey de España es nuestro padre destituido, aquel que pudimos castrar y aunque conserve

su lugar de rey, ha perdido el poder. La independencia ameri-
cana ha sido un tremendo golpe al patriarcado en favor del
poder de los hijos.

BIBLIOGRAFIA

- Guerra, canibalismo y venganza colonial: los casos mocoví y guaraní. Macarena Perusset y Cintia N. Rosso. Página de la web.

- Tótem y tabú. Sigmund Freud. Editorial Amorrortu.

-Moisés y la religión monoteísta. Sigmund Freud. Editorial Amorrortu.

-EL malestar en la cultura. Editorial Amorrortu.

- Los Biblioclastas. Gerard Haddad. Editorial Ariel.

- La Santa Biblia. Ediciones Paulinas.

- Enciclopedia Libre Wikipedia. Página de la web.

- Seminario 3, Las psicosis. Jacques Lacan. Editorial Paidós.

-Seminario 11, Los cuatro conceptos fundamentales del psicoanálisis. Jacques Lacan. Editorial Paidós.

-El banquete de los analistas. Jacques Alain Miller. Editorial Paidós.

-El ultimísimo Lacan. Jacques Alain Miller. Editorial Paidós.

-Los evangelios apócrifos. Pierre Crépon. Editorial Edaf.

Auto Marina Sueldo

- Michel Foucault. MIcrofisíca del poder.

- Michel Foucault. Arqueología del saber.

www.ingramcontent.com/pod-product-compliance
Lightning Source LLC
Chambersburg PA
CBHW051343280526
45784CB00007B/2791